Märchen besitzen eine direkte Beziehung zu unserer Seele. Sie spiegeln typisch menschliche Schicksale, Situationen und Wandlungsphasen. Sie erzählen von Dingen, die sich seit eh und je in der menschlichen Seele abgespielt haben, und können daher zu Orientierungshilfen in den schwierigen Situationen unseres Lebens werden.

Der Psychotherapeut Arnold Bittlinger nimmt uns mit auf die wundersame Reise der menschlichen Seele durch zahlreiche Abenteuer. Mit seinen *tiefenpsychologischen Deutungen* erschließt der Verfasser den Reichtum von *12 archetypischen Märchen* aus der Schatzkammer der Gebrüder Grimm. Hiermit verschafft er uns Zugang zur Bildersprache der Märchen, die durch ihre Einfachheit komplexe seelische Geschehen in einem klaren Licht erscheinen läßt. Märchen sind anders als andere Geschichten, sie sind etwas Besonderes. Denn Märchen wohnen Zauberideen inne, die Menschen durch ihr ganzes Leben begleiten und leiten können. Lassen Sie sich vom Autor führen auf den spannenden Reisen zum Kern der Märchen.

Arnold Bittlinger wurde 1928 geboren. Er besuchte das Humanistische Gymnasium und studierte anschließend Psychologie und Theologie in Deutschland, Frankreich, England, den USA und der Schweiz. Nach dem theologischen Examen promovierte er zum Dr. phil. und erwarb das Diplom in analytischer Psychologie. Dr. Bittlinger war in verschiedenen kirchlichen Diensten tätig, außerdem als Radioprediger und als Dozent (u. a. am C. G. Jung-Institut in Zürich). Nach Studien- und Forschungsreisen in alle Erdteile gründete er 1966 eine Ökumenische Akademie. Arnold Bittlinger arbeitet heute als Psychotherapeut in der Schweiz.

W0191578

Esoterik

Herausgegeben von Gerhard Riemann

Dieses Buch wurde auf chlor- und säurefreiem Papier gedruckt.

Deutsche Originalausgabe Januar 1994
© 1994 Droemersche Verlagsanstalt Th. Knaur Nachf., München
Umschlagillustration: Peter F. Strauss
Satz: Compu Satz, München
Reproduktion: Amper Repro, Germering
Druck und Bindung: Ebner Ulm
Printed in Germany
ISBN 3-426-86040-6

2 4 5 3 1

Arnold Bittlinger

Es war einmal ...

Grimmsche Märchen
tiefenpsychologisch gedeutet

Inhalt

Zum Geleit

Zwei Bücher haben mich durch mein bisheriges Leben begleitet: Grimms Märchen und die Bibel. Noch bevor ich lesen und schreiben konnte, habe ich diese beiden Bücher kennen- und liebengelernt. Meine Mutter hat mir Märchen erzählt – mein Vater biblische Geschichten. Zuerst bin ich den Märchen begegnet und dann erst den biblischen Geschichten. Meine Mutter hat mir niemals biblische Geschichten erzählt und mein Vater niemals Märchen. Das Märchenbuch war deshalb für mich von frühester Kindheit an ein ›mütterliches‹ Buch und die Bibel ein ›väterliches‹. Und das ist so geblieben bis heute. Weil aber Mutter und Vater zusammengehören, gehören für mich auch Märchen und Bibel zusammen. Es ist dieselbe Wirklichkeit, die uns in beiden Büchern begegnet, auch wenn die Bilder verschieden sind.

Als ich mein Universitätsstudium begann, haben mich die Märchen zur Psychologie gezogen und die biblischen Geschichten zur Theologie, und so habe ich beides studiert. Das vorliegende Buch ist eine Frucht dieses Doppelstudiums. Es will den Leser mit hineinnehmen in die wundersame Welt der menschlichen Seele und in das Abenteuer der inneren Reise. Er will den Reichtum von zwölf archetypischen Märchen aus der Schatzkammer der Brüder Grimm erschließen und dadurch einen neuen Zugang schaffen zu einer vertrauten und doch so geheimnisvollen Welt.

Zürich, im Sommer 1993
Dr. Arnold Bittlinger

Das Geheimnis
der Märchen

Märchen sind anders als andere Geschichten. Märchen sind etwas Besonderes. Vielen Märchen wohnt ein Zauber inne, der uns durch unser ganzes Leben hindurch begleiten kann. Was ist das Geheimnis der Märchen?

Märchen haben eine direkte Beziehung zu unsrer Seele – sie spiegeln typisch menschliche Schicksale und Situationen. Sie erzählen uns, was sich seit eh und je in der Seele der Menschen abspielt. Märchen können deshalb zu Leitbildern und Orientierungshilfen in den verschiedenen Situationen unseres Lebens werden.

Die Gestalten der Märchen sind symbolische Gestalten. Symbole sagen mehr als Worte. Symbole haben einen Bedeutungsüberschuß. Die Sprache der Symbole ist die Sprache unsrer Seele. Symbole offenbaren einen ewigen Sinn in einer irdischen Erscheinung. Was heißt das im einzelnen?

Eine durchschaubare Welt

Wir leben in einer Welt, die recht verwirrend ist. Nie kann man sagen: So ist es, oder so ist es nicht. Sondern es gilt immer ›sowohl – als auch‹, ›einerseits – andererseits‹. Man kann nicht sagen: Die eine politische Partei ist schlecht und die andere gut – oder umgekehrt. Sondern es gilt immer ›einerseits – andererseits‹. Das gilt auch für die christlichen Konfessionen und für die Weltreligionen und für viele andere Bereiche. Es gilt jedoch vor allem für uns selbst.

Kein Mensch ist nur edel, sondern wir alle haben auch unedle Seiten. Kein Mensch ist nur böse, jeder hat auch gute Seiten. Wo Licht ist, da ist auch Schatten und umgekehrt. Das ist verwirrend.

Bei den Märchen verhält sich das anders. Dort sind die Figuren eindeutig. Die Guten sind gut, und die Bösen sind böse. Die Alten sind alt, und die Jungen sind jung und bleiben es auch. Im Märchen gibt es keine Charakterveränderungen und kein Altern, sondern die Figuren sind eindeutig wie die Masken eines antiken Theaters. Sie sind eindeutig im Gegensatz zur verwirrenden Alltagswirklichkeit. Im Märchen ist die Welt durchschaubar.

Gestalten des Unbewußten

Märchenfiguren verleihen den Mächten des Unbewußten eine sichtbare Gestalt. Was heißt das? Wir alle kennen uns nur zu einem ganz kleinen Teil, nur ein ganz kleiner Bereich unseres Lebens ist uns bewußt. Das meiste ist uns unbewußt. Es ist wie bei einem Eisberg: Der größte Teil befindet sich unter Wasser, ist unsichtbar und deshalb gefährlich.

Im Unbewußten sind all die Eigenschaften, die wir in unserem Bewußtsein ablehnen. Vielleicht sind wir in unserem Bewußtsein freigebig, im Unbewußten sind wir geizig. Möglicherweise sind wir in unserem Bewußtsein tapfer, in unserem Unbewußten feige. Vielleicht sind wir in unserem Bewußtsein freundlich, im Unbewußten gehässig. Wir meinen womöglich, wir seien ehrlich, im Unbewußten sind wir jedoch verlogen. Vielleicht meinen wir, wir seien fürsorgend und liebevoll, im Unbewußten sind wir jedoch neidisch und sadistisch. (Es gilt jedoch auch jeweils das Umgekehrte!) Unser Unbewußtes gleicht einem Hexenkessel, in dem es drunter und drüber geht. Je stärker wir die Gegenkräfte unter dem Deckel halten, desto turbulenter werden sie. Manchmal kommen sie in unserer Träumen hoch, manchmal in Fehlleistungen, Ängsten, Depressionen und körperlichen Krankheiten.

Märchen können hier eine große Hilfe sein. Sie verleihen unbewußten Ängsten, Aggressionen und Depressionen eine Gestalt. Ohne daß wir uns dieser Tatsache bewußt zu werden brauchen, hängen sich die Mächte unseres Unbewußten an die entsprechenden Märchengestalten. So begegnen wir z. B. im Märchen ganz fiesen und gemeinen Typen, wir begegnen hinterhältigen Schurken und feigen Mördern. Wir können uns empören über diese Gestalten, ohne daß wir sie abwehren müssen. Wenn jemand behauptete, daß diese Gestalten alle in uns sind, dann würden wir uns dagegen wehren. Aber so sind es ja »nur« Gestalten im Märchen. Wir können unsere ganze Wut gegen sie auslassen oder uns schaudernd vor ihnen fürchten (um dann vielleicht später zu erkennen, warum sie uns aufregen!).

Für Kinder ist das ganz wesentlich. Kinder brauchen Märchen. Im Märchen hat all das Unheimliche eine Gestalt und einen Platz im Ganzen des Geschehensablaufes. Aber nicht nur Kinder brauchen Märchen, wir alle brauchen sie. Wir können nicht ständig bewußt leben (d. h., wir können uns nicht ständig vor Augen halten, was wir *auch* noch sind) – das wäre viel zu anstrengend. Wir können aber auch nicht immer *un*bewußt leben, denn das wäre viel zu gefährlich. Märchen sind Hüter der Schwelle. Sie verleihen den Mächten des Unbewußten eine Gestalt, die wir anschauen können, ohne daß sich Abwehrmechanismen in Bewegung setzen.

Märchen verklären die Alltagswelt. All das, was wir uns im Leben erträumen, ist im Märchen möglich. Es gibt Zauberringe, mit denen man sich alles wünschen kann. Es gibt Pferde, die schneller reiten als der Wind. Es gibt Zauberschlüssel, die alle Türen öffnen. Es gibt ein Tischlein, das köstliche Speisen hervorzaubert, und einen Esel, der Dukaten produziert, und vieles andere mehr. Im Märchen hat jeder eine Chance. Das kleine Schneiderlein wird König, und das arme Mädchen wird Königin. Märchen sind eine Gegenwelt zur Alltagswelt. Im Märchen wird die Alltagswelt verklärt.

Wir alle brauchen solche Verklärungen. Deshalb lieben wir schöne Feste, feierliche Gottesdienste und prunkvolle Umzüge. Vielleicht haben wir uns schon einmal gefragt, wieso in den mittelalterlichen Städten, wo doch so viel Armut herrschte, so prachtvolle Dome und Kathedralen gebaut wurden. Sicherlich hat man sie ›zur Ehre Gottes‹ gebaut, aber diese Kathedralen dienten auch der Verklärung der Alltagswelt. Ich habe im Armenviertel einer südamerikanischen Großstadt einmal einen Gottesdienst in einer riesigen Hallenkirche erlebt, die etwa fünftausend Menschen faßte. In dieser Kirche sind vorne große Wasserbecken mit sieben Springbrunnen angebracht, die von unten her in wechselnden Farben prachtvoll erleuchtet werden – ein märchenhafter Anblick. Für die Armen, die aus ihren Hütten und Bruchbuden kommen, ist dies ein Stück Paradies, eine Märchenwelt, in die sie immer wieder gerne eintauchen. Gewiß, die Märchenwelt allein genügt nicht, es gibt deshalb in jener Kirche darüber hinaus ein großartiges Hilfsprogramm, aber es gibt eben auch diese märchenhafte Verklärung des

Alltags – einen Vorgeschmack des Paradieses mitten im Elend.

Märchen fordern nichts

Die meisten Märchen sind nicht moralisch. Sie sagen nicht, wie etwas sein sollte, sondern sie zeigen, wie etwas ist. Märchen deuten nicht, sie erklären nicht, sondern sie stellen dar. Sie sind wie unsere Träume. Auch unsere Träume sind nicht moralisch, sondern sie zeigen einfach die andere Seite. Märchen sind Träume der Menschheit. Was viele Menschen durch Jahrhunderte hindurch geträumt haben, das hat sich in Märchen verdichtet.

Für unsere Seele ist es befreiend, wenn nicht ständig der moralische Zeigefinger erhoben wird, wenn wir nicht ständig hören: »Du sollst« und »Du sollst nicht«, sondern wenn wir einfach schauen können. Ein Bild hat eine viel tiefere Wirkung als ein Gebot oder ein Verbot.

Ich kenne eine Mutter, die hat mehrere Kinder und einen recht turbulenten Haushalt. Obwohl sie abends oft sehr müde ist, versammelt sie doch immer wieder ihre Kinderschar um sich und liest ihnen ein Märchen vor. Sie sagte mir einmal: »Märchen ordnen die inneren Gestalten. Alles, was den Tag über drunter und drüber gegangen ist, alles, was die Kinder gut oder schlecht gemacht haben, wird durch die Märchenfiguren an den rechten Platz gestellt. Märchen sind wie ein Seelenbad. Sie sind wirksamer als der moralische Zeigefinger!«

Eine gerechte Welt

Die meisten Märchen zeigen eine gerechte Welt. Die Welt ist im Märchen so, wie sie sein soll. Märchen *zeigen*, was die Bibel *sagt*. So sagt die Bibel, dem Gerechten werde es zuletzt wohl ergehen.[1] Und das Märchen zeigt: Der unterprivilegierte Dummling hat Erfolg, und der Hochmütige hat Mißerfolg. Die Ungerechten werden vernichtet werden,[2] sagt die Bibel, und so zeigen es die Märchen. Märchen stillen somit unsere tiefste Sehnsucht nach Gerechtigkeit. Denn wenn es dem Rechtschaffenen gutgeht und dem Bösen schlechtgeht, dann sagt unser Unbewußtes: So ist es gerecht, so ist die Welt in Ordnung.

Besonders befriedigend ist es für unsere Seele, wenn sich der Böse selber seine Strafe bestimmt. So erzählt z. B. der König im Grimmschen Märchen *Die Gänsemagd* der verblendeten falschen Braut alle ihre Schandtaten und fragt sie: »Welches Urteils ist diese würdig?« Da sprach die falsche Braut: »Die ist nichts Besseres wert, als daß sie splitternackt ausgezogen und in ein Faß gesteckt wird, das inwendig mit spitzen Nägeln beschlagen ist, und zwei weiße Pferde müssen vorgespannt werden, die sie Gasse auf, Gasse ab zu Tode schleifen.« – »Das bist du«, sprach der König, »und hast dein eigen Urteil gefunden, und danach soll dir widerfahren.«[3] So ist das, wenn jemand unbewußt lebt. Er sieht die eigenen Fehler beim andern und verurteilt dann den andern – ohne zu merken, daß er sich dadurch selbst verurteilt. Das hat schon der Apostel Paulus gewußt, als er schrieb: »Worin du den andern verurteilst, verurteilst du dich selber, denn das, was du beim andern verurteilst, das tust du selber auch.«[4]

Hilfreiche Gestalten

In zahlreichen Märchen begegnen wir hilfreichen Gestalten, die den Märchenhelden und -heldinnen helfen, ihre Aufgabe zu erfüllen. Sie helfen in der Regel nur bei ganz bestimmten Aufgaben. So suchen z. B. im Grimmschen Märchen *Die Bienenkönigin* die Ameisen zerstreute Perlen, die Enten finden einen Schlüssel in der Tiefe des Sees, und die Biene entdeckt den Honig im Munde der verzauberten Prinzessin.[5] Jeder Helfer erfüllt die Aufgabe, die ihm entspricht, und so wird dem Märchenhelden und der Märchenheldin kompetent geholfen – jedoch immer nur dann, wenn sie eine bestimmte Aufgabe zu erfüllen haben! Die Hilfe ist mit der Aufgabe gekoppelt.[6] Wenn ein Mensch sich auf den Weg macht, dann machen sich die Helfer ebenfalls auf den Weg.[7]

Helfer werden wachgerufen in dem Augenblick, in dem wir Neuland betreten. Sie begleiten uns auf dem Weg, bewahren uns vor Gefahren und geben uns das, was wir brauchen. So geleitet z. B. ein Engel ›das Mädchen ohne Hände‹ durch ein tiefes Wasser zu einem nährenden Baum und zu einem Prinzen.[8] Der Engel stillt dadurch den äußeren und inneren Hunger des Mädchens. Gott selbst greift ein – durch seine Helfer –, wenn ein Mensch sich auf den Weg macht und einen ersten selbständigen Schritt wagt.

Die jenseitige Wirklichkeit

In vielen Märchen begegnet uns die jenseitige Wirklichkeit. Sie ist zwar eine ganz andere Wirklichkeit, aber so selbstverständlich wie die Welt, die wir kennen. Die Welt der Feen und Zauberer, die Welt der redenden Tiere und Bäume ist zwar mitten in unserer Alltagswelt, aber diese beiden Welten werden nie miteinander vermischt.[9] Es sind zwei verschiedene Ebenen der Wirklichkeit. Es ist die jenseitige Wirklichkeit, die in der diesseitigen Wirklichkeit gegenwärtig ist. Weil die Helfer im Märchen aus der jenseitigen Wirklichkeit kommen, verfügen sie über wundersame Kräfte. Das verleiht uns die Gewißheit, daß der Helfer zur rechten Zeit eingreifen wird und daß seine Hilfe wirksam ist. Märchen zeigen uns, daß unsere Welt in sinnvollen Zusammenhängen steht und wir nicht dem blinden Zufall unterworfen sind, sondern daß die verwirrende vordergründige Welt in eine hintergründige Ganzheit eingebettet ist.

Die jenseitige Wirklichkeit ist die Welt Gottes. Das führt uns zur Frage: Wo ist Gott in den Märchen? Reden die Märchen überhaupt von Gott. Wenn ja – wie?

Märchen reden von Gott, wie unsere Träume von Gott reden oder wie die Natur und die Geschichte und unser Leben von Gott reden. Es ist ein Reden ohne Worte. Es ist ein Reden in der Sprache der Symbole. Nur in einigen wenigen Märchen wird Gott direkt genannt. So zum Beispiel in *Brüderchen und Schwesterchen,* wo es heißt: »Wenn es regnete, sprach das Schwesterchen: Gott und unsere Herzen, die weinen zusammen.«[10] Hier wird im Symbol des Regens etwas vom Wesen Gottes erfaßt, nämlich daß er der Mit-Leidende ist und nicht der ferne, himmlische Souverän, der sich nicht um die Not der Menschen kümmert.[11] In der Regel wird jedoch im Märchen Gott nicht direkt genannt. Wie können wir dann Gott im Märchen erkennen?

Wenn in einem Märchen, mitten in einer ausweglosen Situation, ein Helfer auftaucht, der einen Weg aus der Misere zeigt und die Märchenheldin oder den Märchenhelden in die Freiheit führt, dann ahnen wir: So ist Gott! Hier handelt der Gott, der gesagt hat: »Rufe mich an in der Not, dann will ich dich erretten.«[12]

Oder wenn vom Wasser des Lebens berichtet wird, das Kranke heilt,[13] und von Arzneimitteln, die Tote auferwecken,[14] dann ahnen wir: So ist Gott. Es ist der rechte Arzt,[15] und bei ihm ist die Quelle des Lebens.[16]

Oder wenn wir erleben, wie die Märchenheldin oder der Märchenheld durch immer neue und andere Gefahren hindurchgeführt wird und schließlich das Ziel erreicht, dann ahnen wir: So können wir Gott unser Leben anvertrauen. »Er führet uns auf rechter Straße.«[17]

Oder wenn wir erleben, daß die Verachteten zum Ziel gelangen, während die Hochmütigen scheitern,[18] dann erahnen wir: So ist Gott. »Gott widerstehet den Hochmütigen, aber den Demütigen gibt er Gnade.«[19]

Oder wenn wir erleben, wie die Schwester der sieben Raben große Mühen auf sich nimmt, um ihre Brüder zu erlösen,[20] dann ahnen wir: So ist Gott. Er nimmt in der Gestalt Jesu von Nazareth die Mühen des menschlichen Lebens und Sterbens auf sich, um seine Schwestern und Brüder zu erlösen.[21]

Oder wenn wir erleben, wie die rechte Braut und der rechte Bräutigam trotz aller Hindernisse, Widerstände und Intrigen zusammenfinden und wie dadurch eine neue Ganzheit entsteht, dann erahnen wir: So ist das Reich Gottes. Der himmlische Bräutigam und die irdische Braut vereinen sich. Himmel und Erde finden zueinander.[22]

So könnten wir fortfahren, und wir würden erkennen, daß Gott uns ständig im Märchen begegnet – aber er begegnet uns so wie im Leben: als ein verborgener Gott. Indem die Märchen *nicht* von Gott reden, reden sie von Gott.

Märchen begleiten uns
auf dem Lebensweg

Von frühester KINDHEIT an haben mich Märchen auf meinem Lebensweg begleitet. Wie habe ich gelauscht, wenn meine Mutter uns von *Hänsel und Gretel* erzählte. Wie habe ich mich dem Hänsel verwandt gefühlt, wenn er die kurzsichtige Hexe überlistete und ihr ein Knöchlein statt seines Fingers entgegenstreckte (ich streckte meiner älteren Schwester, die die Hexe spielte, jeweils ein Stück einer getrockneten Rebe entgegen), und wie atmetet ich erleichtert auf, wenn *Rotkäppchen* unversehrt aus dem Wolfsbauch hervorkam!

Als ich dann älter wurde, bewegte mich die böse Fee, die *Dornröschen* verwünschte und in einen hundertjährigen Schlaf versetzte. Wie fieberte ich dem Augenblick entgegen, in dem das große ERWACHEN begann. Nicht nur Dornröschen schlägt die Augen auf und erwacht, sondern auch der Koch, der dem ebenfalls erwachenden Küchenjungen eine schallende Ohrfeige gibt. Wie freute ich mich über das Erwachen des *Schneewittchens* und über die Entzauberung des *Froschkönigs,* der aus seiner Froschgestalt zu einem rechten Mann erwachte.

Später beschäftigte mich das REIFWERDEN des jüngeren Jägers im *Erdmännchen* und des jüngsten Prinzen im *Goldenen Vogel* und im *Wasser des Lebens.* In besonderer Weise bewegte mich jedoch der je einsame und doch gemeinsame Reifeweg des *Mädchens ohne Hände* und seines königlichen Gemahls.

Als ich mich dann intensiver mit Märchen befaßte und selbst Märchenseminare durchführte, spürte ich die Faszination, die von Märchen ausging, in denen deutlich wurde: DAS LEBEN GEHT WEITER! Ich fragte mich: Was ist eigentlich los mit dem *Fischer und seiner Frau?* Warum kann die Frau nie zufrieden sein, und warum handelt der Fischer jeweils gegen seine Überzeugung? Wie ganz anders dagegen ergeht es Mann und Frau im Märchen *Die Nixe im Teich*. Da geht das Leben wirklich weiter, und die innere Reise führt zum Ziel.

Und wie geht es Märchengestalten IM ALTER? Die *Bremer Stadtmusikanten* machen deutlich, daß man auch im Alter lebendig bleiben und einen neuen Anfang wagen kann!

Zwölf archetypische Märchen führen uns durch dieses Buch. Sie begleiten uns auch auf unserer inneren Reise. Sie wollen uns helfen, Lebenskrisen zu bewältigen und dem Sinn unseres Lebens entgegenzureifen.

Kindheit

Hänsel und Gretel

Der verfrühte Aufbruch

Vor einem großen Walde wohnte ein armer Holzhacker mit seiner Frau und seinen zwei Kindern; das Bübchen hieß Hänsel und das Mädchen Gretel. Er hatte wenig zu beißen und zu brechen, und einmal, als große Teuerung ins Land kam, konnte er auch das täglich Brot nicht mehr schaffen. Wie er sich nun abends im Bette Gedanken machte und sich vor Sorgen herumwälzte, seufzte er und sprach zu seiner Frau: »Was soll aus uns werden? Wie können wir unsere armen Kinder ernähren, da wir für uns selbst nichts mehr haben?« – »Weißt du, was, Mann«, antwortete die Frau, »wir wollen morgen in aller Frühe die Kinder hinaus in den Wald führen, wo er am dicksten ist; da machen wir ihnen ein Feuer an und geben jedem noch ein Stückchen Brot; dann gehen wir an unsere Arbeit und lassen sie allein. Sie finden den Weg nicht wieder nach Haus, und wir sind sie los.« – »Nein, Frau«, sagte der Mann, »das tue ich nicht; wie sollt' ich's übers Herz bringen, meine Kinder im Walde allein zu lassen; die wilden Tiere würden bald kommen und sie zerreißen.« – »O du Narr«, sagte sie, »dann müssen wir alle viere Hungers sterben, du kannst nur die Bretter für die Särge hobeln«, und ließ ihm keine Ruhe, bis er einwilligte. »Aber die armen Kinder dauern mich doch«, sagte der Mann.

Die zwei Kinder hatten vor Hunger auch nicht einschlafen können und hatten gehört, was die Stiefmutter zum Vater gesagt hatte. Gretel weinte bittere Tränen und sprach zu Hänsel: »Nun ist's um uns geschehen.« – »Still, Gretel«, sprach Hänsel, »gräme dich nicht, ich will uns schon helfen.« Und als die Alten eingeschlafen waren, stand er auf, zog sein Röcklein an, machte die Untertüre auf und schlich sich hinaus. Da schien der Mond ganz helle, und die weißen Kieselsteine, die vor dem Haus lagen, glänzten wie lauter Batzen. Hänsel bückte sich und steckte so viele in sein Rocktäschlein, als nur hineinwollten. Dann ging er wieder zurück, sprach zu Gretel: »Sei getrost, liebes Schwesterchen, und schlaf nur ruhig ein, Gott wird uns nicht verlassen« und legte sich wieder in sein Bett.

Als der Tag anbrach, noch ehe die Sonne aufgegangen war, kam schon die Frau und weckte die beiden Kinder: »Steht auf, ihr Faulenzer, wir wollen in den Wald gehen und Holz holen.« Dann gab sie jedem ein Stückchen Brot und sprach: »Da habt ihr etwas für den Mittag, aber eßt's nicht vorher auf, weiter kriegt ihr nichts.« Gretel nahm das Brot unter die Schürze, weil Hänsel die Steine in der Tasche hatte. Danach machten sie sich alle zusammen auf den Weg nach dem Wald. Als sie ein Weilchen gegangen waren, stand Hänsel still und guckte nach dem Haus zurück und tat das wieder und immer wieder. Der Vater sprach: »Hänsel, was guckst du da und bleibst zurück, hab acht und vergiß deine Beine nicht.« – »Ach, Vater«, sagte Hänsel, »ich sehe nach meinem weißen Kätzchen, das sitzt oben auf dem Dach und will mir ade sagen.« Die Frau sprach: »Narr, das ist dein Kätzchen nicht, das ist die Morgensonne, die auf den Schornstein scheint.« Hänsel aber hatte nicht nach dem Kätzchen gesehen, sondern immer einen von den blanken Kieselsteinen aus seiner Tasche auf den Weg geworfen.

Als sie mitten in den Wald gekommen waren, sprach der Vater: »Nun sammelt Holz, ihr Kinder, ich will ein Feuer anmachen, damit ihr nicht friert.« Hänsel und Gretel trugen Reisig zusammen, einen kleinen Berg hoch. Das Reisig ward angezündet, und als die Flamme recht hoch brannte, sagte die Frau: »Nun legt euch ans Feuer, ihr Kinder, und ruht euch aus, wir gehen in den Wald und hauen Holz. Wenn wir fertig sind, kommen wir wieder und holen euch ab.«

Hänsel und Gretel saßen am Feuer, und als der Mittag kam, aß jedes sein Stücklein Brot. Und weil sie die Schläge der Holzaxt hörten, so glaubten sie, ihr Vater wäre in der Nähe. Es war aber nicht die Holzaxt, es war ein Ast, den er an einen dürren Baum gebunden hatte und den der Wind hin und her schlug. Und als sie so lange gesessen hatten, fielen ihnen die Augen vor Müdigkeit zu, und sie schliefen fest ein. Als sie endlich erwachten, war es schon finstere Nacht. Gretel fing an zu weinen und sprach: »Wie sollen wir nun aus dem Wald kommen?« Hänsel aber tröstete sie: »Wart nur ein Weilchen, bis der Mond aufgegangen ist, dann wollen wir den Weg schon finden.« Und als der volle Mond aufgestiegen war, so nahm Hänsel sein Schwesterchen an

27

der Hand und ging den Kieselsteinen nach, die schimmerten wie neu geschlagene Batzen und zeigten ihnen den Weg. Sie gingen die ganze Nacht hindurch und kamen bei anbrechendem Tag wieder zu ihres Vaters Haus. Sie klopften an die Tür, und als die Frau aufmachte und sah, daß es Hänsel und Gretel waren, sprach sie: »Ihr bösen Kinder, was habt ihr so lange im Walde geschlafen, wir haben geglaubt, ihr wolltet gar nicht wiederkommen.« Der Vater aber freute sich; denn es war ihm zu Herzen gegangen, daß er sie so allein zurückgelassen hatte.

Das Märchen *Hänsel und Gretel* ist für viele Kinder das Lieblingsmärchen. Und zwar hauptsächlich deshalb, weil es die Urangst des Kindes so anschaulich schildert, daß das Kind sie ›an-schauen‹ kann. Es ist die Urangst eines Kindes, von der Mutter verlassen zu werden. Die Mutter ist die erste Bezugsperson des Kindes. Sie ist die Quelle der Wärme, der Geborgenheit und der Nahrung. Sie erfüllt seine Urwünsche. Wenn die Mutter diese Wünsche nicht mehr erfüllt oder nicht mehr in dem Maße, wie es das Kind erwartet, dann wird beim Kind die Angst geweckt, daß die Mutter es verstoßen will.

Diese höchst bedrohliche Urangst, die in der Tiefe des kindlichen Unbewußten liegt, konkretisiert sich in der ›Stiefmutter‹ des Märchens. Am Anfang des Märchens wird nicht gesagt, daß die Frau eine ›Stiefmutter‹ ist; das wird sie erst in den Augen der Kinder, denn eine richtige Mutter kann nicht so böse sein!

Daß ein Kind die Mutter als ›böse‹ erlebt, ist für seine weitere Entwicklung außerordentlich wichtig, denn es geht im Leben darum, daß wir unseren eigenen Weg gehen, uns immer wieder lösen von Situationen, die uns lieb und vertraut geworden sind, und aufbrechen zu neuen Ufern. Eine solche Loslösung von der ›Mutter‹ ist jedoch nur möglich, wenn irgend etwas ›Böses‹ uns aus dem warmen Nest heraustreibt. Das Kind braucht den ›Schatten‹ der Mutter, um sich von ihr lösen zu können. Es ist deshalb wichtig, daß Mütter ihre ›bösen‹ Seiten nicht vor ihren Kindern verbergen, denn ein Kind kann sich nur mit Hilfe des Schattens von der Mutter lösen.

Es geht also in unserem Märchen um die Urerfahrung der Menschheit, die uns in der biblischen Erzählung von der Vertreibung aus dem Paradies vor Augen gemalt wird.[23]

Die Erfahrung der verstoßenden Mutter ist für ein Kind ein erster Impuls in Richtung Selbständigwerdung. Im Märchen *Hänsel und Gretel* kommt dieser Impuls jedoch zu früh. Und das ist es, was Angst auslöst – denn die Kinder können noch nicht allein existieren. Außerhalb des Elternhauses gibt es für sie keine Überlebensmöglichkeit.[24] Aber nicht nur die Angst wird geweckt, sondern auch die Kreativität. Während Gretel verzweifelt ist und nur noch weinen kann, entwickelt Hänsel eine Überlebensstrategie, die darin besteht, den Weg zurück ins Elternhaus wiederzufinden.

Und dennoch ist die Trennung von den Eltern – trotz der Rückkehr – ein erster wichtiger Schritt in Richtung Loslösung vom Elternhaus. (Diese Thematik begegnet uns im Alten Testament z. B. in der Erzählung von Hagar und Ismael[25] und im Neuen Testament in der Erzählung vom zwölfjährigen Jesus[26].)

Daß es im Märchen *Hänsel und Gretel* darum geht, den eigenen Weg zu finden, macht die Symbolsprache des Märchens auch noch auf andere Weise deutlich. So begegnen uns am Anfang vier Personen: Mann und Frau, Bruder und Schwester. Die Vier ist eine Ganzheitszahl,[27] die zum Ausdruck bringt, daß ein Gleichgewichtszustand besteht. Ein neuer Entwicklungsschritt ist nur möglich, wenn dieser Gleichgewichtszustand aufgebrochen wird. Dies geschieht durch Armut und Teuerung, durch Hunger und Sorge, die dazu führen, daß die Vier ›ent-zweit‹ wird: Es entstehen zwei Zweiereinheiten, die nun erneut nach einer weiteren Ganzwerdung drängen. Die beiden Zweiereinheiten enthalten in sich die polare Spannung von ›männlich‹ und ›weiblich‹ und damit die erforderliche Dynamik für einen weiteren Entwicklungsschritt. So ist bei den Eltern die Frau der vorwärtsdrängende Typ, der Mann eher der bremsende. Bei den Geschwistern ist zunächst Hänsel der aktive Teil und Gretel der eher passive – später ist es dann umgekehrt.

Bei Hänsel wird ein Zusammenspiel zwischen eigenem Handeln und Gottvertrauen sichtbar. Er sagt: »Ich will uns schon helfen« und »Gott wird uns nicht verlassen«. Im Wald erleben wir sodann die Kinder zwischen Furcht und Hoffnung: Einerseits wissen sie, daß die Eltern sie versto-

ßen wollen, andererseits vertrauen sie auf die ausgestreu-
ten Kieselsteine. Auch der gemeine Trick des Vaters mit
dem die Axt imitierenden Ast weckt in den Kindern die
Hoffnung, daß die Eltern sie doch nicht verstoßen wollen.
Um sein schlechtes Gewissen zu beruhigen, ersinnt der
schwache Vater diesen Akt der ›Barmherzigkeit‹. Es ist,
wie jede Sentimentalität, eine verlogene Barmherzigkeit,
die nur kurzfristig und nur scheinbar hilft, um nachher
um so mehr zu enttäuschen.

Daß die Kinder den Heimweg wiederfinden, verdanken
sie dem Zusammenspiel zwischen Himmel und Erde. Die
irdischen Kieselsteine werden vom *himmlischen* Mond beschienen. Während die Kinder ihre ›Stiefmutter‹ als ver-
stoßend erleben, erfahren sie den Mond – ein Ursymbol
der Großen Mutter – als mütterlichen Beistand im Sinne
des Bibelwortes: »Ich will euch beistehen, wie einem seine
Mutter beisteht.«[28] Hänsel und Gretel machen also eine
wichtige Erfahrung. Sie erleben, daß sich die Zuversicht
des Hänsel (»Ich will uns schon helfen« und »Gott wird
uns nicht verlassen«) als tragfähig erweist.

Der Weg in die Tiefe

*Nicht lange danach war wieder Not in allen Ecken, und die Kin-
der hörten, wie die Mutter nachts im Bette zu dem Vater sprach:
»Alles ist wieder aufgezehrt, wir haben noch einen halben Laib
Brot, hernach hat das Lied ein Ende. Die Kinder müssen fort, wir
wollen sie tiefer in den Wald hineinführen, damit sie den Weg
nicht wieder herausfinden; es ist sonst keine Rettung für uns.«
Dem Mann fiel's schwer aufs Herz, und er dachte: »Es wäre besser, daß du den letzten Bissen mit deinen Kindern teiltest.« Aber
die Frau hörte auf nichts, was er sagte, schalt ihn und machte*

ihm Vorwürfe. Wer A sagt, muß auch B sagen, weil er das erstemal nachgegeben hatte, so mußte er es auch zum zweitenmal.

Die Kinder waren aber noch wach gewesen und hatten das Gespräch mit angehört. Als die Alten schliefen, stand Hänsel wieder auf, wollte hinaus und Kieselsteine auflesen wie das vorige Mal, aber die Frau hatte die Tür verschlossen, und Hänsel konnte nicht hinaus. Aber er tröstete sein Schwesterchen und sprach: »Weine nicht, Gretel, und schlaf nur ruhig, der liebe Gott wird uns schon helfen.«

Am frühen Morgen kam die Frau und holte die Kinder aus dem Bette. Sie erhielten ihr Stückchen Brot, das war aber noch kleiner als das vorige Mal. Auf dem Wege nach dem Wald bröckelte es Hänsel in der Tasche, stand oft still und warf ein Bröcklein auf die Erde. »Hänsel, was stehst du und guckst dich um«, sagte der Vater, »geh deiner Wege.« – »Ich sehe nach meinem Täubchen, das sitzt auf dem Dache und will mir ade sagen«, antwortete Hänsel. »Narr«, sagte die Frau, »das ist dein Täubchen nicht, das ist die Morgensonne, die auf den Schornstein oben scheint.« Hänsel aber warf nach und nach alle Bröcklein auf den Weg.

Die Frau führte die Kinder noch tiefer in den Wald, wo sie ihr Lebtag noch nicht gewesen waren. Da ward wieder ein großes Feuer angemacht, und die Mutter sagte: »Bleibt nur da sitzen, ihr Kinder, und wenn ihr müde seid, könnt ihr ein wenig schlafen; wir gehen in den Wald und hauen Holz, und abends, wenn wir fertig sind, kommen wir und holen euch ab.« Als es Mittag war, teilte Gretel ihr Brot mit Hänsel, der sein Stück auf den Weg gestreut hatte. Dann schliefen sie ein, und der Abend verging, aber niemand kam zu den armen Kindern. Sie erwachten erst in der finstern Nacht, und Hänsel tröstete sein Schwesterchen und sagte: »Wart nur, Gretel, bis der Mond aufgeht, dann werden wir die Brotbröcklein sehen, die ich ausgestreut habe, die zeigen uns den Weg nach Haus.« Als der Mond kam, machten sie sich auf, aber sie fanden kein Bröcklein mehr; denn die viel-

tausend Vögel, die im Walde und im Felde umherfliegen, die hat-
ten sie weggepickt. Hänsel sagte zu Gretel: »Wir werden den
Weg schon finden«, aber sie fanden ihn nicht. Sie gingen die
ganze Nacht und noch einen Tag von Morgen bis Abend, aber
sie kamen aus dem Wald nicht heraus und waren so hungrig;
denn sie hatten nichts als die paar Beeren, die auf der Erde stan-
den. Und weil sie so müde waren, daß die Beine sie nicht mehr
tragen wollten, so legten sie sich unter einen Baum und schliefen
ein.
Nun war's schon der dritte Morgen, daß sie ihres Vaters Haus
verlassen hatten. Sie fingen wieder an zu gehen, aber sie gerieten
immer tiefer in den Wald, und wenn nicht bald Hilfe kam, so
mußten sie verschmachten.

Hänsel und Gretel werden zum zweitenmal verstoßen.
(Das erinnert an die biblische Erzählung von Hagar und
Ismael, die ebenfalls zweimal verstoßen werden.[29]) Wäh-
rend bei der ersten Verstoßung das Symboltier die Katze

war (die immer wieder nach Hause zurückkehrt!), werden Hänsel und Gretel bei der zweiten Verstoßung von Vögeln begleitet (mit denen sie – unbewußt – ihr Brot teilen!). Vögel sind Symbole des Geistes.[30] Der Geist treibt in die Einsamkeit[31] und führt auf den Weg zur Selbstwerdung.

Hänsel trägt durch sein ›unvernünftiges‹ Streuen von Brotbröcklein mit dazu bei, daß die Rückkehr unmöglich gemacht wird. Daß Hänsel bei dieser unsinnigen Handlung auf eine Taube schaut, mag ein Hinweis darauf sein, daß der Heilige Geist (d. h. der von unserem wahren Selbst gesteuerte Entwicklungstrieb) auch etwas mit unseren Fehlleistungen zu tun hat, die uns auf unserer inneren Reise in der Regel stärker motivieren als unser scheinbar ›richtiges‹ Verhalten.

Hinter der zweiten Verstoßung steht wieder die ›Stiefmutter‹, die aber offensichtlich nicht allein handeln kann, sondern die Zustimmung ihres Mannes braucht (so wie bei der ›Verstoßung‹ Jesu der Hohepriester Kaiphas die Zustimmung des Prokurators Pilatus brauchte!). Die Frau drängt ihren Mann mit den Worten: »Wer A sagt, muß auch B sagen!« Dieser oft zitierte Satz stimmt jedoch nur bedingt, denn wenn A ein Unsinn war, muß man keineswegs noch zusätzlich einen B-Unsinn machen – nur weil man zuerst einen A-Unsinn gemacht hat! Freilich, wenn der Komplex, der zu A geführt hat, nicht aufgearbeitet worden ist, dann wird das B zwangsläufig, dann ›muß‹ man – wie der Vater im Märchen – auch beim zweitenmal nachgeben!

Und doch steht auch hier über dem Unsinn der Menschen letztlich der göttliche Sinn.

Der zweite Aufbruch ist geprägt von der Zahl zwei. Er wird eingeleitet mit der Zweiheit A und B und führt zur Trennung der Kinder von den Eltern, wodurch zwei neue

Zweiheiten entstehen (Mann/Frau; Hänsel/Gretel). Das Märchen wendet sich dann der Zweiheit Hänsel/Gretel zu. Beim zweiten Aufbruch (»bei Tagesanbruch«) wird zum zweitenmal die Sonne erwähnt und beim zweiten ›Rückweg‹ der Kinder (»bei Beginn der Nacht«) zum zweitenmal der Mond. Es begegnet uns somit die doppelte Zweiheit Sonne/Mond und Tag/Nacht. Dabei bescheint die Sonne den sich dem Himmel entgegenstreckenden Schornstein, während der Mond die Erde beleuchtet – ein Hinweis auf die Zweiheit Himmel und Erde. Die symbolische ›Ein-heit‹ des Elternhauses ist jetzt endgültig aufge-

brochen. Jetzt dominiert die Zwei, die nach Weiterent-
wicklung drängt.

Beim Sichverirren im Wald geht es um die uralte Laby-
rinthsymbolik. Die vielen Wege und Umwege, die die Kinder gehen, gleichen den Wegen eines Labyrinths, das den
inneren Lebensweg eines jeden Menschen darstellt.

Daß das Labyrinth, das Hänsel und Gretel ›durchschreiten‹, ein Urwaldlabyrinth ist (damals waren die europäischen Wälder noch Urwälder!), bedeutet, daß die Kinder
auf ihrem Weg vertraut werden mit all den Pflanzen und
Tieren, die ein solcher Urwald zu bieten hat. Innerseelisch
bedeutet dies den Kontakt mit dem dynamisch-vegetati-
ven und dem animalisch-instinktiven Bereich unserer Seele. Es bedeutet z. B. die Erfahrung des Baumseins mit Wurzel und Krone.[32] Indem wir in Träumen und Märchen des
Urwaldlabyrinth unseres Unbewußten durchschreiten,
begegnen wir der verwirrenden, unser bewußtes Leben er-
gänzenden Wirklichkeit unserer Seele und somit der
Zweiheit ›bewußt/unbewußt‹.

Wandlung in der Tiefe

*Nur war's schon der dritte Morgen, daß sie ihres Vaters Haus
verlassen hatten. Sie fingen wieder an zu gehen, aber sie gerieten
immer tiefer in den Wald, und wenn nicht bald Hilfe kam, so
mußten sie verschmachten. Als es Mittag war, sahen sie ein
schönes schneeweißes Vöglein auf einem Ast sitzen, das sang so
schön, daß sie stehenblieben und ihm zuhörten. Und als es fertig
war, schwang es seine Flügel und flog vor ihnen her, und sie gingen ihm nach, bis sie zu einem Häuschen gelangten, auf dessen
Dach es sich setzte; und als sie ganz nah herankamen, so sahen
sie, daß das Häuslein aus Brot gebaut war und mit Kuchen ge-*

deckt; aber die Fenster waren von hellem Zucker. »Da wollen wir uns dranmachen«, sprach Hänsel, »und eine gesegnete Mahlzeit halten. Ich will ein Stück vom Dach essen, Gretel, du kannst vom Fenster essen, das schmeckt süß.« Hänsel reichte in die Höhe und brach sich ein wenig vom Dach ab, um zu versuchen, wie es schmeckte, und Gretel stellte sich an die Scheiben und knusperte daran. Da rief ein feine Stimme aus der Stube heraus:

>»Knuper, knuper, kneischen,
>wer knupert an meinem Häuschen?«

Die Kinder antworteten:

>»Der Wind, der Wind,
>das himmlische Kind«

und aßen weiter, ohne sich irremachen zu lassen. Hänsel, dem das Dach sehr gut schmeckte, riß sich ein großes Stück davon herunter, und Gretel stieß eine ganze runde Fensterscheibe her-

aus, setzte sich nieder und tat sich wohl damit. Da ging auf einmal die Türe auf, und eine steinalte Frau, die sich auf eine Krücke stützte, kam herausgeschlichen.

Hänsel und Gretel erschraken so gewaltig, daß sie fallen ließen, was sie in den Händen hielten. Die Alte aber wackelte mit dem Kopfe und sprach: »Ei, ihr lieben Kinder, wer hat euch hierhergebracht? Kommt nur herein und bleibt bei mir, es geschieht euch kein Leid.« Sie faßte beide an der Hand und führte sie in ihr Häuschen. Da ward gutes Essen aufgetragen, Milch und Pfannekuchen mit Zucker, Äpfel und Nüsse. Hernach wurden zwei schöne Bettlein weiß gedeckt, und Hänsel und Gretel legten sich hinein und meinten, sie wären im Himmel.

Die Alte hatte sich nur so freundlich angestellt, sie war aber eine böse Hexe, die den Kindern auflauerte, und hatte das Brothäuschen bloß gebaut, um sie herbeizulocken. Wenn eins in ihre Gewalt kam, so machte sie es tot, kochte es und aß es, und das war ihr ein Festtag. Die Hexen haben rote Augen und können nicht weit sehen, aber sie haben eine feine Witterung wie die Tiere und merken's, wenn Menschen herankommen. Als Hänsel und Gretel in ihre Nähe kamen, da lachte sie boshaft und sprach höhnisch: »Die habe ich, die sollen mir nicht wieder entwischen.« Frühmorgens, ehe die Kinder erwacht waren, stand sie schon auf, und als sie beide so lieblich ruhen sah, mit den vollen roten Backen, so murmelte sie vor sich hin: »Das wird ein guter Bissen werden.« Da packte sie Hänsel mit ihrer dürren Hand und trug ihn in einen kleinen Stall und sperrte ihn mit einer Gittertüre ein; er mochte schreien, wie er wollte, es half ihm nichts. Dann ging sie zur Gretel, rüttelte sie wach und rief: »Steh auf, Faulenzerin, trag Wasser und koch deinem Bruder etwas Gutes, der sitzt draußen im Stall und soll fett werden. Wenn er fett ist, so will ich ihn essen.« Gretel fing an bitterlich zu weinen, aber es war alles vergeblich, sie mußte tun, was die böse Hexe verlangte.

Nun ward dem armen Hänsel das beste Essen gekocht, aber Gretel bekam nichts als Krebsschalen. Jeden Morgen schlich die Alte zu dem Ställchen und rief: »Hänsel, streck deine Finger heraus, damit ich fühle, ob du bald fett bist.« Hänsel streckte ihr aber ein Knöchlein heraus, und die Alte, die trübe Augen hatte, konnte es nicht sehen und meinte, es wären Hänsels Finger, und verwunderte sich, daß er gar nicht fett werden wollte.

Um zur Ganzheit gelangen zu können, müssen wir zunächst die in unserem Unbewußten verborgenen Gegenpole kennenlernen – als Ergänzung zu den uns bewußten und vertrauten Verhaltensweisen. Es ist deshalb nicht verwunderlich, daß Hänsel und Gretel jetzt in der Tiefe des Waldes (d. h. in der Tiefe des Unbewußten) dem Gegenpol der *verstoßenden* Mutter, nämlich der *verschlingenden* Mutter begegnen. Das ›schneeweiße Vögelein‹, das die Kinder zum Hexenhaus führt, ist ein Symbol des göttlichen Geistes, der als Entwicklungstrieb in den Herzen der Kinder zu der Erfahrung führt, die jetzt für sie ›notwendig‹ ist.
Das eßbare Kuchenhaus ist für sie eine große Versuchung – nämlich die Versuchung zur Regression in die orale Phase.[33] Ein Haus, das man essen kann, ist Symbol der nahrungspendenden Mutter, von deren Körper sich das Kleinkind ernährt. Hänsel und Gretel regredieren also in den paradiesischen Zustand des Kleinkindes. Sie ›träumen‹ von der jederzeit spendenden Mutter, die sie in der Realität verloren haben. Sie lassen sich auch nicht von der warnenden Stimme der Hexe (Gewissen?) beim Essen stören, sondern antworten auf die Frage der Hexe, wer an ihrem Häuschen knuspert, mit dem Reim:

> »Der Wind, der Wind,
> das himmlische Kind.«

Vielleicht erscheint uns diese Reimantwort recht seltsam, möglicherweise sogar etwas keck – so als wollten Hänsel und Gretel die Hexe zum Narren halten. Wenn jedoch gereimte Sätze aus der Tiefe unserer Seele aufsteigen, dann haben solche Sätze oft eine viel tiefere Bedeutung als Worte, die unser Verstand formuliert. So könnte dieser Reim bedeuten, daß es der Heilige Geist (= der Wind) ist, der die Kinder zum Hexenhaus geführt hat, und daß dieses Erleben etwas mit Wandlung und Selbstwerdung, d. h. mit der Geburt des ›himmlischen Kindes‹ zu tun hat.

Und dann erleben Hänsel und Gretel die Hexe in einer unerhörten Ambivalenz. Einerseits meinen die Kinder, sie wären »im Himmel« – so überreichlich spendend und freundlich begegnet ihnen die Hexe. Andererseits fängt Gretel an, »bitterlich zu weinen« – so teuflisch erlebt sie die menschenfressende Hexe. Dunkel und riesengroß taucht aus den Urtiefen der Zeiten hinter der Märchenhexe die Gestalt der ›Magna Mater‹, der alles schenkenden und alles verschlingenden ›Großen Mutter‹, auf.

Und jetzt lernen die Kinder etwas Entscheidendes: Indem sie in die fressende Oralität zurückkehren und bei der spendenden Mutter verweilen, wird die vorher nährende Mutter selber fressend.[34] Wenn die Kinder also nicht gefressen werden wollen, dann müssen sie ebenso in dieser Situation Überlebensstrategien entwickeln, was sie auch tun. Zunächst ist es wieder Hänsel, der der Hexe mit den ›trüben Augen‹ ein Knöchlein statt seines Fingers entgegenstreckt und dadurch das Gefressenwerden hinauszögert. Doch dann erwacht Gretel und führt die entscheidende Tat aus, die zur Befreiung führt.

Die große Wende

*Als vier Wochen herum waren und Hänsel immer mager blieb,
da übernahm sie die Ungeduld, und sie wollte nicht länger warten.* »Heda, Gretel«, *rief sie dem Mädchen zu,* »sei flink und trag
Wasser: Hänsel mag fett oder mager sein, morgen will ich ihn
schlachten und kochen.« *Ach, wie jammerte das arme Schwesterchen, als es das Wasser tragen mußte, und wie flossen ihm
die Tränen über die Backen herunter!* »Lieber Gott, hilf uns
doch«, *rief sie aus,* »hätten uns doch nur die wilden Tiere im
Wald gefressen, so wären wir doch zusammen gestorben.« –
»Spar nur dein Geplärre«, *sagte die Alte,* »es hilft dir alles
nichts.«*
Frühmorgens mußte Gretel hinaus, den Kessel mit Wasser auf-
hängen und Feuer anzünden.* »Erst wollen wir backen«, *sagte
die Alte,* »ich habe den Backofen schon eingeheizt und den Teig
geknetet.« *Sie stieß das arme Gretel hinaus zu dem Backofen, aus
dem die Feuerflammen schon herausschlugen.* »Kriech hinein«,
sagte die Hexe, »und sieh zu, ob recht eingeheizt ist, damit wir
das Brot hineinschieben können.« *Und wenn Gretel darin war,
wollte sie den Ofen zumachen, und Gretel sollte darin braten,
und dann wollte sie's auch aufessen. Aber Gretel merkte, was sie
im Sinn hatte, und sprach:* »Ich weiß nicht, wie ich's machen
soll; wie komm' ich da hinein?« – »Dumme Gans«, *sagte die Alte,* »die Öffnung ist groß genug, siehst du wohl, ich könnte selbst
hinein«, *krabbelte heran und steckte den Kopf in den Backofen.
Da gab ihr Gretel einen Stoß, daß sie weit hineinfuhr, machte die
eiserne Tür zu und schob den Riegel vor. Hu! Da fing sie an zu
heulen, ganz grauselich; aber Gretel lief fort, und die gottlose
Hexe mußte elendiglich verbrennen.
Gretel aber lief schnurstracks zum Hänsel, öffnete sein Ställchen
und rief:* »Hänsel, wir sind erlöst, die alte Hexe ist tot.« *Da
sprang Hänsel heraus wie ein Vogel aus dem Käfig, wenn ihm*

die Türe aufgemacht wird. Wie haben sie sich gefreut, sind sich um den Hals gefallen, sind herumgesprungen und haben sich ge- küßt! Und weil sie sich nicht mehr zu fürchten brauchten, so gingen sie in das Haus der Hexe hinein, da standen in allen Ek- ken Kasten mit Perlen und Edelsteinen. »Die sind noch besser als Kieselsteine«, sagte Hänsel und steckte in seine Taschen, was hineinwollte, und Gretel sagte: »Ich will auch etwas mit nach Haus bringen« und füllte sich sein Schürzchen voll. – »Aber jetzt wollen wir fort«, sagte Hänsel, »damit wir aus dem Hexen- wald herauskommen.« Als sie aber ein paar Stunden gegangen waren, gelangten sie an ein großes Wasser. »Wir können nicht hinüber«, sprach Hänsel, »ich sehe keinen Steg und keine Brük- ke.« – »Hier fährt auch kein Schiffchen«, antwortete Gretel, »aber da schwimmt eine weiße Ente, wenn ich die bitte, so hilft sie uns hinüber.« Da rief sie:

> *»Entchen, Entchen,*
> *da steht Gretel und Hänsel.*
> *Kein Steg und keine Brücke,*
> *nimm uns auf deinen weißen Rücken.«*

Das Entchen kam auch heran, und Hänsel setzte sich auf und bat sein Schwesterchen, sich zu ihm zu setzen. »Nein«, antwor- tete Gretel, »es wird dem Entchen zu schwer, es soll uns nach- einander hinüberbringen.« Das tat das gute Tierchen, und als sie glücklich drüben waren und ein Weilchen fortgingen, da kam ihnen der Wald immer bekannter und immer bekannter vor, und endlich erblickten sie von weitem ihres Vaters Haus. Da fingen sie an zu laufen, stürzten in die Stube hinein und fielen ihrem Vater um den Hals. Der Mann hatte keine frohe Stunde gehabt, seitdem er die Kinder im Walde gelassen hatte, die Frau aber war gestorben. Gretel schüttete sein Schürzchen aus, daß die Perlen und Edelsteine in der Stube herumsprangen, und Hänsel warf

eine Handvoll nach der andern aus seiner Tasche dazu. Da hatten alle Sorgen ein Ende, und sie lebten in lauter Freude zusammen. Mein Märchen ist aus, dort läuft eine Maus, wer sie fängt, darf sich eine große, große Pelzkappe daraus machen.

Während das Märchen mit dem ›Gleichgewicht‹ der Zahl Vier (›Einheit‹ der vier Personen) begann und dann zur polaren und spannungsvollen Zwei (Hänsel und Gretel) führte, dominiert im Haus der Hexe die Drei (Hänsel/Gretel/Hexe), die Zahl der Dynamik und der Wandlung. Die Drei ist auch die Zahl des dritten Wochentags (dem der kämpferische Mars zugeordnet ist). In der Chakrenmeditation ist sie die Zahl des Sonnengeflechts und des damit verbundenen alchemistischen Feuers. Dieses Feuer, dem die Kinder beim zweimaligen Aufbruch als wärmend begegnet sind, begegnet ihnen jetzt als verzehrende Flamme. Es ist das Feuer des Backofens, in dem sich die Wandlung vollzieht. Während bisher Hänsel der Aktive und Findige war, tritt jetzt Gretel auf den Plan. Sie ist es, die die entscheidende Wende herbeiführt. Auch Gretel verbindet Gottvertrauen (»Lieber Gott, hilf uns doch!«) mit eigenem listigen Handeln. Intuitiv erahnt Gretel die Absicht der Hexe (»Gretel merkte, was sie im Sinn hatte«), reagiert schlagfertig und listig (»Ich weiß nicht, wie ich es machen soll«) und handelt entschlossen und kraftvoll (»Da gab ihr Gretel einen Stoß, daß sie *weit* hineinfuhr«). Das ist eine ganz andere Gretel als das verzagte Mädchen bei der ersten und zweiten Verstoßung!

Daß auch diese Szene wieder von Vögeln begleitet wird, zeigt, daß auch in dieser Situation der göttliche Geist am Werk ist: Hänsel springt »wie ein *Vogel*« aus dem Käfig, und die *gottlose* Hexe nennt Gretel – in Verkennung der Wirklichkeit – eine »*dumme Gans*«.[35]

Vielleicht fragen wir jetzt: Verherrlicht eine solche Hexenverbrennung nicht die Grausamkeit? Ist eine solche Erzählung für Kinder nicht schädlich? – Keineswegs! Sondern das Gegenteil ist der Fall. Die Hexe ist Gestalt gewordene Urangst, die in jedem Kind lebt. Solange es diese Urangst gibt, muß es auch eine Möglichkeit geben, mit dieser Angst fertig zu werden. Bruno Bettelheim meint hierzu: »Eine Hexe, die man in ihren eigenen Ofen stecken und verbrennen kann, ist eine Hexe, von der sich das Kind befreit fühlen kann. [...] Solange Kinder also an Hexen glauben, brauchen sie die Hilfe solcher Geschichten, in denen sie es fertigbringen, sich von solchen Verfolgungsphantasien und solchen verfolgenden Figuren zu befreien. Wenn ihnen das gelingt, haben sie genau wie Hänsel und Gretel dann einen ungeheuren Gewinn davon für ihr eigenes Leben.«[36]

Ich erinnere mich lebhaft an manche vor Begeisterung leuchtende Kinderaugen, wenn sie das bekannte Märchenlied *Hänsel und Gretel verliefen sich im Wald* sangen und dann zu der Stelle kamen, wo es heißt:

> »Und als die Hexe zum Ofen schaut hinein,
> ward sie gestoßen von unserm Gretelein.
> Die Hexe mußte braten,
> die Kinder gehn nach Haus …«

Eine tiefe Erleichterung war dann jeweils bei den Kindern zu spüren. Solche Geschichten sind also keine Erziehung zur Grausamkeit, sondern im Gegenteil eine Befreiung von der Grausamkeit. Wenn die in allen Kindern (und in vielen Erwachsenen!) lebenden destruktiven Gestalten nicht im Feuer gewandelt werden, stiften sie in der Tiefe der Seele (und oft genug auch in der Außenwelt!) Unheil. Wer jedoch gelernt hat, mit den bedrohlichen Figuren in seiner Seele in rechter Weise umzugehen bzw. fertig zu werden, der entdeckt hinter dem, was ihm bedrohlich begegnet, Perlen und Edelsteine, d. h. wahre Werte, die durch Schmerz (Perle), Hitze und Druck (Edelsteine) entstanden sind. Das Feuer, in dem die Hexe verbrennt, ist also nur scheinbar vernichtend. In Wahrheit ist es ein verwandelndes Feuer, das offenbart, was in Wirklichkeit in dem steckt, was unser Leben bedroht.[37]
Indem Gretel die Hexe verbrennt, wird sie selbst zur ›Hexe‹ – sie tut nämlich genau das, was die Hexe tun wollte! Die ängstliche und verzagte Gretel entdeckt somit ihre aggressive Hexenseite und findet dann aus den beiden Extremen heraus zur rechten Mitte. Das wird deutlich an der Begegnung mit der Ente, dem letzten ›Vogel‹, von dem im Märchen die Rede ist. Die Ente ist ein Symbol der Mutter, die zu ihrer Mitte gefunden hat.[38] Sie ist da, wenn sie gebraucht wird, sie entläßt die Kinder, wenn sie nicht mehr

gebraucht wird. Sie trägt – aber nicht über ihre physische Kraft. Das erkennt Gretel (die hier sensibler ist als Hänsel!). Gretel hat auf ihrem Weg durch die Tiefe nicht nur Intuition, List und Tatkraft entwickelt, sondern auch Sensibilität. Daß Hänsel und Gretel je *allein* das große Wasser überqueren müssen, hat eine tiefe Bedeutung. Auch die bisher so eng verbundenen Geschwister müssen jetzt ihre Symbiose aufgeben, um ihr wahres Selbst zu entwickeln.[39]

Vom großen, die Geschwister trennenden Wasser war bisher nicht die Rede. Es ist also nicht derselbe Weg, auf dem die Kinder ins Elternhaus zurückkehren, und es ist nicht mehr dasselbe Elternhaus, in das sie zurückkehren. Die ›böse Stiefmutter‹ ist nicht mehr da; sie hat sich gewandelt von der verstoßenden Mutter über die schenkende und verschlingende ›Hexe‹ hin zur Mutter, die – im Symbol der Ente – zur Mitte gefunden hat.

Daß uns jetzt wieder die Zahl Drei begegnet – diesmal mit einem männlichen Übergewicht[40] –, macht die Notwendigkeit einer weiteren Wandlung deutlich,[41] aber davon redet dieses Märchen nicht mehr,[42] sondern zunächst ist die Armut zu Ende und mit ihr das Märchen. Wir haben jetzt Zeit, die Maus zu fangen und uns eine große, große Pelzkappe daraus zu machen ...[43]

Rotkäppchen

Es war einmal eine kleine süße Dirne, die hatte jedermann lieb, der sie nur ansah, am allerliebsten aber ihre Großmutter, die wußte gar nicht, was sie alles dem Kinde geben sollte. Einmal schenkte sie ihm ein Käppchen von rotem Sammet, und weil ihm das so wohl stand und es nichts anders mehr tragen wollte, hieß es nur das Rotkäppchen. Eines Tages sprach seine Mutter zu ihm: »Komm, Rotkäppchen, da hast du ein Stück Kuchen und eine Flasche Wein, bring das der Großmutter hinaus; sie ist krank und schwach und wird sich daran laben. Mach dich auf, bevor es heiß wird, und wenn du hinauskommst, so geh hübsch sittsam und lauf nicht vom Weg ab; sonst fällst du und zerbrichst das Glas, und die Großmutter hat nichts. Und wenn du in ihre Stube kommst, so vergiß nicht, guten Morgen zu sagen, und guck nicht erst in alle Ecken herum.«

»Ich will schon alles gut machen«, sagte Rotkäppchen zur Mutter und gab ihr die Hand darauf. Die Großmutter aber wohnte draußen im Wald, eine halbe Stunde vom Dorf. Wie nun Rotkäppchen in den Wald kam, begegnete ihm der Wolf. Rotkäppchen aber wußte nicht, was das für ein böses Tier war, und fürchtete sich nicht vor ihm. »Guten Tag, Rotkäppchen«, sprach er. »Schönen Dank, Wolf.« – »Wo hinaus so früh, Rotkäppchen?« – »Zur Großmutter.« – »Was trägst du unter der Schürze?« – »Kuchen und Wein; gestern haben wir gebacken; da soll sich die kranke und schwache Großmutter etwas zugut tun und sich damit stärken.« – »Rotkäppchen, wo wohnt deine Großmutter?« – »Noch eine gute Viertelstunde weiter im Wald, unter den drei großen Eichbäumen, da steht ihr Haus, unten sind die Nußhecken, das wirst du ja wissen«, sagte Rotkäppchen. Der Wolf dachte bei sich: »Das junge zarte Ding, das ist ein fetter

Bissen, der wird noch besser schmecken als die Alte; du mußt es listig anfangen, damit du beide erschnappst.« Da ging er ein Weilchen neben Rotkäppchen her, dann sprach er: »Rotkäppchen, sieh einmal die schönen Blumen, die ringsumher stehen, warum guckst du dich nicht um? Ich glaube, du hörst gar nicht, wie die Vöglein so lieblich singen? Du gehst ja für dich hin, als wenn du zur Schule gingst, und ist so lustig haußen in dem Wald.«

Rotkäppchen schlug die Augen auf, und als es sah, wie die Sonnenstrahlen durch die Bäume hin und her tanzten und alles voll schöner Blumen stand, dachte es: »Wenn ich der Großmutter einen frischen Strauß mitbringe, der wird ihr auch Freude machen; es ist so früh am Tag, daß ich doch zu rechter Zeit ankomme«, lief vom Wege ab in den Wald hinein und suchte Blumen. Und wenn es eine gebrochen hatte, meinte es, weiter hinaus stände eine schönere, und lief darnach und geriet immer tiefer in den Wald hinein. Der Wolf aber ging geradenwegs nach dem Haus der Großmutter und klopfte an die Türe. »Wer ist draußen?« – »Rotkäppchen, das bringt Kuchen und Wein, mach auf.« – »Drück nur auf die Klinke«, rief die Großmutter, »ich bin zu schwach und kann nicht aufstehen.« Der Wolf drückte die Klinke, die Türe sprang auf, und er ging, ohne ein Wort zu sprechen, gerade zum Bett der Großmutter und verschluckte sie. Dann tat er ihre Kleider an, setzte ihre Haube auf, legte sich in ihr Bett und zog die Vorhänge vor.

Rotkäppchen aber war nach den Blumen herumgelaufen, und als es so viel zusammenhatte, daß es keine mehr tragen konnte, fiel ihm die Großmutter wieder ein, und es machte sich auf den Weg zu ihr. Es wunderte sich, daß die Türe aufstand, und wie es in die Stube trat, so kam es ihm so seltsam darin vor, daß es dachte: »Ei, du mein Gott, wie ängstlich wird mir's heute zumut, und bin sonst so gerne bei der Großmutter!« – Es rief: »Guten Morgen«, bekam aber keine Antwort. Darauf ging es zum Bett und zog die Vorhänge zurück: Da lag die Großmutter und hatte die Haube tief ins Gesicht gesetzt und sah so wunderlich aus. »Ei, Großmutter, was hast du für große Ohren!« – »Daß ich dich besser hören kann.« – »Ei, Großmutter, was hast du für große Augen!« – »Daß ich dich besser sehen kann.« – »Ei, Großmutter, was hast du für große Hände!« – »Daß ich dich besser packen kann.« – »Aber, Großmutter, was hast du für ein entsetzlich großes Maul!« – »Daß ich dich besser fressen kann.« – Kaum hatte der Wolf das gesagt, so tat er einen Satz aus dem Bette und verschlang das arme Rotkäppchen.

Wie der Wolf sein Gelüsten gestillt hatte, legte er sich wieder ins Bett, schlief ein und fing an überlaut zu schnarchen. Der Jäger ging eben an dem Haus vorbei und dachte: »Wie die alte Frau *schnarcht, du mußt doch sehen, ob ihr etwas fehlt.« Da trat er in die Stube, und wie er vor das Bette kam, so sah er, daß der Wolf darin lag. »Finde ich dich hier, du alter Sünder«, sagte er, »ich habe dich lange gesucht.« Nun wollte er seine Büchse anlegen, da fiel ihm ein, der Wolf könnte die Großmutter gefressen haben, und sie wäre noch zu retten, schoß nicht, sondern nahm eine Schere und fing an, dem schlafenden Wolf den Bauch aufzu-schneiden. Wie er ein paar Schnitte getan hatte, da sah er das ro-te Käppchen leuchten, und noch ein paar Schnitte, da sprang das Mädel heraus und rief: »Ach, wie war ich erschrocken, wie war's so dunkel in dem Wolf seinem Leib!« Und dann kam die alte Großmutter auch noch lebendig heraus und konnte kaum atmen. Rotkäppchen aber holte geschwind große Steine, damit füllten sie dem Wolf den Leib, und wie er aufwachte, wollte er fortsprin-gen, aber die Steine waren so schwer, daß er gleich niedersank und sich totfiel.*

Da waren alle drei vergnügt; der Jäger zog dem Wolf den Pelz ab und ging damit heim, die Großmutter aß den Kuchen und trank den Wein, den Rotkäppchen gebracht hatte, und erholte sich wie-der, Rotkäppchen aber dachte: »Du willst dein Lebtag nicht wie-der allein vom Wege ab in den Wald laufen, wenn dir's die Mut-ter verboten hat.«

Das Märchen *Rotkäppchen* ist eines der bekanntesten und beliebtesten Märchen der Grimmschen Sammlung. Es ist aber auch eines der vieldeutigsten. Die Deutungen reichen von der Beschreibung von Naturvorgängen bis hin zu einer verkappten Deutung des politischen Zeitge-schehens. Wir wollen einige dieser Deutungen näher be-trachten.

Da ist zunächst die Beschreibung von Naturvorgängen. Rotkäppchen ist ein Symbol der Sonne, von der man am Morgen bei Sonnenaufgang am Horizont zunächst nur ein

›rotes Käppchen‹ sieht. (Daß es Morgen ist, wird deutlich an der Aufforderung der Mutter, Rotkäppchen solle sich aufmachen, »*bevor* es heiß wird«, und an der Frage des Wolfes: »Wo hinaus *so früh?*«) Und abends bei Sonnenuntergang sieht man zuletzt wieder ein ›rotes Käppchen‹, und dann verschwindet die Sonne, d. h., sie wird von der Nacht (= vom ›Wolf‹) gefressen, um dann am nächsten Morgen wieder aus dem Wolfsbauch aufzuerstehen (auch dann sieht man zuerst wieder ein ›rotes Käppchen‹).

Eine andere Deutung sieht im Wolf einen Hinweis auf das auf ›materialistischer Erwerbsgier‹ gegründete römische Recht (= der ›Wolf‹), das das keltisch-germanische Urmutter-Recht (= das Recht der ›Groß-Mutter‹) ›aufgefressen‹ hat. Im Auftauchen des Jägers (und in der Fortsetzung des Märchens!) wird der Hoffnung Ausdruck verliehen, daß eines Tages der ›Wolf‹ vernichtet wird und die ›Groß-Mutter‹ und ihre Nachkommen (= Rotkäppchen) von der Verfremdung befreit werden, d. h., daß sie vom ›papiernen Paragraphenschwindelrecht‹ wieder ›zu einem göttlichen Recht kommen‹, das ursprünglich auf dem von ›Haselnußhecken‹ umzäunten Thingplatz gesprochen wurde.[44]

Eine dritte Deutung ist die Deutung auf das politische Zeitgeschehen. So wird z. B. darauf hingewiesen, daß die Brüder Grimm ihre Märchen zur Zeit Napoleons gesammelt haben. Und so entdeckt man in der Gestaltung des Märchens Hinweise auf dieses politische Zeitgeschehen. Man erkenne z. B. im Titel des Märchens *Rotkäppchen* die rote Jakobinermütze und im ›Wolf‹ den Kaiser Napoleon, der in zeitgenössischen Liedern und Gedichten oft als Wolf bezeichnet wird, z. B. in Kleists *Hermannsschlacht:* »Es bricht der *Wolf* in deine Hürden ein.«[45] Auch Ernst Moritz Arndt spricht von der »*Wolfs*gierigkeit« des Napoleon.

Der ›Jäger‹ des Märchens erinnert dann an die ›Jäger‹ der Befreiungskriege, die den ›Wolf‹ Napoleon gejagt und schließlich zur Strecke gebracht haben. So ruft z. B. Friedrich Förster: »Streut Pulver auf die Pfannen, ihr *Jäger* spannt den Hahn.«[46] Und Theodor Körner singt: »Frisch auf, ihr *Jäger*, frei und flink.«[47] Daß die Symbole des Märchens *Rotkäppchen* bis in unsere Tage hinein gelegentlich zur Illustration des politischen Zeitgeschehens dienen, wird in einer Wahlpropaganda aus dem Jahre 1972 deutlich, bei der sich eine bestimmte Partei als ›Jäger‹ bezeichnet hat, die den ›Wolf‹, der sich als ›Großmutter‹ verkleidet hat, entlarvt und jagt.[48] Es ist ja in der Tat ein (für die verschiedenen politischen Richtungen unterschiedlich) eindrückliches Bild, wenn die ›Roten‹ *(Rotkäppchen)* von den ›Schwarzen‹ (Wolf) gefressen werden und die ›Grünen‹ (Jäger) dazu beitragen, daß die Verschlungenen wieder frei werden.

Die am meisten verbreitete Deutung des Rotkäppchen-Märchens ist die Deutung auf der sexuellen Ebene: Die Mutter warnt Rotkäppchen, das gerade seine Periode bekommen hat (das ›rote‹ Käppchen ist Symbol für die Menarche, die für das Mädchen so aufregend ist, daß es den Gedanken an dieses ›Rote‹ ständig im ›Kopf‹ hat!): »Geh hübsch *sittsam* und lauf *nicht vom Weg ab,* sonst *fällst* du und *zerbrichst* das Glas.« Diese Warnung der Mutter macht deutlich, wovor gewarnt wird! Und er Wolf sagt später: »Was trägst du *unter der Schürze*?« Rotkäppchen antwortet: »Kuchen und Wein.« Es weiß nicht, was für ein ›böses Tier‹ dieser Wolf ist und wie sehr er Verlangen hat nach dem ›Süßen‹ (Kuchen) und nach der ›Ekstase‹ (Wein). Es gibt ihm daher bereitwillig Auskunft. Zur ›Schürze‹ meint Wittgenstein: »Er, Gott, machte Adam und seinem Weibe Röcke von Fell. Wer an Gott glaubt, weiß, daß er auch heute jedem gesunden Jüngling und den Jungfrauen Röcke aus Fell macht. Wer nicht an Gott glaubt, weiß, daß die Natur den Pubertierenden die natürlichen Lendenschurze wachsen läßt. An diesen Schurz kann man denken, wenn das Rotkäppchen nichts anderes mehr trägt als ein rotes Käppchen und der Wolf fragen kann, was es unter der Schürze trägt.«[49] Wittgenstein fragt weiter: »Erzählt das Märchen nur von einer beliebigen Flasche Wein, wenn es von dem Glas berichtet, auf das ein Mädchen achten soll? Erzählt es nur von einem Kuchen, den die Mutter gebakken hat? Das Märchen erzählt auch von Fleisch und Blut, die ein Mädchen in seinem Korb unter der Schürze trägt.«[50] – »Das junge Mädchen begegnet einem Wolf. Es weiß nichts von dem, was Wölfe wünschen. Es weiß nur, daß es nicht fallen darf, damit das Glas nicht zerbricht. Es weiß auch nicht, was ein ›gefallenes‹ Mädchen ist, und es ahnt nicht, was das Glas ist, das es bei sich trägt. Das Mädchen denkt sich nichts dabei, als der Wolf fragt, was es unter der Schürze trägt – weil es das alles nicht weiß, und es denkt sich auch nichts dabei, als der Wolf ihm zeigt, was es noch nicht gesehen hat. ›Höre, Rotkäppchen‹, sagt er, ›hast du die schönen Blumen nicht gesehen, die im Wald stehen? Warum guckst du nicht einmal um dich, ich glaube, du hörst gar nicht darauf, wie die Vöglein lieblich singen, und du gehst ja für dich hin, als wenn du im Dorf in die Schule gingst, und ist so lustig haußen in dem Wald.‹ So sprechen Verführer. Das Mädchen hört den Verführer, und es erhört ihn. Es schlägt die Augen auf – nicht nieder. Verführer sprechen Kinder an – als Erwachsene: ›Du bist doch schon so groß, du bist doch kein Kind mehr. Du bist doch nicht vom Dorf. Sieh dich doch einmal in der schönen Welt um.‹ Und wenn Verführer so reden, dann vergißt manches Mädchen, was es der Mutter – die Hand darauf – versprochen hat. Rotkäppchen schlug die Augen auf und sah, wie die Sonne durch die Bäume gebrochen war und alles voller schöner Blumen stand.«[51] Und so lief Rotkäppchen *vom Weg ab* in den Wald hinein und suchte Blumen. Und dann geriet es ›immer tiefer in den Wald hinein.‹ Wittgenstein meint dazu:»Verführer verführen – und so werden Blumen gebrochen. Und dann hat es der Wolf gefressen. Wenn der Wolf seine Fragen an das Mädchen stellt, ist er eine Verführung. Ihre Begegnung mit ihm ist eine Verführung von innen und außen, aus Wünschen der eigenen Neugier und aus denen des Verführers. Das Märchen erzählt von der ersten Begegnung eines jungen Mädchens mit einem Männlichen – mit dem anderen, Drohenden, mit einem Wesen, das Tod und Leben in sich birgt. Es sieht die Sonne gebrochen und alles voller Blumen.«[52]

Eine andere Deutung auf der sexuellen Ebene bietet Eric Berne. Für ihn ist der ›Wolf‹ der Großvater, der zunächst mit der Großmutter ins Bett geht und dann Rotkäppchen verführt:»Rotkäppchen erzählt dem Wolf ausdrücklich, wo er es wieder antreffen kann. Ja, es geht sogar mit ihm ins Bett. Ganz offensichtlich spielt es hier das Spiel ›Hilfe, Vergewaltigung‹, und es ist am Schluß durchaus glücklich und zufrieden mit dem Ablauf der ganzen Geschichte.«[53] Berne vergißt auch die Mutter nicht, sondern er meint:»Es bleibt zu fragen, was denn die Mutter tat, nachdem sie ihr Rotkäppchen tagsüber losgeworden war.«[54]

Wer Rotkäppchen auf der sexuellen Ebene deuten will, findet also in allen Aussagen und Symbolen des Märchens Hinweise auf sexuelle Erlebnisse und Erfahrungen. Sogar das Gefressenwerden der Großmutter wird sexuell begründet, sowohl aus der Sicht des Rotkäppchens als auch aus der Sicht des Wolfes. So schreibt Bettelheim:»Rotkäppchens Gefährdung liegt in ihrer knospenden Sexualität, für die sie emotional noch nicht reif ist. Jemand, der psychologisch reif ist, sexuelle Erlebnisse zu haben, kann auch damit fertig werden und daran wachsen. Aber eine verfrühte Sexualität ist ein regressives Erlebnis, das alles weckt, was noch primitiv in uns ist, und uns zu verschlingen droht. Der junge Mensch, der für die Sexualität noch nicht reif ist, aber ein Erlebnis hat, das starke sexuelle Gefühle in ihm weckt, fällt zurück in die oedipalen Methoden, sich damit auseinanderzusetzen. Ein solcher Mensch glaubt, er könne auf sexuellem Gebiet nur den Sieg davontragen, wenn er sich erfahrenere Nebenbuhler vom Hals schafft, deshalb gibt Rotkäppchen dem Wolf die genauen Anweisungen, wie er das Haus der Großmutter findet. Das zeigt gleichzeitig seine Ambivalenz. Als es dem Wolf den Weg zur Großmutter zeigt, verhält es sich so, als ob es zu ihm sagte: ›Laß mich in Ruhe, geh zur Großmutter, die ist ein reife Frau, die wird schon in der Lage sein, mit dem fertig zu werden, was du repräsentierst – ich kann das noch nicht.‹ Dieser Kampf zwischen dem bewußten Wunsch, das Richtige zu tun, und dem unbewußten Wunsch, gegenüber der (Groß-)Mutter den Sieg davonzutragen, macht das Mädchen und die Geschichte so sympathisch und so überaus menschlich.«[55] Zum Verhalten des Wolfes meint Bettelheim: »Das Verhalten des Wolfs in der Grimmschen Version wird sinnvoll, wenn wir annehmen, daß er, um an Rotkäppchen heranzukommen, erst die Großmutter beseitigen muß. Solange die (Groß-)Mutter noch vorhanden ist, wird ihm Rotkäppchen nicht gehören. (Anm. Es ist noch gar nicht so lange her, daß in gewissen Bauernkulturen die älteste Tochter beim Tode der Mutter in jeder Hinsicht deren Platz einnahm.) Aber nachdem die (Groß-)Mutter einmal aus dem Weg geräumt ist, kann man offenbar seiner Begier Genüge tun, die man unterdrücken mußte, solange die Mutter noch um den Weg war.«[56]

Vielleicht fragen wir jetzt: Wie ist es möglich, daß ein so einfaches Märchen so unterschiedlich gedeutet werden kann? Vielleicht ist das Märchen deshalb so einfach, weil es so hintergründig ist! Und in der Tat reichen die Wurzeln des Märchens so tief in den Boden längst vergangener Zeiten, daß aus diesen archetypischen Urtiefen ein starker und weitverzweigter Baum erwächst, der die verschiedensten Deutungen tragen kann.

Die den tiefen Wurzeln archetypischer Märchen entsprossenen Urbilder haben eine solche Bedeutungsbreite, daß sie je nach dem Standort des Betrachters seine Fragen unterschiedlich und für ihn gültig beantworten können. Es gibt also keine objektiv ›richtige‹ Deutung eines Märchens, sondern jeweils nur in sich folgerichtige Deutungen.

Doch fragen wir jetzt nach den Wurzeln unseres Märchens: Das Märchen beginnt mit der Aufforderung der *Mutter* an ihre *Tochter*, die *Großmutter* zu besuchen. Diese drei Frauengestalten Tochter, Mutter, Großmutter begegnen uns auch sonst in der Mythologie der Völker, vor allem in der Gestalt der ›Großen Göttin‹, der Stammesmutter der vorgeschichtlichen Bewohner des heutigen Europa. Symbol der Großen Göttin war vor allem der Mond in seinen drei Phasen: zunehmender Mond, Vollmond, abnehmender Mond. Diese Mondphasen waren u. a. Ausdruck der drei Lebensalter Mädchen, Frau, alte Frau.[57] Die Große Göttin war als ›Mond‹ alles zugleich, sie war Tochter, Mutter und Großmutter – und sie war noch viel mehr! Sie war Frühling (Tochter), Sommer (Mutter) und Winter (Großmutter); sie war die ›obere‹ Welt (Luft = Tochter), die ›mittlere‹ Welt (Erde und Wasser = Mutter) und die

Unterwelt (= Großmutter). In der griechischen Mythologie wurden diese Bereiche ebenfalls drei Frauen zugeordnet, nämlich Semele, Aphrodite und Hekate.[58] Wenn unser Märchen weiterhin sagt, daß das Haus der Großmutter unter ›drei großen Eichbäumen‹ steht und von einer Haselnußhecke umgeben ist, dann wird damit eine alte Mysterienstätte beschrieben,[59] deren Herrin die ›Große Mutter‹, d. h. die ›Edda‹, ist (›Edda‹ ist der altgermanische Name für ›Großmutter‹ oder ›Urahne‹ und zugleich der Name der isländischen Sammlung altgermanischer Mythen). In der *Edda* begegnen uns dann auch weitere Symbolgestalten unseres Märchens, nämlich der Wolf und der Jäger: Der Fenriswolf[60] ist ein götterfeindliches Ungeheuer, das nicht nur Sonne und Mond, sondern auch den Göttervater Odin[61] verschlingt und dann vom himmlischen Jäger Widar (der dem Fenriswolf den Schlund aufreißt) getötet wird.[62]

Das himmlische Haus des Jägers Widar ist das Sternzeichen des Schützen, der den Skorpion (das dem Schützen vorausgehende Sternzeichen) überwindet – ein symbolischer Ausdruck für die Tatsache, daß der Himmelsschütze (Widar) die Finsternismacht (Fenriswolf) besiegt.[63] Dieser Kampf begegnet uns im Neuen Testament als Kampf des Erzengels Michael gegen den Satansdrachen.[64]

Das von einer dunklen Macht bedrohte blumenpflückende Mädchen mit dem roten Käppchen macht unser Märchen durchscheinend für einen weiteren Mythos, nämlich für den Mythos von Demeter und Kore. Kore, die Tochter der Demeter, pflückt ahnungslos auf einer Wiese Blumen. Dabei wird sie von Hades, dem Gott der Unterwelt, mit einem Gespann von schwarzen Rossen in sein Reich (in den ›Bauch‹ der Erde!) entführt (wo sie unter dem Namen Persephone zusammen mit Hades regiert).

Nach antiker Überlieferung hat Kore *rote* Mohnblumen gepflückt und solche Blumen auch als *Kopf*schmuck (!) getragen.[65]

Weil in den Demeter-Persephone-Mysterien in Eleusis ›Kuchen und Wein‹ eine Rolle spielen, haben wir einen weiteren Hinweis auf die Verwandtschaft dieses Märchens mit dem Demeter-Kore-Mythos.

Daß die Großmutter ›krank und schwach‹ ist, kann einerseits als ein Symbol des abnehmenden Mondes gedeutet werden, der dann schließlich von der Dunkelheit (vom ›Fenriswolf‹) verschlungen wird, andererseits ist es jedoch ein Hinweis darauf, daß der Kult der Großen Göttin seine Kraft verloren hat und von jungen Menschen neu mit ›Kuchen und Wein‹ gestärkt werden muß, damit er nicht gänzlich stirbt. (Kuchen und Wein erinnern auch an die Abendmahlselemente Brot und Wein.[66]) Die durch den naturfeindlichen Materialismus geschwächte Großmutter wird also durch ›geistliche‹ Speise gestärkt und gelabt, während der Wolf (›Materialismus‹) mit seinen gierigen Augen, seinen brutalen Händen und seinem großen Maul die Großmutter und das Rotkäppchen nicht wirklich verdauen kann, sondern mit Steinen ernährt wird und schließlich an seiner eigenen ›Versteinerung‹ zugrunde geht. Diese Versteinerung erleben wir heute buchstäblich: »Die Äcker veröden, die Früchte des Feldes und des Gartens werden immer ungenießbarer durch die irrtümliche Annahme der modernen Wissenschaft, daß die Materie tot sei. Die sich auf diese Fehlorientierung gründende Chemie, Physik, Biologie und Medizin wissen sehr viel, aber das Wichtigste, Grundlegende wissen sie nicht: was das Leben ist, wie die scheinbar tote Materie im Lebensganzen eingeordnet ist. Aus dem großen Irrtum heraus, daß es sich nur um leblose Materie handle, beutet der Mensch sich selbst und die Mutter Erde rücksichtslos aus und läuft Gefahr, alles zu zerstören.«[67]

Das Rotkäppchen-Märchen weckt dagegen die große Hoffnung, daß es umgekehrt sein wird: Die ›Große Mutter‹ wird wiederauferstehen, und der Materialismus wird zugrunde gehen![68]

Wir sehen also: Das Rotkäppchen-Märchen ist durchdrungen von uralten Mythen. Es verwundert deshalb nicht, daß von diesen archetypischen Wurzeln her viele Bereiche des heutigen Lebens im Licht dieses Märchens betrachtet werden können.[69]

Erwachen

Schneewittchen

Weiß, Rot und Schwarz

Es war einmal mitten im Winter, und die Schneeflocken fielen wie Federn vom Himmel herab, da saß eine Königin an einem Fenster, das einen Rahmen von schwarzem Ebenholz hatte, und nähte. Und wie sie so nähte und nach dem Schnee aufblickte,

stach sie sich mit der Nadel in den Finger, und es fielen drei Tropfen Blut in den Schnee. Und weil das Rote im weißen Schnee so schön aussah, dachte sie bei sich: »Hätt' ich ein Kind so weiß wie Schnee, so rot wie Blut und so schwarz wie das Holz an dem Rahmen.« Bald darauf bekam sie ein Töchterlein, das war so weiß wie Schnee, so rot wie Blut und so schwarzhaarig wie Ebenholz und ward darum das Schneewittchen (Schneeweißchen) genannt. Und wie das Kind geboren war, starb die Königin.

In der Gegend, in der ich aufgewachsen bin, gab es viele zerfallene Burgen und Schlösser. Ich bin häufig in diesen Ruinen herumgeklettert und habe mir vorgestellt, wie das wohl war, als diese zerfallenen Räume noch mit Leben erfüllt waren. Besonders gerne bin ich in die Fensternischen geklettert und habe mich dann auf eine der Steinbänke gesetzt, die in diesen Nischen eingebaut waren. (Diese Nischen waren nicht immer leicht zu erreichen, manchmal mußte man über verfallene Wendeltreppen klettern und über Mauern balancieren!) Dann habe ich aus den Fenstern hinausgeschaut und mir vorgestellt, wie dort die Burgfräulein und die Prinzessinnen saßen und den Vögeln zugeschaut haben und wie sie geschaut haben, ob sich unten im Tal irgend etwas ereignet. Dabei habe ich mir manchmal auch die Königin aus diesem Märchen vorgestellt, wie sie nähend in einer solchen Nische saß und das Fenster mit dem schwarzen Ebenholzrahmen öffnete, um den geheimnisvoll fallenden Schnee zu beobachten, und wie sie sich beim Herausbeugen aus dem Fenster in den Finger stach, so daß drei Blutstropfen auf das schneebedeckte Fenstersims fielen. Ich stellte mir vor, wie sie dann zurückzuckte und mit einem Blick das Farbenspiel erfaßte: die kräftig roten Blutstropfen auf dem blütenweißen Schnee und das schwarze Holz des Rahmens.

Weiß, Rot und Schwarz, das sind drei Farben, die unsere Seele in einer geheimnisvollen Weise berühren. Wir brauchen uns nur in Gedanken oder in der aktiven Imagination in diese drei Farben hineinzuversetzen, um festzustellen, welche unterschiedlichen Stimmungen sie hervorrufen und welche unterschiedlichen Saiten sie in unserer Seele zum Klingen bringen. Wir können uns das jetzt einmal vorstellen. Wir schließen die Augen und stellen uns vor: Alles ist weiß, ganz weiß. Vielleicht sehen wir ganz weißen Schnee oder einen ganz weißen Raum. Wir können uns fragen: Wie ist das, wenn alles weiß ist, wie wirkt das auf uns? Dann das Gegenbild: Alles ist schwarz, ganz schwarz. Der Raum ist schwarz gestrichen, Boden und Decke sind schwarz – ganz schwarz. Und dann das Rot: Alles ist rot. Alle Gegenstände und alles, was wir sehen, ist rot. Wir wirkt das auf uns?

Den schwarzen Fensterrahmen und den weißen Schnee gab es schon vorher, aber erst das Rot des Blutes, des Herzblutes der Königin, bringt Bewegung in das Bild. Die beiden Extremfarben Weiß und Schwarz – soweit man sie überhaupt Farben nennen will – werden durch das Rot belebt. Da wird der Wunsch in der Königin wach, daß sich diese gegensätzlichen Farbtöne Weiß und Schwarz zu einem weiß-rot-schwarzen Dreiklang vereinigen möchten, damit etwas Neues wird, daß aus der schwarzweißen Polarisierung (aus der ›Schwarzweißmalerei‹!) neues Leben entsteht, das mit Herzblut erfüllt ist. Die Königin wünscht sich, daß ein Kind geboren wird, das etwas Neues einläutet. Und so geschieht es. Neues entsteht immer unter Schmerzen – ausgedrückt durch den Nadelstich[70] –, und es entsteht durch das Sterben des Alten, ausgedrückt durch den Tod der Mutter.

Doch verweilen wir noch einen Augenblick lang bei den drei Farben Weiß, Rot und Schwarz. Es sind die Farben der urzeitlichen Dreiheit der Jahreszeiten Frühling, Sommer, Winter. Dem Frühling ist die weiße Farbe zugeordnet, dem Sommer die rote, dem Winter die schwarze. Den Herbst, den wir so lieben, der so geheimnisvoll wehmütig ist, den gab es in der Vorstellung der alten Kulturen nicht, sondern es gab nur das Erwachen, die Reife und das Vergehen: Frühling, Sommer, Winter. Diese drei Jahreszeiten waren – wie gesagt – in vielen alten Kulturen verbunden mit den Farben Weiß, Rot und Schwarz. Diese Farben sind somit Symbole der Geburt (Weiß), des Lebens (Rot) und des Todes (Schwarz). Oder in anderer Reihenfolge: Rot, Schwarz, Weiß = Leben, Tod, Auferstehung.

Eine bedeutende Rolle spielen diese Farben auch in der mittelalterlichen Alchemie. Dort begegnen sie uns in der Reihenfolge Schwarz, Weiß, Rot. Die Alchemie ist nicht nur eine Vorläuferin der heutigen Chemie, sondern auch der heutigen Tiefenpsychologie. In der Alchemie sind die Farben Schwarz, Weiß, Rot Stufen des chemischen Verwandlungsprozesses, bei dem aus der schwarzen Urmaterie über eine weiße Zwischenstufe das rote Gold entsteht. Diese Stufen heißen in der Alchemie Nigredo (die Schwärzung), Albedo (die Weißung) und Rubedo (die Rötung). Das Schwarze ist der Ausgangsstoff, die Prima Materia, die *massa confusa*, das Urchaos,[71] in dem noch alles beieinander ist. Dieses schwarze Urchaos wird gereinigt, damit daraus das Weiß entsteht. Diese Reinigung wird in der Alchemie Ablutio oder Baptisma genannt, d. h. Waschung oder Taufe. Der Weißzustand ist aber noch nicht der Endzustand, sondern es ist der Silber- oder Mondzustand. C. G. Jung hat einmal gesagt, die Albedo sei gewissermaßen die Dämmerung, erst die Rubedo sei der Sonnenaufgang. Der alchemistische Läuterungsprozeß führt also von der Schwärze der Prima Materia zur Weiße des Silbers und zur Röte des Goldes. Diese Reihenfolge entspricht auch dem seelischen Entwicklungsprozeß. Schwarz ist das noch undifferenzierte Unbewußte, in das noch nicht das Licht des Bewußtseins eingedrungen ist. Ein alchemistischer Text bezeichnet diesen Urzustand als das »Wasser, aus dem alles entsteht und in welchem alles enthalten ist, welches alles beherrscht, in welchem geirrt wird und in welchem der Irrtum wieder korrigiert wird«. Das ist eine

Beschreibung der Prima Materia der Alchemie, aber es ist ebenso eine Beschreibung des menschlichen Unbewußten. Wenn die Kräfte des Unbewußten nicht gereinigt und gewandelt werden, dann sind wir ihnen ausgeliefert. Dann kommt es zu Fehlleistungen und Fehlverhalten, wie wir sie alle kennen, oder sie können auch krank machen. Weiß, das ist der gereinigte oder erhellte Zustand. Das Licht des Bewußtseins dringt in das Unbewußte ein: Wir können unterscheiden zwischen Gut und Böse, wir erkennen die Pole, wir wissen um die Kräfte des Unbewußten, wir können dem, was in der Tiefe bedrohlich ist, in die Augen schauen. Es ist nicht mehr ein konfuse Masse. Aber dieses Bewußtwerden ist noch nicht der Endzustand. Es besteht die Gefahr, daß sich nach der Bewußtmachung die Kräfte des Unbewußten wieder verkriechen, unentwickelt bleiben und wieder ins Unbewußte absinken, um dann in Extremsituationen wieder durchzubrechen. Jesus vergleicht diesen Zustand mit einem gereinigten Haus, das nicht leer bleiben darf, weil sonst die Gefahr besteht, daß es von bösen Kräften erneut in Besitz genommen wird.[72]

Das Rot bedeutet, daß die Kräfte des Unbewußten integriert und in Dienst gestellt werden. Dabei geht es um einen bewußten Umgang mit diesen Kräften und nicht mehr um ein Überfallenwerden oder ein Ausgeliefertsein. Die integrierten Kräfte des Unbewußten verleihen dem Leben Leidenschaftlichkeit und Farbe. Schwarz und Weiß sind keine eigentlichen Farben; Schwarz ist die Abwesenheit von Licht und Farbe, Weiß ist die Summe aller Farben und somit ein Gleichgewichtszustand, in dem nichts läuft. Weiß ist wie ungestautes Wasser, wie ein friedlicher See, der ein Tal bedeckt. Rot dagegen ist wie gestautes Wasser, das Energie hervorbringt, es ist kein Chaoswasser mehr, sondern es bewirkt etwas.

Der redende Spiegel

Über ein Jahr nahm sich der König eine andere Gemahlin. Es war eine schöne Frau, aber sie war stolz und übermütig und konnte nicht leiden, daß sie an Schönheit von jemand sollte übertroffen werden. Sie hatte einen wunderbaren Spiegel, wenn sie vor den trat und sich darin beschaute, sprach sie:

>»Spieglein, Spieglein an der Wand,
>wer ist die Schönste im ganzen Land?«

So antwortete der Spiegel:

>»Frau Königin, Ihr seid die Schönste im Land.«

Da war sie zufrieden; denn sie wußte, daß der Spiegel die Wahrheit sagte.
Schneewittchen aber wuchs heran und wurde immer schöner, und als es sieben Jahr alt war, war es so schön wie der klare Tag und schöner als die Königin selbst. Als diese einmal ihren Spiegel fragte:

>»Spieglein, Spieglein an der Wand,
>wer ist die Schönste im ganzen Land?«,

so antwortete er:

>»Frau Königin, Ihr seid die Schönste hier,
>aber Schneewittchen ist tausendmal schöner als Ihr.«

Da erschrak die Königin und ward gelb und grün vor Neid. Von Stund an, wenn sie Schneewittchen erblickte, kehrte sich ihr das Herz im Leibe herum, so haßte sie das Mädchen. Und der Neid

und Hochmut wuchsen wie ein Unkraut in ihrem Herzen immer höher, daß sie Tag und Nacht keine Ruhe mehr hatte. Da rief sie einen Jäger und sprach: »Bring das Kind hinaus in den Wald, ich will's nicht mehr vor meinen Augen sehen. Du sollst es töten und mir Lunge und Leber zum Wahrzeichen mitbringen.« Der Jäger gehorchte und führte es hinaus, und als er den Hirschfänger gezogen hatte und Schneewittchens unschuldiges Herz durchbohren wollte, fing es an zu weinen und sprach: »Ach, lieber Jäger, laß mir mein Leben; ich will in den wilden Wald laufen und nimmermehr wieder heimkommen.« Und weil es so schön war, hatte der Jäger Mitleiden und sprach: »So lauf hin, du armes Kind.« – »Die wilden Tiere werden dich bald gefressen haben«, dachte er, und doch war's ihm, als wär' ein Stein von seinem Herzen gewälzt, weil er es nicht zu töten brauchte. Und als gerade ein junger Frischling dahergesprungen kam, stach er ihn ab, nahm Lunge und Leber heraus und brachte sie als Wahrzeichen der Königin mit. Der Koch mußte sie in Salz kochen, und das boshafte Weib aß sie auf und meinte, sie hätte Schneewittchens Lunge und Leber gegessen.

Die in ihr eigenes Spiegelbild verliebte Stiefmutter erinnert an den antiken Mythos von Narziß, der ebenfalls in sein eigenes Spiegelbild verliebt war. Narziß war ein überaus schöner Jüngling, und das wußte er auch. Er war sehr stolz auf seine Schönheit und hat sich entsprechend hochmütig benommen und manche anderen beleidigt. Dafür wurde er von der Göttin Artemis bestraft, und zwar bestrafte sie ihn mit unerfüllbarer Selbstliebe. Eines Tages fand Narziß eine Quelle, klar wie Silber. Narziß schaute in diese Quelle und entdeckte zum erstenmal sein Spiegelbild. Dabei verliebte er sich in sein eigenes Spiegelbild. Zuerst versuchte er, den schönen Knaben, der ihm aus dem Wasser entgegenschaute, zu umarmen und zu küssen, aber schließlich erkannte er sich selbst. Und da lag er nun Stunde um Stunde und schaute verzückt ins Wasser. Wie konnte er es ertragen, seine Liebe zu besitzen – und doch nicht zu besitzen? Kummer quälte ihn endlos, und doch freute er sich an der Qual, denn er wußte, daß sein Bildnis ihm treu blieb.[73]

Die Königin in unserem Märchen betrachtet sich ebenfalls immer wieder im Spiegel. Für sie ist es außerordentlich wichtig, daß sie die Schönste im Land ist. In der Tiefe ihrer Seele ist sie aber davon nicht überzeugt. Ihr genügt deshalb nicht das Spiegelbild, sondern sie braucht auch noch die Bestätigung durch das Wort. Im Unterschied zu Narziß überzeugt sie das Bild allein noch nicht, sondern sie will es auch noch *hören*, daß sie die Schönste ist. Sie symbolisiert also einen Menschen, der darauf angewiesen ist, daß ihm sein Wert immer wieder neu von außen bestätigt wird.

Woher kommt es, daß die Königin sich ihrer Schönheit keineswegs sicher ist? Der erste Spiegel, in dem sich das Kleinkind spiegelt, sind die Augen der Mutter. Das Kind gewinnt sein Selbstwertgefühl dadurch, daß es den Glanz im Auge der Mutter sieht.[74] Fehlt dem Kind diese Erfahrung, dann ist es lebenslang auf der Suche nach einer Bestätigung seines Wertes, und zwar nach einer Bestätigung von außen. Weil der für die Königin hohe Wert der Schönheit nicht im Herzen der Königin, sondern außen verankert ist, ist es für sie ein außerordentlicher Schock, als sie vom Spiegel (also von außen) erfährt, daß sie nicht die Schönste ist. Das ist für sie eine schwere ›narzißtische Kränkung‹.

Jetzt bricht der Neid mit unerhörter Gewalt durch, sie wird gelb und grün vor Neid[75] – was ihrer Schönheit sicherlich nicht allzu zuträglich war! Mit dem Neid kommt der Schatten der Königin hoch. Der Schatten der Schönheit ist die Häßlichkeit. Gelb und grün ist die innere Häßlichkeit, die ›wie Unkraut‹ hochschießt und die Königin überschwemmt. Diese innere ›Häßlichkeit‹ ist der Königin unbewußt. Sie wird jedoch außen sichtbar in Gestalt eines Mordgeistes. Die innere Häßlichkeit nimmt also grausige Formen an, sie wird übermächtig, eben weil sie unbewußt ist. Die Königin will die Schönheit Schneewittchens, die für sie bedrohlich ist (sie sagt später, daß das Schneewittchen ein ›Ausbund von Schönheit‹ sei!), beseitigen und sich selbst einverleiben. Weil die Königin tatsächlich Lunge und Leber verspeist, wird deutlich, daß die Wurzeln dieses Märchens in uralte Zeiten zurückreichen. Hier sind noch Spuren des Kannibalismus erkennbar. Die Leber gilt seit alten Zeiten als Sitz der Seele[76] und die Lunge als Sitz des Geistes.[77] Durch das Verspeisen von Lunge und Leber will sich die Königin Geist und Seele Schneewittchens und damit auch seine Schönheit einverleiben.[78]

Bei den sieben Zwergen

Nun war das arme Kind in dem großen Wald mutterseelig[79] allein, und es war ihm so angst, daß es alle Blätter an den Bäumen ansah und nicht wußte, wie es sich helfen sollte. Da fing es an zu laufen und lief über die spitzen Steine und durch die Dornen, und die wilden Tiere sprangen an ihm vorbei, aber sie taten ihm nichts. Es lief, solange nur die Füße noch fort konnten, bis es bald Abend werden wollte; da sah es ein kleines Häuschen und ging hinein, sich zu ruhen. In dem Häuschen war alles klein, aber so zierlich und reinlich, daß es nicht zu sagen ist. Da stand ein weißgedecktes Tischlein mit sieben kleinen Tellern, jedes Tellerlein mit seinem Löffelein, ferner sieben Messerlein und Gäbelein und sieben Becherlein. An der Wand waren sieben Bettlein nebeneinander aufgestellt und schneeweiße Laken darüber gedeckt. Schneewittchen, weil es so hungrig und durstig war, aß von jedem Tellerlein ein wenig Gemüs und Brot und trank aus jedem Becherlein einen Tropfen Wein; denn es wollte nicht einem allein alles wegnehmen. Hernach, weil es so müde war, legte es sich in ein Bettchen, aber keins paßte; das eine war zu lang, das andere zu kurz, bis endlich das siebente recht war; und darin blieb es liegen, befahl sich Gott und schlief ein.

Als es ganz dunkel geworden war, kamen die Herren von dem Häuslein; das waren die sieben Zwerge, die in den Bergen nach Erz hackten und gruben. Sie zündeten ihre sieben Lichtlein an, und wie es nun hell im Häuslein ward, sahen sie, daß jemand darin gewesen war; denn es stand nicht alles so in der Ordnung, wie sie es verlassen hatten. Der erste sprach: »Wer hat auf meinem Stühlchen gesessen?« Der zweite: »Wer hat von meinem Tellerchen gegessen?« Der dritte: »Wer hat von meinem Brötchen genommen?« Der vierte: »Wer hat von meinem Gemüschen gegessen?« Der fünfte: »Wer hat mit meinem Gäbelchen gestochen?« Der sechste: »Wer hat mit meinem Messerchen ge-

schnitten?« Der siebente: »Wer hat aus meinem Becherlein getrunken?« Dann sah sich der erste um und sah, daß auf seinem
Bett eine kleine Delle war; da sprach er: »Wer hat in mein Bettchen getreten?« Die andern kamen gelaufen und riefen: »In mei-

nem hat auch jemand gelegen.« Der siebente aber, als er in sein Bett sah, erblickte Schneewittchen, das lag darin und schlief. Nun rief er die andern, die kamen herbeigelaufen und schrien vor Verwunderung, holten ihre sieben Lichtlein und beleuchteten Schneewittchen. »Ei, du mein Gott! Ei, du mein Gott!« riefen sie. »Was ist das Kind schön!« Und hatten so große Freude, daß sie es nicht aufweckten, sondern im Bettlein fortschlafen ließen. Der siebente Zwerg aber schlief bei seinen Gesellen, bei jedem einer Stunde; da war die Nacht herum.

Als es Morgen war, erwachte Schneewittchen, und wie es die sieben Zwerge sah, erschrak es. Sie waren aber freundlich und fragten: »Wie heißt du?« – »Ich heiße Schneewittchen«, antwortete es. »Wie bist du in unser Haus gekommen?« sprachen weiter die Zwerge. Da erzählte es ihnen, daß seine Stiefmutter es hätte wollen umbringen lassen, der Jäger hätte ihm aber das Leben geschenkt, und da wär' es gelaufen den ganzen Tag, bis es endlich ihr Häuslein gefunden hätte. Die Zwerge sprachen: »Willst du unsern Haushalt versehen, kochen, betten, waschen, nähen und stricken, und willst du alles ordentlich und reinlich halten, so kannst du bei uns bleiben, und es soll dir an nichts fehlen.« – »Ja«, sagte Schneewittchen, »von Herzen gern«, und blieb bei ihnen. Es hielt ihnen das Haus in Ordnung: Morgens gingen sie in die Berge und suchten Erz und Gold, abends kamen sie wieder, und da mußte ihr Essen bereit sein. Den Tag über war das Mädchen allein; da warnten es die guten Zwerglein und sprachen: »Hüte dich vor deiner Stiefmutter, die wird bald wissen, daß du hier bist; laß ja niemand herein.«

Schneewittchen ist jetzt völlig verlassen. Es irrt allein durch den Wald, solange es die Füße tragen. Der Wald ist ein Bild für das Unbewußte. Und alles, was in diesem Wald wächst, lebt und gedeiht, Pflanzen und Tiere, Hexen, Räuber und Zwerge, sind Gestalten und Kräfte unserer Seele – eine großartige, schreckliche, vielgestaltige innere Lebendigkeit.

Schneewittchen kommt in das Haus der Zwerge. Zwerge sind Begleiter der Großen Mutter. Schneewittchen, das seine richtige Mutter nie gekannt hat – sie war bei der Geburt gestorben – und das von seiner Stiefmutter verstoßen wurde, begegnet nun der mütterlichen Seite der Natur in der Gestalt der sieben Zwerge. Zwerge haben eine besondere Beziehung zum Wald und zur Erde. Sie arbeiten in den Bergen und fördern die Schätze der Erdenmutter ans Tageslicht. Zwerge können – ebenso wie die Feen – gut und böse sein,[80] d. h., sie sind beides zugleich. Die Zwerge stehen somit über der Polarisierung ›gut und böse‹. Und indem sie darüberstehen, haben sie eine Verbindung zu unserem wahren, ganzheitlichen Selbst. Wir begegnen jeweils *der* Seite des Zwerges, die wir jeweils für unseren nächsten Entwicklungsschritt brauchen. Manchmal brauchen wir einen ›bösen‹ Zwerg (oder eine ›böse‹ Fee), manchmal brauchen wir einen ›guten‹ Zwerg (oder eine ›gute‹ Fee), je nachdem, welcher Entwicklungsschritt gerade für uns aktuell ist. Schneewittchen braucht jetzt ›gute Zwerge‹, und sie bekommt sie gleich siebenfältig. Es hat so viele böse Muttererfahrungen gemacht, jetzt braucht es eine gute.

Der Aufenthalt Schneewittchens im Zwergenhaus ist ein Bild für die sogenannte Latenzzeit,[81] in die Schneewittchen, entwicklungspsychologisch gesehen, eintritt. Zwerge sind fleißige Arbeiter (d. h., während der Latenzperiode arbeitet die Seele des Heranwachsenden!). Es sind sieben Zwerge. Die Zahl Sieben spielt in diesem Märchen eine große Rolle. Schneewittchen ist *sieben* Jahre alt, als es zu den *sieben* Zwergen hinter den *sieben* Bergen kommt. Im Zwergenhäuslein sind *sieben* Tellerlein, *sieben* Löffelein, *sieben* Messerlein, *sieben* Gäbelein, *sieben* Becherlein, *sieben* Bettlein. Das *siebte* Bettlein ist groß genug für das *sieben*jährige Schneewittchen. Als die sieben Zwerge zurückkommen, stellen sie *sieben* Fragen. Diese Fragen weisen darauf hin, daß hinter den Zwergen eine größere Wirklichkeit verborgen ist. (»Wer hat auf meinem Stühlchen gesessen?« – »Wer hat aus meinem Tellerchen gegessen?« – »Wer hat von meinem Brötchen genommen?« – »Wer hat von meinem Gemüschen gegessen?« – »Wer hat mit meinem Gäbelchen gestochen?« – »Wer hat mit meinem Messerlein geschnitten?« – »Wer hat aus meinem Becherlein getrunken?«)

Diese Fragen lassen diese sieben hilfreichen Zwerge durchscheinend werden für eine größere Siebenheit, nämlich für die sieben Planeten. Hinter den sieben Zwergen stehen also die Grundkräfte der Welt. Die sieben Planeten wirken durch die sieben Zwerge. Der Stuhl ist ein Attribut des Saturn.[82] Wer auf einem Stuhl sitzt, kann nicht frei herumlaufen, sondern er ist in seiner Bewegungsfreiheit eingeschränkt. Das ist saturnisch. Das ›Tellerchen‹ hatte damals die Form einer Schale und somit die Form des Mondes. Das ›Brötchen‹ war damals ein runder Brotfladen, also ein Symbol der Sonne. Das ›Gemüschen‹ weist auf Venus hin, der die grüne Farbe zugeordnet ist, und das ›Gäbelchen‹ auf Jupiter, der mit seinen Blitzen sticht. Das ›Messerlein‹ gehört zum Mars und das ›Becherlein‹ zum Merkur.[83] Die ›Zwerge‹, die von manchen Märchengestalten (= von einer Seite in uns!) verachtet werden, sind Kräfte in unserem Inneren, die mit den Grundkräften des Kosmos in Verbindung stehen. Es sind die innerseelischen Repräsentanten dieser Grundkräfte. Daß die Zwerge »in den Bergen nach Erz hacken und graben«, ist ein weiterer Hinweis auf die Planeten, denen die damals bekannten sieben Metalle zugeordnet sind.[84]

Die Zeit der Einsamkeit und der Abgeschiedenheit bedeutet für Schneewittchen eine Zeit des inneren Wachsens und Reifens, und zwar soll es mit den sieben von den Planeten repräsentierten Aspekten vertraut werden. Es sind sieben Aspekte des inneren Wachstums. Jeder dieser Planeten hat eine bestimmte Funktion. Die Sonne steht für das Bewußtsein, der Mond für das Unbewußte – zwei Pole, die zusammengehören. Der Mars steht für unsere aggressive Seite, der Merkur für Flexibilität und der Jupiter für die festliche Fülle. Bei Venus sind Liebe und Schmerz miteinander verbunden, und Saturn setzt Grenzen.[85]

Wenn es heißt, daß Schneewittchen das ganze Haus in Ordnung hält, dann bedeutet dies, daß es sich in gründlicher Detailarbeit mit den verschiedenen Aspekten seiner Seele befaßt. Zu einer direkten Auseinandersetzung mit der gefährlichen Stiefmutter ist es jetzt noch nicht fähig, sondern es gilt jetzt, in treuer Kleinarbeit das Ich so zu stärken, daß es dann schließlich auch für die Begegnung und die Auseinandersetzung mit dieser übermächtigen Mutterfigur fähig wird. Das ist eine sehr weise Einrichtung in unserer Psyche: Wenn wir ein großes Problem in der Tiefe unserer Seele haben (es gibt viele Menschen, die haben einen ›dicken Brocken‹ in ihrer Seele!), dann kann man in einer Analyse nicht sofort dieses Problem angehen. Wenn es hochkäme, würde es das Ich überwältigen. Unsere Seele macht es dann häufig so, daß sie dieses Problem zunächst abwehrt und auf Teilaspekte ausweicht, die bearbeitet werden. Indem diese Teilaspekte bearbeitet werden, wird das Ich so gestärkt, daß dann vielleicht auch irgendwann einmal der ›dicke Brocken‹ angegangen werden kann.[86]

Die drei Versuchungen

Die Königin aber, nachdem sie Schneewittchens Lunge und Leber glaubte gegessen zu haben, dachte nicht anders, als sie wäre wieder die erste und Allerschönste, trat vor ihren Spiegel und sprach:

> »Spieglein, Spieglein an der Wand,
> wer ist die Schönste im ganzen Land?«

Da antwortete der Spiegel:

> »Frau Königin, Ihr seid die Schönste hier,
> aber Schneewittchen über den Bergen
> bei den sieben Zwergen
> ist noch tausendmal schöner als Ihr.«

Da erschrak sie; denn sie wußte, daß der Spiegel keine Unwahrheit sprach, und merkte, daß der Jäger sie betrogen hatte und Schneewittchen noch am Leben war. Und da sann und sann sie aufs neue, wie sie es umbringen wollte; denn solange sie nicht die Schönste war im ganzen Land, ließ ihr der Neid keine Ruhe. Und als sie sich endlich etwas ausgedacht hatte, färbte sie sich das Gesicht und kleidete sich wie eine alte Krämerin und war ganz unkenntlich. In dieser Gestalt ging sie über die sieben Berge zu den sieben Zwergen, klopfte an die Türe und rief: »Schöne Ware feil, feil!« Schneewittchen guckte zum Fenster heraus und rief: »Guten Tag, liebe Frau, was habt Ihr zu verkaufen?« – »Gute Ware, schöne Ware«, antwortete sie, »Schnürriemen von allen Farben«, und holte einen hervor, der aus bunter Seide geflochten war. »Die ehrliche Frau kann ich hereinlassen«, dachte Schneewittchen, riegelte die Türe auf und kaufte sich den hübschen Schnürriemen. »Kind«, sprach die Alte, »wie du aus-

siehst! Komm, ich will dich einmal ordentlich schnüren.«
Schneewittchen hatte kein Arg, stellte sich vor sie und ließ sich
mit dem neuen Schnürriemen schnüren; aber die Alte schnürte
geschwind und schnürte so fest, daß dem Schneewittchen der
Atem verging und es für tot hinfiel. »Nun bist du die Schönste
gewesen«, sprach sie und eilte hinaus.

Nicht lange darauf, zur Abendzeit, kamen die sieben Zwerge
nach Haus, aber wie erschraken sie, als sie ihr liebes Schneewitt-
chen auf der Erde liegen sahen; und es regte und bewegte sich
nicht, als wäre es tot. Sie hoben es in die Höhe, und weil sie sa-
hen, daß es zu fest geschnürt war, schnitten sie den Schnürrie-
men entzwei; da fing es an ein wenig zu atmen und ward nach
und nach wieder lebendig. Als die Zwerge hörten, was geschehen
war, sprachen sie: »Die alte Krämerfrau war niemand als die
gottlose Königin; hüte dich und laß keinen Menschen herein,
wenn wir nicht bei dir sind.«

Das böse Weib aber, als es nach Haus gekommen war, ging vor
den Spiegel und fragte:

> *»Spieglein, Spieglein an der Wand,*
> *wer ist die Schönste im ganzen Land?«*

Da antwortete er wie sonst:

> *»Frau Königin, Ihr seid die Schönste hier,*
> *aber Schneewittchen über den Bergen*
> *bei den sieben Zwergen*
> *ist noch tausendmal schöner als Ihr.«*

Als sie das hörte, lief ihr alles Blut zum Herzen, so erschrak sie;
denn sie sah wohl, daß Schneewittchen wieder lebendig gewor-
den war. »Nun aber«, sprach sie, »will ich etwas aussinnen, das
dich zugrunde richten soll«, und mit Hexenkünsten, die sie ver-

stand, machte sie einen giftigen Kamm. Dann verkleidete sie sich und nahm die Gestalt eines andern alten Weibes an. So ging sie hin über die sieben Berge zu den sieben Zwergen, klopfte an die Türe und rief: »Gute Ware feil, feil!« Schneewittchen schaute heraus und sprach: »Geht nur weiter, ich darf niemand hereinlassen.« – »Das Ansehen wird dir doch erlaubt sein«, sprach die Alte, zog den giftigen Kamm heraus und hielt ihn in die Höhe. Da gefiel er dem Kinde so gut, daß es sich betören ließ und die Türe öffnete. Als sie des Kaufs einig waren, sprach die Alte: »Nun will ich dich einmal ordentlich kämmen.« Das arme Schneewittchen dachte an nichts und ließ die Alte gewähren, aber kaum hatte sie den Kamm in die Haare gesteckt, als das Gift darin wirkte und das Mädchen ohne Besinnung niederfiel. »Du Ausbund von Schönheit«, sprach das boshafte Weib, »jetzt ist's um dich geschehen«, und ging fort. Zum Glück aber war es bald Abend, wo die sieben Zwerglein nach Haus kamen. Als sie Schneewittchen wie tot auf der Erde liegen sahen, hatten sie gleich die Stiefmutter in Verdacht, suchten nach und fanden den giftigen Kamm, und kaum hatten sie ihn herausgezogen, so kam Schneewittchen wieder zu sich und erzählte, was vorgegangen war. Da warnten sie es noch einmal, auf seiner Hut zu sein und niemand die Türe zu öffnen.
Die Königin stellte sich daheim vor den Spiegel und sprach:

>»Spieglein, Spieglein an der Wand,
>wer ist die Schönste im ganzen Land?«

Da antwortete er wie vorher:

>»Frau Königin, Ihr seid die Schönste hier,
>aber Schneewittchen über den Bergen
>bei den sieben Zwergen
>ist doch noch tausendmal schöner als Ihr.«

Als sie den Spiegel so reden hörte, zitterte und bebte sie vor Zorn. »Schneewittchen soll sterben«, rief sie, »und wenn es mein eignes Leben kostet.« Darauf ging sie in eine ganz verborgene einsame Kammer, wo niemand hinkam, und machte da einen giftigen Apfel. Äußerlich sah er schön aus, weiß mit roten Backen, daß jeder, der ihn erblickte, Lust danach bekam, aber wer ein Stückchen davon aß, der mußte sterben. Als der Apfel fertig war, färbte sie sich das Gesicht und verkleidete sich in eine Bauersfrau, und so ging sie über die sieben Berge zu den sieben Zwergen. Sie klopfte an, Schneewittchen streckte den Kopf zum Fenster heraus und sprach: »Ich darf keinen Menschen einlassen, die sieben Zwerge haben mir's verboten.« – »Mir auch recht«, antwortete die Bäuerin, »meine Äpfel will ich schon loswerden. Da, einen will ich dir schenken.« – »Nein«, sprach Schneewittchen, »ich darf nichts annehmen.« – »Fürchtest du dich vor Gift?« sprach die Alte. »Siehst du, da schneide ich den Apfel in zwei Teile; den roten Backen iß du, den weißen will ich essen.« Der Apfel war aber so künstlich gemacht, daß der rote Backen allein vergiftet war. Schneewittchen lusterte den schönen Apfel an, und als es sah, daß die Bäurin davon aß, so konnte es nicht länger widerstehen, streckte die Hand hinaus und nahm die giftige Hälfte. Kaum aber hatte es einen Bissen davon im Mund, so fiel es tot zur Erde nieder. Da betrachtete es die Königin mit grausigen Blicken und lachte überlaut und sprach: »Weiß wie Schnee, rot wie Blut, schwarz wie Ebenholz! Diesmal können dich die Zwerge nicht wieder erwecken.« Und als sie daheim den Spiegel befragte:

> *»Spieglein, Spieglein an der Wand,*
> *wer ist die Schönste im ganzen Land?«,*

so antwortete er endlich:

> *»Frau Königin, Ihr seid die Schönste im Land.«*

Da hatte ihr neidisches Herz Ruhe, so gut ein neidisches Herz Ruhe haben kann.

Die Zwerglein, wie sie abends nach Haus kamen, fanden Schneewittchen auf der Erde liegen, und es ging kein Atem mehr aus seinem Mund, und es war tot. Sie hoben es auf, suchten, ob sie was Giftiges fänden, schnürten es auf, kämmten ihm die Haare, wuschen es mit Wasser und Wein, aber es half alles nichts; das liebe Kind war tot und blieb tot. Sie legten es auf eine Bahre und setzten sich alle siebene daran und beweinten es und weinten drei Tage lang. Da wollten sie es begraben, aber es sah noch so frisch aus wie ein lebender Mensch und hatte noch seine schönen roten Backen. Sie sprachen: »Das können wir nicht in die schwarze Erde versenken« und ließen einen durchsichtigen Sarg von Glas machen, daß man es von allen Seiten sehen konnte, legten es hinein und schrieben mit goldenen Buchstaben seinen Namen darauf und daß es eine Königstochter wäre. Dann setzten sie den Sarg hinaus auf den Berg, und einer von ihnen blieb im-

mer dabei und bewachte ihn. Und die Tiere kamen auch und beweinten Schneewittchen, erst eine Eule, dann ein Rabe, zuletzt ein Täubchen.

Die Latenzzeit geht ihrem Ende entgegen. Jetzt folgt die Auseinandersetzung mit der ›bösen‹ Mutter. Schneewittchen ist herangereift, so daß es – der damaligen Sitte entsprechend – bereits ein *Mieder* trägt, das mit Bändern geschnürt wird. Ein Mieder dient dazu, die Figur schöner erscheinen zu lassen, als sie ohne Mieder wäre. Schneewittchen hat also Anteil an der Eitelkeit der Stiefmutter. Mit dem abwertenden Ausruf »Wie du aussiehst!« weckt die Stiefmutter die Eitelkeit Schneewittchens. Indem die Eitelkeit Einzug ins Herz Schneewittchens hält, hält die Stiefmutter Einzug in ihr Leben. Der schwarze Schatten des Schneeweißchens wird jetzt sichtbar. Die Eitelkeit Schneewittchens öffnet der eitlen Stiefmutter die Tür.[87] Ähnlich verhält es sich mit dem vergifteten *Kamm*. Auch er dient der Eitelkeit: Die Haare sollen schöner erscheinen, als sie ohne diesen Kamm, mit dem man die Haare aufsteckt, wären. Beide Male wird Schneewittchen durch die aufsteigenden Schattenaspekte tödlich bedroht, und es sieht fast so aus, als würde Schneewittchen durch diese Schattenspekte vernichtet werden.
Die stärkste Bedrohung erfolgt durch die dritte Versuchung: Schneewittchen ißt gemeinsam mit seiner Stiefmutter einen *Apfel*. Gemeinsames Essen bedeutet seit alters eine besonders enge Verbindung zu den Mitessenden, eine geradezu sakramentale Gemeinschaft.[88] Ein Apfel spielt sowohl in der griechischen als auch in der christlichen Mythologie eine entscheidende Rolle. In der griechischen Mythologie gibt Paris der Aphrodite als der Schönsten (»Wer ist die Schönste im ganzen Land?«) einen

Apfel. Dies führt zum Neid (!) der beiden andern Göttinnen. Daraus entstand eine fürchterliche Katastrophe – der Trojanische Krieg.[89] In der christlichen Kirche wurde unter lateinischem Einfluß die verbotene ›Frucht‹ des Paradieses ebenfalls zu einem Apfel,[90] denn *malum* heißt im Lateinischen sowohl das Böse als auch der Apfel. Dieser biblische ›Apfel‹ führte ebenfalls zu einer menschlichen Katastrophe, nämlich zum Sündenfall und seinen Folgen. Wie sich auch dort – wie so oft – aus dem Bösen Gutes entwickelt,[91] wird ebenso in diesem Märchen deutlich.

Um das Mißtrauen Schneewittchens zu überwinden, schneidet die Königin den Apfel in zwei Hälften. Sie selbst ißt die weiße Hälfte, während sie Schneewittchen die rote, giftige gibt. Hier begegnen uns wieder die zwei Elemente Weiß und Rot,[92] und dazu kommt der schwarze Tod. Unser Märchen sagt: »Da betrachtete es die Königin mit grausigen Blicken und lachte überlaut und sprach: *Weiß* wie Schnee, *rot* wie Blut, *schwarz* wie Ebenholz!«

Nicht nur die Zwerge, sondern auch die Tiere beweinen Schneewittchen, und zwar eine Eule, ein Rabe und ein Täubchen. Die *Eule* gehört zur griechischen Mythologie. Sie ist Attribut der Athene und verkörpert Weisheit und Wissen. Die Eule kann auch in der Nacht sehen, sie offenbart das, was menschlichen Augen verborgen bleibt; es ist also eine hintergründige Weisheit, mit der Athene begabt ist. Der *Rabe* gehört zur germanischen Mythologie. Raben sind ein Attribut des höchsten Gottes Odin (= Wotan), der auch als Rabengott bezeichnet wird. Auf der Schulter Odins sitzen die beiden sprechenden Raben Hugin (der Gedanke) und Munin (das Gedächtnis). Odin schickt diese beiden Raben jeden Morgen als Kundschafter in die Welt aus, abends kommen sie zurück und flüstern Odin ins Ohr, was sie in der Welt gehört und gesehen haben.[93] Die

Taube gehört zur christlichen Mythologie, sie ist Symbol des Heiligen Geistes. Der Heilige Geist ist ebenfalls ein Geist der Weisheit und der Erkenntnis,[94] den Jesus seinen Nachfolgern verleiht.[95] Die drei Vögel haben also in den verschiedenen Mythologien dieselbe Bedeutung. Sie bedeuten Weisheit und Erkenntnis auf einer höheren geistigen Stufe. Es ist nicht mehr die Weisheit und Erkenntnis, die der Mensch durch das Essen vom Baum der Erkenntnis geraubt hat, sondern es ist die vom Geist verliehene Weisheit. Wenn also diese drei ›Geist-Vögel‹ auf dem Glassarg Schneewittchens sitzen und das tote Schneewittchen beweinen, dann erinnert das einerseits an die Aussage des Apostels Paulus, daß der Geist und die Schöpfung sich gemeinsam nach der Erlösung sehnen,[96] andererseits ist der durch die Vögel repräsentierte Geist ein schöpferischer Geist, der selbst neues Leben schafft.[97] Daß die drei Vögel aus dem griechischen, germanischen und christlichen Bereich stammen, ist ein Hinweis auf unsere abendländische Kultur, deren Wurzeln in diesen drei Bereichen verankert sind. Es bedeutet eine Verarmung unserer Kultur, wenn wir nur noch eine dieser Wurzeln anerkennen! Die Eule der Athene und die Raben des Odin gehören genauso zu unserer inneren Welt wie die Taube des Heiligen Geistes.

Schneewittchen erwacht

Nun lag Schneewittchen lange, lange Zeit in dem Sarg und verweste nicht, sondern sah aus, als wenn es schliefe; denn es war noch so weiß als Schnee, so rot als Blut und so schwarzhaarig wie Ebenholz. Es geschah aber, daß ein Königssohn in den Wald geriet und zu dem Zwergenhaus kam, da zu übernachten. Er sah auf dem Berg den Sarg und das schöne Schneewittchen darin und las, was mit goldenen Buchstaben daraufgeschrieben war. Da sprach er zu den Zwergen: »Laßt mir den Sarg, ich will euch geben, was ihr dafür haben wollt.« Aber die Zwerge antworteten: »Wir geben ihn nicht um alles Gold in der Welt.« Da sprach er: »So schenkt ihn mir; denn ich kann nicht leben, ohne Schneewittchen zu sehen, ich will es ehren und hochachten wie mein Liebstes.« Wie er so sprach, empfanden die guten Zwerglein Mitleiden mit ihm und gaben ihm den Sarg. Der Königssohn ließ ihn nun von seinen Dienern auf den Schultern forttragen. Da geschah es, daß sie über einen Strauch stolperten, und von dem Schüttern fuhr der giftige Apfelgrütz, den Schneewittchen abgebissen hatte, aus dem Hals. Und nicht lange, so öffnete es die Augen, hob den Deckel vom Sarg in die Höhe und richtete sich auf und war wieder lebendig. »Ach Gott, wo bin ich?« rief es. Der Königssohn sagte voll Freude: »Du bist bei mir« und erzählte, was sich zugetragen hatte, und sprach: »Ich habe dich lieber als alles auf der Welt; komm mit mir in meines Vaters Schloß, du sollst meine Gemahlin werden.« Da war ihm Schneewittchen gut und ging mit ihm, und ihre Hochzeit ward mit großer Pracht und Herrlichkeit angeordnet.

Zu dem Fest wurde aber auch Schneewittchens gottlose Stiefmutter eingeladen. Wie sie sich nun mit schönen Kleidern angetan hatte, trat sie vor den Spiegel und sprach:

> »Spieglein, Spieglein an der Wand,
> wer ist die Schönste im ganzen Land?«

Der Spiegel antwortete:

> »Frau Königin, Ihr seid die Schönste hier,
> aber die junge Königin ist tausendmal schöner als Ihr.«

Da stieß das böse Weib einen Fluch aus, und ward ihr so angst, so angst, daß sie sich nicht zu lassen wußte. Sie wollte zuerst gar nicht auf die Hochzeit kommen; doch ließ es ihr keine Ruhe, sie mußte fort und die junge Königin sehen. Und wie sie hineintrat, erkannte sie Schneewittchen, und vor Angst und Schrecken stand sie da und konnte sich nicht regen. Aber es waren schon eiserne Pantoffeln über Kohlenfeuer gestellt und wurde mit Zangen hereingetragen und vor sie hingestellt. Da mußte sie in die rotglühenden Schuhe treten und so lange tanzen, bis sie tot zur Erde fiel.

Im Sarg reift nun Schneewittchen seiner weiß-rot-schwarzen Ganzheit entgegen. Die am Anfang als Möglichkeit geschaute Ganzheit beginnt sich nun innerseelisch zu verwirklichen. Deshalb werden jetzt diese drei Farben wieder aufgegriffen.

Als ein von tiefer Liebe ergriffener Mensch ist der Königssohn Kontrastfigur zur haßerfüllten Stiefmutter. Während die haßerfüllte Stiefmutter eine *dia*bolische Funktion hat, also eine trennende – sie will Schneewittchen loswerden –, hat die Liebe des Königssohns eine *sym*bolische Funktion, d. h. eine vereinigende (das griechische Wort *symbállein* heißt zusammenwerfen, zusammenfügen). Er will unter allen Umständen mit Schneewittchen zusammensein. Das ist der Unterschied zwischen der göttlichen und der widergöttlichen Welt: Die eine ist *dia*bolisch, d. h. trennend, und die andere ist *sym*bolisch, d. h. vereinigend. Alles, was ›symbolisch‹ ist, was zur Ganzheit führt, das kommt von Gott, und alles, was ›diabolisch‹ ist, was trennt, das kommt vom Diabolos, vom Teufel.

Es ist nun die Frage: Wie ist das mit der Stiefmutter, die am Schluß verbrennt? Es gibt zwei Möglichkeiten: Die eine Möglichkeit besteht darin, daß man sagt: Dieses Märchen ist ein unvollständiges Märchen, das Böse kann man nicht einfach ausschalten, man muß es integrieren. Schattenaspekte, die nicht integriert werden, werden verdrängt und kommen dann irgendwann in anderer Gestalt wieder hoch. Bei dieser Deutung müßte man also sagen: Auf Schneewittchen warten noch weitere Entwicklungsschritte. Die andere Deutungsmöglichkeit besteht darin, daß man sagt: Wenn ein Mensch einen Reifungsprozeß durchlaufen hat, dann hat er auch seine Schattenaspekte integriert, so daß der Haß der Stiefmutter keine Funktion mehr hat. Indem Schneewittchen zu einer schwarz-weiß-roten Ganzheit gelangt ist, haben die Schattenspekte ausgespielt. Die eitle, eifersüchtige, neidische Stiefmutter-Seite in Schneewittchen wurde durch das Feuer der Liebe zwischen den beiden Königskindern verbrannt.[98]

Dornröschen

Die Geburt

Vor Zeiten war ein König und eine Königin, die sprachen jeden Tag: »Ach, wenn wir doch ein Kind hätten!« und kriegten immer keins. Da trug sich zu, als die Königin einmal im Bade saß, daß ein Frosch aus dem Wasser ans Land kroch und zu ihr sprach:»Dein Wunsch wird erfüllt werden, ehe ein Jahr vergeht, wirst du eine Tochter zur Welt bringen.« Was der Frosch gesagt hatte, das geschah, und die Königin gebar ein Mädchen, das war so schön, daß der König vor Freude sich nicht zu lassen wußte und ein großes Fest anstellte.

Das Märchen beginnt mit der Situation der Unfruchtbarkeit: Ein König und eine Königin wünschen sich ein Kind und bekommen keins! Unfruchtbarkeit kann psychologisch Verschiedenes bedeuten. Sie kann z. B. die Folge eines zu starken Kinderwunsches sein. Wenn etwas zu sehr gewünscht wird, dann kann dies zu einer inneren Verkrampfung führen, wodurch das Gewünschte gerade *nicht* zustande kommt. Es kann aber auch sein, daß zwar äußerlich der Kinderwunsch da ist und Mann und Frau im Bewußtsein sprechen: »Ach, wenn wir doch ein Kind hätten!«, in der Tiefe der Seele besteht jedoch Abwehr gegen ein Kind, z. B. aus Angst vor der Geburt, die ja damals gar nicht selten zum Tode der Mutter führte. Unfruchtbarkeit kann aber auch ein symbolischer Ausdruck für eine unfruchtbare Beziehung sein, in der manches erstarrt ist, so daß daraus nichts Neues entstehen kann. Möglicherweise fehlt aber auch die Nestwärme, in der das Neue in einer ihm entsprechenden Weise wachsen und gedeihen kann.

Andererseits ist die Zeit der Unfruchtbarkeit vielleicht auch eine Zeit der Vorbereitung, in der sich Energien sammeln wie Wasser in einem leeren Wasserreservoir. Oft ist dann ein solches Kind, das nach Zeiten der Unfruchtbarkeit geboren wird, ein ganz besonderes Kind. So werden z. B. nach den Berichten der Bibel nach Zeiten der Unfruchtbarkeit ein Isaak geboren oder ein Jakob, ein Joseph, ein Samuel, ein Simson, ein Johannes und manche andere. Auch im Märchen sind es häufig besondere Kinder, die nach Zeiten der Unfruchtbarkeit geboren werden. Bei Künstlern ist es ebenfalls manchmal so, daß der Schaffung eines besonderen Kunstwerks eine Zeit der Dürre und der Unfruchtbarkeit vorausgeht.

In dieser Situation taucht nun ein Frosch auf, der *aus dem Wasser ans Land* kroch. Der Frosch kommt aus dem unbewußten Bereich (›Wasser‹) in den Bereich des Bewußtseins (›Land‹). Er bringt etwas in Bewegung. Ein vorher unbewußter Inhalt steigt aus der Tiefe ins Bewußtsein auf. Der Frosch wird in der Symbolsprache häufig mit der Sexualität in Verbindung gebracht, und zwar sowohl mit der männlichen als auch mit der weiblichen Sexualität. Frosch und Kröte gehören eng zusammen. Sie gehören beide zur Gattung der Froschlurche. Während die Kröte innerhalb dieser Gattung den weiblichen Pol darstellt, vertritt der Frosch den männlichen Pol. Die Gattung der Froschlurche ist jedoch als Ganzes dem weiblichen Pol zugeordnet. Froschlurche gehören zu Wasser, Erde und Schlamm. Innerhalb dieses weiblichen Bereiches ist der Frosch ein männlicher Aspekt, so wie der Stier ein männlicher Aspekt innerhalb der weiblichen Rindergattung ist.[99] Wenn die Königin also einem Frosch begegnet, der aus der Tiefe heraufsteigt, dann könnte dies bedeuten, daß sie eine positive Einstellung zur Sexualität gewinnt.

Der Frosch kommt zur Königin, als sie im Bade sitzt. Sie hat also ebenfalls Kontakt mit dem Wasser, d. h. mit dem Unbewußten. Die mit Wasser gefüllt Wanne ist außerdem Symbol des Mutterleibes. Die Königin erlebt sich also selbst im Mutterleib und öffnet sich so für das Kind. Sie regrediert auf die Stufe des Kindseins und stellt sich dadurch in der Tiefe ihrer Seele auf das Kind ein. Das ›Im-Bade-Sein‹ bedeutet außerdem: in einer Situation der Entspannung zu sein. Es könnte also auch bedeuten, daß ein allzu verkrampfter Kinderwunsch losgelassen wird. Ich kenne mehrere Beispiele von Ehepaaren, die sich sehnlichst ein Kind gewünscht haben. Nachdem ihnen dies aber versagt blieb, haben sie eins adoptiert. Dadurch wurde der zuvor verkrampfte Wunsch losgelassen, und wenig später kamen dann eigene Kinder. Das gilt auch für andere Bereiche: Kreative Inhalte des Unbewußten zeigen sich oft beim Nachlassen eines gar zu starken Wunsches, etwas Schöpferisches zu gestalten. Es ist ähnlich wie bei den Träumen, die auch erst auftauchen, wenn das Bewußtsein nicht mehr dominiert.

In dieser Situation, in der die Königin entspannt im Bade sitzt, kommt der Frosch aus dem Wasser ans Land. Das, was in der Tiefe verborgen war, wird sichtbar. Der *Kopfes*wunsch verbindet sich mit dem Wunsch des *Herzens*. Das, was das *Ich* will, ist jetzt identisch mit dem, was das wahre *Selbst* will. Und damit ist die Erfüllung des Wunsches garantiert.[100]

Der Frosch fungiert außerdem als ›Prophet‹. Diese Eigenschaft wird dem Frosch seit alters zugeschrieben, besonders dem Laubfrosch.[101] So wie in der Bibel wundersame Geburten durch einen Propheten oder einen Engel angekündigt werden, so verkündigt hier der Frosch die bevorstehende Geburt. Der aus der Tiefe des Wassers kommende Frosch bringt das Wissen der Tiefe mit und verkündigt es der Königin.

Als diese Prophetie sich dann schließlich erfüllt, ist der König außer sich vor Freude – ein Hinweis darauf, daß der König eine besondere Beziehung zu seiner Tochter hat. Er veranstaltet ein großes Fest.

Segen und Fluch

Er ladete nicht bloß seine Verwandten, Freunde und Bekannten, sondern auch die weisen Frauen dazu ein, damit sie dem Kind hold und gewogen wären. Es waren ihrer dreizehn in seinem Reiche, weil er aber nur zwölf goldene Teller hatte, von welchen sie essen sollten, so mußte eine von ihnen daheim bleiben. Das Fest ward mit aller Pracht gefeiert, und als es zu Ende war, beschenkten die weisen Frauen das Kind mit ihren Wundergaben: die eine mit Tugend, die andere mit Schönheit, die dritte mit Reichtum und so mit allem, was auf der Welt zu wünschen ist. Als elfe ihre Sprüche eben getan hatten, trat plötzlich die dreizehnte herein. Sie wollte sich dafür rächen, daß sie nicht eingeladen war, und ohne jemand zu grüßen oder nur anzusehen, rief sie mit lauter Stimme: »Die Königstochter soll sich in ihrem fünfzehnten Jahr an einer Spindel stechen und tot hinfallen.« Und ohne ein Wort weiter zu sprechen, kehrte sie sich um und verließ den Saal. Alle waren erschrocken, da trat die zwölfte hervor, die ihren Wunsch noch übrig hatte, und weil sie den bösen Spruch nicht aufheben, sondern nur ihn mildern konnte, so sagte sie: »Es soll aber kein Tod sein, sondern ein hundertjähriger Schlaf, in welchen die Königstochter fällt.«

Die Erzählung von den zwölf bzw. dreizehn Feen können wir auf verschiedenen Ebenen deuten. Mythologisch steht hinter diesem Märchen die Verdrängung des Matriarchats durch das Patriarchat. Das Sonnenjahr mit seinen zwölf Monaten siegt über das Mondjahr mit seinen dreizehn Monaten. In der griechischen Mythologie wird dies so ausgedrückt, daß die ›himmlischen‹ olympischen Götter die ›Erd‹-Gottheiten besiegen.[102] In der Geschichte Israels siegt der ›männliche‹ Gott (der ›Herr‹) über die ägyptischen und kanaanäischen Muttergottheiten. Das vom Matriarchat geprägte Stierzeitalter wird abgelöst durch das vom Patriarchat geprägte Widderzeitalter. Im Christentum inkarniert sich der männliche Gott Israels in der Gestalt des Jesus von Nazareth, der dann als die ›Sonne‹ verehrt wird. Die dramatische Auseinandersetzung zwischen diesem Gott und den kleinasiatischen Muttergottheiten ist bis ins Neue Testament hinein spürbar.[103] Spätere Versuche, Maria als weibliche Gottheit ins Christentum einzufügen, sind – abgesehen von einigen Formen der Volksfrömmigkeit – aufs Ganze gesehen nicht gelungen. Maria wurde in der Regel zu sehr vergeistigt und war zu jungfräulich, als daß sie die erdhafte Funktion der Großen Mutter hätte übernehmen können.

Unser Märchen berichtet nun, daß sich die nicht eingeladene und deshalb gekränkte dreizehnte Fee rächt. Die Rache gekränkter Göttinnen begegnet uns auch sonst in der Mythologie. So fordert z. B. die von Agamemnon beleidigte Göttin Artemis den Tod der Iphigenie.[104]

Auch in der Tiefe unserer Seele gibt es solche beleidigten Gottheiten, die sich rächen. Wenn wir z. B. Aspekte und Inhalte unserer Seele vernachlässigen, dann rächt sich dies. Ein Stück innerer Lebendigkeit wird abgetötet. Seit alters werden bestimmte Aspekte unserer Psyche mit antiken Göttern in Verbindung gebracht, z. B. mit den sieben Planetengöttern.[105] So erinnert uns die *Sonne* daran, daß es gilt, die bewußte Welt, die äußere Realität ernst zu nehmen. Wenn wir diesen Aspekt vernachlässigen, dann ›rächt‹ sich die ›Sonne‹, und wir scheitern an Problemen, die mit der äußeren Realität zusammenhängen. Der *Mond* erinnert uns daran, die mütterliche Welt des Unbewußten ernst zu nehmen und zu versuchen, Inhalte des Unbewußten dem Bewußtsein zu integrieren. Wenn wir unser Unbewußtes vernachlässigen, dann ›rächt‹ sich der ›Mond‹ mit Fehlleistungen, Stolpersteinen, Projektionen, irrationalem Handeln usw. Der *Mars* fordert uns auf, unsere aggressive Seite ernst zu nehmen und uns z. B. nicht alles gefallen zu lassen. Vernachlässigen wir diese Seite, dann ›rächt‹ sich der ›Mars‹ dadurch, daß sich unsere Aggressionen gegen uns selber wenden und uns krank machen oder daß der vernachlässigte Pol uns überschwemmt. Der *Hermes* erinnert uns daran, daß es gilt, im Leben flexibel und wendig zu sein, und er ›rächt‹ sich, wenn er vernachlässigt wird, mit Starrheit. *Jupiter* lädt uns ein zur Großzügigkeit und zur Freude an der festlichen Fülle, und er ›rächt‹ sich, wenn er vernachlässigt wird, mit Kleinlichkeit und Kargheit. *Venus* ruft uns auf, die Liebe ernst zu nehmen und Beziehungen einzugehen, auch wenn dies Schmerz bedeutet. Wenn wir die ›Venus‹ vernachlässigen, dann ›rächt‹ sie sich durch Vereinsamung. Und schließlich erinnert uns der *Saturn* an Ordnung, Begrenzung und Tod. Dort, wo Begrenzung und Tod nicht ernst genommen werden, gibt es auch keine Auferstehung. Da ›rächt‹ sich ›Saturn‹ mit Alter ohne Reife.

In unserem Märchen wird der ›Mond‹ und damit die ›Große Mutter‹ vernachlässigt. Es gibt nur zwölf goldene Teller. Diese sind Symbole des Sonnengottes und des mit ihm verbundenen Sonnenjahres. Der ›Mond‹ ist ausgeschlossen und mit ihm die ›Große Mutter‹.[106] Der Fluch der dreizehnten Fee kann nicht rückgängig gemacht, er kann nur gemildert werden.[107]

Prophetien werden wahr

Der König, der sein liebes Kind vor dem Unglück gern bewahren wollte, ließ den Befehl ausgehen, daß alle Spindeln im ganzen Königreiche sollten verbrannt werden. An dem Mädchen aber wurden die Gaben der weisen Frauen sämtlich erfüllt; denn es war schön, sittsam, freundlich und verständig, daß es jedermann, der es ansah, liebhaben mußte. Es geschah, daß an dem Tage, wo es gerade fünfzehn Jahr alt ward, der König und die Königin nicht zu Haus waren und das Mädchen ganz allein im Schloß zurückblieb. Da ging es allerorten herum, besah Stuben und Kammern, wie es Lust hatte, und kam endlich auch an einen alten Turm. Es stieg die enge Wendeltreppe hinauf und gelangte zu einer kleinen Türe. In dem Schloß steckte ein verrosteter Schlüssel, und als es umdrehte, sprang die Türe auf und saß da in einem kleinen Stübchen eine alte Frau mit einer Spindel und spann emsig ihren Flachs. »Guten Tag, du altes Mütterchen«, sprach die Königstochter, »was machst du da?« – »Ich spinne«, sagte die Alte und nickte mit dem Kopf. »Was ist das für ein Ding, das so lustig herumspringt?« sprach das Mädchen, nahm die Spindel und wollte auch spinnen. Kaum hatte sie aber die Spindel angerührt, so ging der Zauberspruch in Erfüllung, und sie stach sich damit in den Finger.

Der Vater ist bemüht, sein ›liebes Kind‹ vor der Macht der Ausgeschlossenen und Beleidigten zu schützen. Wir wissen jedoch: Je mehr wir uns bemühen, etwas auszuklammern, desto sicherer ziehen wir es an. So bewirkt z. B. der Vater des Ödipus gerade durch seine Maßnahme, die dazu dienen soll, die Unheilsprophetie zu vereiteln, die Erfüllung dieser Prophetie.[108] Im Märchen vom *Teufel mit den drei goldenen Haaren*[109] trägt der König, der die Erfüllung einer Prophetie vereiteln will, entscheidend dazu bei, daß sie sich erfüllt.

In der Symbolsprache des Märchens wird deutlich, daß der Vater die Entwicklung seiner Tochter zur Frau nicht will. Er möchte sie für sich behalten und nicht an einen anderen Mann verlieren. Sie soll an ihn gebunden bleiben. Spinnen ist eine urweibliche Tätigkeit. Alle Frauen haben in der damaligen Zeit den Umgang mit der Spindel schon als Mädchen gelernt. Wenn der Vater seine Tochter vor dem Umgang mit der Spindel bewahrt, dann will er sie davor bewahren, daß sie zur Frau wird. Ein solcher Besitzanspruch von seiten der Eltern ist das Gegenteil von Liebe. Das wird u. a. daran deutlich, daß das Mädchen in einer entscheidenden Situation seines Lebens von seinen Eltern nicht verständnisvoll begleitet, sondern allein gelassen wird, nämlich am fünfzehnten Geburtstag! Weil der Vater seine Tochter vor der Spindel bewahrt hat, kann sie nicht mit der Spindel umgehen und benimmt sich deshalb ungeschickt. Mir steht jetzt eine Frau vor Augen, deren überängstliche Mutter sie als Kind vor den Gefahren des Straßenverkehrs bewahren wollte und ihr deshalb verbot, mit dem Fahrrad zu fahren. Als sie als Heranwachsende dann schließlich doch Radfahren lernen wollte, benahm sie sich so ungeschickt, daß sie stürzte und sich so gefährlich verletzte, daß sie zeitlebens an dieser Verletzung zu leiden hatte. Je mehr wir Kinder – vor was auch immer – ›bewahren‹ wollen, desto mehr tragen wir dazu bei, daß sie verkümmern oder ins Gegenteil umschlagen. Bei gar zu starken Bewahrungstendenzen haben es die Kinder sehr schwer, ihren eigenen Weg zu gehen – und dann erfüllt sich der ›Zauberspruch‹ einer vernachlässigten Fee.

Während die zwölf Feen im hellen Licht stehen und von den zwölf goldenen Sonnentellern essen, dringt die vernachlässigte Große Mutter auf vielfache Weise ein. Sie dringt gleichsam durch alle Ritzen. Sie kommt als lebenspendender Frosch und als todbringende dreizehnte Fee. Sie offenbart sich somit als die Große Mutter, die Leben schenkt und es wieder zurücknimmt. (Dieser Aspekt der Großen Mutter ist auch ins Christentum eingedrungen, nämlich in der Gestalt der Pietà: Maria, die das Jesuskind geboren hat, nimmt den erwachsenen Jesus wieder in ihren Schoß zurück.) Sie kommt aber auch als altes Mütterchen, das den Schicksalsfaden spinnt, dem niemand entrinnen kann.

Daß sich die Erfüllung der Prophetie im ›Ober‹-Stübchen abspielt, macht deutlich, daß die verdrängte Weiblichkeit zu einer Überintellektualisierung im Bewußtsein führt. Die ›Vater-Tochter‹ ist dem erdhaften weiblich-mütterlichen Bereich entfremdet und nicht vertraut mit ihrer eigenen Weiblichkeit. Es ist die nicht akzeptierte (›gekränkte‹) Weiblichkeit, die zu einer Überbewertung des Bewußtseins (des ›Oberstübchens‹) führt. Je mehr das Mädchen von seinem innerseelischen Gegenpol, dem ›Animus‹, infiziert ist, desto stärker gerät das Unbewußte in die Arme der Großen Mutter. Die zu spitze ›Männlichkeit‹ beschwört schließlich die Tragödie herauf.

Die große Dornenhecke

In dem Augenblick aber, wo sie den Stich empfand, fiel sie auf das Bett nieder, das da stand, und lag in einem tiefen Schlaf. Und dieser Schlaf verbreitete sich über das ganze Schloß: Der König und die Königin, die eben heimgekommen waren und in den Saal getreten waren, fingen an einzuschlafen und der ganze Hofstaat mit ihnen. Da schliefen auch die Pferde im Stall, die Hunde im Hofe, die Tauben auf dem Dache, die Fliegen an der Wand, ja, das Feuer, das auf dem Herde flackerte, ward still und schlief ein, und der Braten hörte auf zu brutzeln, und der Koch, der den Küchenjungen, weil er etwas versehen hatte, in den Haaren ziehen wollte, ließ ihn los und schlief. Und der Wind legte sich, und auf den Bäumen vor dem Schloß regte sich kein Blättchen mehr.

Rings um das Schloß aber begann eine Dornenhecke zu wachsen, die jedes Jahr höher ward und endlich das ganze Schloß umzog und darüber hinaus wuchs, daß gar nichts mehr davon zu sehen war, selbst nicht die Fahne auf dem Dach. Es ging aber die Sage in dem Land von dem schönen schlafenden Dornröschen; denn so war die Königstochter genannt, also daß von Zeit zu Zeit Königssöhne kamen und durch die Hecke in das Schloß dringen wollten. Es war ihnen aber nicht möglich; denn die Dornen, als hätten sie Hände, hielten fest zusammen, und die Jünglinge blieben darin hängen, konnten sich nicht wieder losmachen und starben eines jämmerlichen Todes.

Dornröschen ist jetzt ganz umgarnt von der Großen Mutter – es ist völlig ins Unbewußte abgesunken. Alles, was in ihr lebendig war, ist jetzt eingeschlafen.

Ich sehe nun Menschen vor mir, denen es ähnlich ergeht. Solche völlig im Unbewußten lebenden Menschen haben oft eine langweilige Ausstrahlung und wirken geradezu

einschläfernd auf ihre Umgebung. Mir steht ein junger Mann vor Augen mit einem großen inneren Potential – mit all dem, was das Märchen in Symbolen ausdrückt (»Pferde, Hunde, Tauben, Fliegen, König, Königin, Koch, Küchenjunge ...«) –, aber er ist völlig in den Fängen der ›Mutter‹, die ihn immer noch beherrscht, obwohl er längst erwachsen ist. Kein Wind kann ihn bewegen, d. h., er läßt den belebenden Geist nicht bis in die Tiefen seines Unbewußten vordringen. Jener junge Mann ist nett und freundlich, aber unendlich langweilig.

Nach außen hin sind solche Menschen oft recht stachelig und gleichen darin der Dornenhecke. (Dornröschen wurde von der Spindel der Großen Mutter gestochen und sticht jetzt – mittels Dornenhecke – andere!) Ich denke jetzt an eine 47jährige Frau, die völlig in ihrer Mutter lebt. Schon in der Pubertät war ihre Mutter für sie ihr großes Vorbild. Nach ihrer Berufsausbildung, während deren sie bei der Mutter wohnte, hat sie sich eine Stelle in einem Betrieb in der Nähe ihres Elternhauses gesucht, so daß sie auch dann wieder bei der Mutter wohnen konnte. Jene Frau kommt mir vor wie eine Dornenhecke: Sie stellt die Stacheln gegen jeden, der versucht, diese Hecke zu durchdringen und ihre Symbiose mit der Mutter zu stören.

Innerlich unbeweglich, äußerlich stachelig – das ist ein treffendes Bild für Menschen, die im Garn der Großen Mutter gefangen sind. Wer versucht, diese Dornenhecke zu durchdringen, der bleibt in den Stacheln hängen.

Die Dornenhecke hat jedoch noch eine weitere Bedeutung. Am Anfang der Bibel sind die Dornen Kennzeichen des verwünschten Bereiches. Wir lesen: »Verflucht ist der Akker um deinetwillen … Dornen und Disteln soll er dir tragen.«[110] Auch vom verfluchten Weinberg heißt es, Disteln und Dornen sollen darauf wachsen.[111] Beim Propheten Hosea wird der großen Muttergöttin (!) der Weg versperrt, und Gott (der ›Herr‹!) sagt: »Ich will ihr den Weg mit Dornen versperren und eine Mauer ziehen, daß sie den Weg nicht finden soll.«[112]

Gefangensein im Mutterkomplex bedeutet Lähmung und

Vernichtung der Eigenpersönlichkeit durch die übermächtige Gestalt der Mutter. Ich denke jetzt an eine etwa sechzigjährige Frau, die jeweils flüsterte, wenn sie mit mir telefonierte. Als ich sie fragte, warum sie flüstere, meinte sie: »'s Mami mag's nöd verlide, daß ich telefoniere!« (»Meine Mama hat es nicht gern, wenn ich telefoniere!«) Ich sehe jetzt weiterhin eine sehr begabte 35jährige Frau vor mir, die sich gegen das sie verfremdende Mutterbild auflehnt. Sie hatte eine von allen verehrte, ›ideale‹ Mutter, und jeder erwartete von der Tochter, daß sie sich genauso verhält wie sie. Die Tochter hatte es dadurch unendlich schwer, sich aus dem Garn dieser Mutter zu lösen. Sie fühlte sich wie eingesponnen in dieses Mutterbild – wie in eine Dornenhecke.

Die Dornenhecke hat jedoch auch eine positive Funktion: Sie ist Symbol für den Schutz während der Reifezeit. Innerhalb der Dornenhecke kann etwas wachsen und reifen, was nicht von außen gestört werden darf.[113]

In der germanischen Mythologie wird berichtet, daß Odin die Walküre Brunhild mit dem Schlafdorn sticht. Daraufhin versinkt Brunhild in einen tiefen Schlaf, der durch einen Schildzaun geschützt wird. Diesen Zaun kann nur ein Furchtloser durchschreiten.[114] Der Furchtlose ist Siegfried. Das führt uns zum letzten Abschnitt.

Das große Erwachen

Nach langen, langen Jahren kam wieder einmal ein Königssohn in das Land und hörte, wie ein alter Mann von der Dornenhecke erzählte, es sollte ein Schloß dahinter stehen, in welchem eine wunderschöne Königstochter, Dornröschen genannt, schon seit hundert Jahren schliefe, und mit ihr schliefe der König und die

Königin und der ganze Hofstaat. Er wußte auch von seinem Großvater, daß schon viele Königssöhne gekommen wären und versucht hätten, durch die Dornenhecke zu dringen, aber sie wären darin hängengeblieben und eines traurigen Todes gestorben. Da sprach der Jüngling: »Ich fürchte mich nicht, ich will hinaus und das schöne Dornröschen sehen.« Der gute Alte mochte ihm abraten, wie er wollte, er hörte nicht auf seine Worte.

Nun waren aber gerade die hundert Jahre verflossen, und der Tag war gekommen, wo Dornröschen wieder erwachen sollte. Als der Königssohn sich der Dornenhecke näherte, waren es lauter schöne Blumen, die taten sich von selbst auseinander und ließen ihn unbeschädigt hindurch, und hinter ihm taten sie sich wieder als eine Hecke zusammen. Im Schloßhof sah er die Pferde und scheckigen Jagdhunde liegen und schlafen; auf dem Dache saßen die Tauben und hatten das Köpfchen unter den Flügel gesteckt. Und als er ins Haus kam, schliefen die Fliegen an der Wand, der Koch in der Küche hielt noch die Hand, als wollte er den Jungen anpacken, und die Magd saß vor dem schwarzen Huhn, das sollte gerupft werden. Da ging er weiter und sah im Saale den ganzen Hofstaat liegen und schlafen, und oben bei dem Throne lag der König und die Königin. Da ging er noch weiter, und alles war so still, daß einer seinen Atem hören konnte, und endlich kam er zu dem Turm und öffnete die Türe zu der kleinen Stube, in welcher Dornröschen schlief. Da lag es und war so schön, daß er die Augen nicht abwenden konnte, und er bückte sich und gab ihm einen Kuß. Wie er es mit dem Kuß berührt hatte, schlug Dornröschen die Augen auf, erwachte und blickte ihn ganz freundlich an. Da gingen sie zusammen herab, und der König erwachte und die Königin und der ganze Hofstaat und sahen einander mit großen Augen an. Und die Pferde im Hof standen auf und rüttelten sich; die Jagdhunde sprangen und wedelten; die Tauben auf dem Dache zogen das Köpfchen unterm Flügel hervor, sahen umher und flogen ins Feld; die Fliegen an den

Wänden krochen weiter; das Feuer in der Küche erhob sich,
flackerte und kochte das Essen; der Braten fing wieder an zu
brutzeln; und der Koch gab dem Jungen eine Ohrfeige, daß er
schrie; und die Magd rupfte das Huhn fertig. Und da wurde die
Hochzeit des Königssohns mit dem Dornröschen in aller Pracht
gefeiert, und sie lebten vergnügt bis an ihr Ende.

Das Neue Testament sagt, daß der Erlöser gekommen ist,
als die Zeit erfüllt war.[115] Wenn die Zeit erfüllt ist, dann
›geschieht‹ die Erlösung ohne besondere Anstrengung.
Der Prinz, der zur rechten Zeit kommt, ist zwar furchtlos
wie Siegfried, aber es bedarf für ihn keiner besonderen
Anstrengung, durch die Dornenhecke zu dringen. Wenn
etwas zur rechten Zeit getan wird, dann bahnt sich der
Weg ohne Anstrengung. Wer zur Unzeit kommt, der
bleibt hängen. Psychisch bedeuten die zur Unzeit gekom-
menen und gescheiterten ›Prinzen‹ auch Situationen des
Märchenhelden. Es ist tröstlich, daß die meisten Märchen
nicht nur *eine* Möglichkeit kennen, sondern viele und daß
das Scheitern nicht endgültig ist, sondern daß mehrere
Anläufe gewagt werden können, auch wenn man beim erstenmal hängenbleibt.[116]
Als die Zeit erfüllt ist, begegnet dem Königssohn ein alter
Mann. Es ist der ›alte Weise‹, der weiß, was im Schloß ist.
Er warnt jedoch den Prinzen davor, dorthin zu gehen. Ich
verstehe diese Warnung so, daß die Ernsthaftigkeit des
Prinzen geprüft werden soll. Als ich zwölf Jahre alt war,
hörte ich einmal den Bericht eines alten Missionars. Er erzählte aus seinem Leben, u. a. auch von seiner Bewerbung
beim Missionsseminar: »Als ich mich vorstellte und dem
Seminarleiter sagte, daß ich gerne Missionar werden wollte, hat er mir dringend davon abgeraten. Als ich darauf beharrte, malte mir der Seminarleiter den Dienst eines Mis-

sionars so schwarz – so schwarz [ich erinnere mich bis heute an diesen Ausdruck] – vor Augen und schilderte mir, wie entbehrungsreich eine solche Tätigkeit sei und wie oft man in Todesgefahr gerate. Als ich jedoch auf meinem Wunsch beharrte, hat er mich schließlich angenommen.«

Auch bei einer Mysterieneinweihung wird dem Bewerber zunächst dringend abgeraten, sich einweihen zu lassen, und erst wenn er hartnäckig bleibt, wird er akzeptiert.[117] Ein buddhistischer Mönch erzählte mir von einem Mitbruder, der ins Kloster eintreten wollte, aber immer wieder abgewiesen wurde. Er blieb jedoch Tag und Nacht in Sonne und Regen ohne Essen und Trinken vor dem Kloster stehen, bis er schließlich eingelassen wurde.

Die Warnung des Alten hat nach meiner Meinung dieselbe Funktion: Die Ernsthaftigkeit des Königssohnes soll geprüft werden.

Die erfüllte Zeit gilt aber vor allem für die Prinzessin. Nachdem vorher alle Bewerber in den Dornen hängengeblieben sind, läßt sie jetzt den Prinzen zu sich herein. Sie ›blüht‹ ihm entgegen und begrüßt ihn mit Rosen. Sie nimmt ihn zu sich hinein, und hinter ihm schließt sich die Hecke wieder! Die Dornen gehören zur Prinzessin. Sie sind ein Teil ihrer Persönlichkeit. Sie öffnen sich nur für ihn – nicht für die andern. Daß die Hecke sich nach »hundert Jahren« öffnet, bedeutet, daß sie sich öffnet, als die Zeit zur Reife gekommen war. 100 ist eine Ganzheitszahl, genau wie 1,10 oder 1000. Im Unbewußten sind 1000 Jahre wie 1 Tag.[118] Die Quersumme all dieser Zahlen ist 1, und die 1 bedeutet Ganzheit, wie sie in Gott zum Ausdruck kommt.[119]

Als ›die Zahl erfüllt war‹, bedeutet auf die Psyche bezogen, daß die Zeit auch seelische Verbiegungen heilen kann. Manchmal reift die Heilung in der Stille. Während der Zeit der Reifung setzt im Unbewußten eine Gegenbewegung ein.[120] In mehreren Varianten zu unserem Märchen begattet der Prinz die schlafende Prinzessin.[121] In einer dieser Varianten gebiert sie beim Erwachen zwei Kinder mit den Namen Sonne und Mond. Das bedeutet, daß der Mond jetzt nicht mehr ausgeklammert, sondern integriert ist. Die mythologische Wurzel dieser Variante ist der Mythos von Leto, die von Hera verfolgt wird und im verborgenen Apoll (= Sonne) und Diana (= Mond) gebiert.[122] Ein jüdischer Midrasch erzählt, daß am Beginn der Schöpfung Sonne und Mond gleich groß gewesen sind. Doch dann sei durch ein schuldhaftes Geschehen der Mond verkleinert worden und die Sonne sei zum herrschenden Gestirn geworden. Gott verheißt jedoch, daß in der Zukunft die ursprüngliche Situation wiederhergestellt wird. Er sagt zum Mond: »Dereinst wirst du wieder wie die Sonne groß sein, und des Mondes Schein wird sein wie der Sonne Schein.«[123]

Vor dem Hintergrund dieser Prophetie bedeutet die Hochzeit zwischen dem Königssohn und Dornröschen nicht nur das Ganzwerden zweier Individuen, sondern auch das Heilwerden der Welt.

Der Froschkönig

Eine helle und eine dunkle Welt

*In den alten Zeiten, wo das Wünschen noch geholfen hat, lebte
ein König, dessen Töchter waren alle schön; aber die jüngste war
so schön, daß die Sonne selber, die doch so vieles gesehen hat,
sich verwunderte, sooft sie ihr ins Gesicht schien. Nahe bei dem
Schlosse des Königs lag ein großer dunkler Wald, und in dem
Walde unter einer alten Linde war ein Brunnen. Wenn nun der
Tag recht heiß war, so ging das Königskind hinaus in den Wald
und setzte sich an den Rand des kühlen Brunnens; und wenn sie
Langeweile hatte, so nahm sie eine goldene Kugel, warf sie in die
Höhe und fing sie wieder; und das war ihr liebstes Spielwerk.*

Das Märchen vom *Froschkönig* führt uns zurück in eine
Zeit, »wo das Wünschen noch geholfen hat«. Die Erzähle-
rin oder der Erzähler dieses Märchens ist anscheinend der
Meinung, dieses Wünschen helfe heute nicht mehr. Ich bin
gar nicht so sicher, daß dies stimmt. Ich bin im Gegenteil
der Meinung, Wünschen hilft auch heute noch. Man muß
nur wollen, was man will, dann kriegt man es auch. Wir
distanzieren uns viel zu oft von dieser Zeit, in der das
Wünschen noch geholfen hat, und deshalb hilft es auch
nicht mehr. Vielleicht wünschen wir uns alles mögliche,
und dann, wenn das Gewünschte in greifbare Nähe
kommt, so daß wir zugreifen können, dann greifen wir
nicht zu, weil wir in der Tiefe unseres Herzens nicht wollen, was wir wünschen!
In unserem Unbewußten haben wir anscheinend Blocka-
den, die wir mit einem bloßen Wollen nicht durchbrechen

oder überspringen können. Und wenn wir es täten, würde uns das nichts nützen, weil uns das Unbewußte wieder einholen würde. Und dann würden wir doch nicht wagen, das zu wollen, was wir eigentlich wollen. Wenn wir wirklich das wollen, was wir wollen, dann kriegen wir es auch. So lesen wir in der Bibel: »Habe deine Lust an Gott; der wird dir geben, was dein Herz sich wünscht.«[124] Und Jesus sagt: »Wenn ihr etwas bitten werdet in meinem Namen, dann werde ich es tun.«[125] Was heißt das? Jesus Christus ist ein Abbild Gottes. Er ist ein Symbol für unser wahres Selbst, für das, was wir eigentlich sind und wollen. Wenn wir in der Tiefe unseres Wesens übereinstimmen mit dem ›Christus in uns‹, dann stehen wir in Übereinstimmung mit Gott und mit dem, was wir eigentlich wollen. Dann wird das Erbetene auch in Erfüllung gehen.

Es ist also nicht so sicher, daß es ›alte‹ Zeiten waren, in denen das Wünschen noch geholfen hat, sondern wenn wir wirklich wollen, was wir wollen, dann bekommen wir es auch heute noch.

Der erste Satz des Märchens führt uns in eine strahlende Welt: Alle Töchter des Königs sind schön, die jüngste aber ist so schön, daß selbst die Sonne, die so vieles gesehen hat, sich darüber verwundert.

Es ist von einem König die Rede und von der Sonne – eine helle, strahlende Welt. Psychologisch ist das die Welt des Bewußtseins, in der die Sonne alles erleuchtet. Wir kennen uns aus in dieser Welt, wir wissen, worum es geht.

Neben dieser Welt liegt jedoch eine andere Welt. Nahe bei dem Schloß war ein großer dunkler Wald. In dem Wald, unter einer alten Linde, war ein Brunnen. Das ist eine ganz andere Welt. Die erste, vom König und von der Sonne geprägte, ist eine männliche, väterliche Welt, die Welt des Bewußtseins. Die zweite, von den Symbolen Wald, Linde und Brunnen geprägte Welt ist eine mütterliche, die Welt des Unbewußten. Wenn wir von einem Wald träumen, dann hat das in der Regel etwas mit unserem unbewußten Leben zu tun. Die Linde ist ein weiblicher Baum. Im alten griechischen Mythos von Philemon und Baucis wird der Mann in eine Eiche und die Frau in eine Linde verwandelt. Unsere Vorfahren hatten ihre Ratsversammlungen häufig unter einer Linde. Unter der Linde war häufig ein Brunnen (»Am Brunnen vor dem Tore, da steht ein Lindenbaum«). Ich bin in einer kleinen Stadt aufgewachsen, in der auf dem Platz in der Mitte der Stadt eine Linde stand. Es war ein großer Baum, und daneben war ein Brunnen. In früheren Zeiten wurde unter einer Linde Recht gesprochen. Lateinisch heißt unter der Linde *sub tiliae.* Das erinnert an unser Wort ›subtil‹. Wenn unter einer Linde Recht gesprochen wird, dann ist das eine ›subtile‹ Rechtsprechung, d. h., das weibliche Element kommt mit in den Rechtsspruch hinein, nicht nur die Welt der Paragraphen, nicht nur das, was formal ›recht‹ ist. Unter einer Linde, wo die Blätter rauschen und wo der Brunnen plätschert, da wird ›subtil‹ Recht gesprochen und nicht nach ›entweder – oder‹, nicht nach ›schuldig oder unschuldig‹, sondern nach dem, was dem Leben gerecht wird und nicht nur dem Gesetzbuch. Das ist also eine ganz andere Welt als die sonnenhafte Welt des Bewußtseins. Es ist eine weibliche Welt, die Welt des Unbewußten. Auch der Brunnen steht mit dem Unbewußten in Verbindung. Er gewährt Zugang zum Wasser, das ein Symbol des Unbewußten ist.

Es heißt nun, daß sich die Königstochter zurückzog, wenn es ihr zu heiß war oder wenn sie Langeweile hatte. Dann spielte sie mit einer goldenen Kugel. Symbolisch heißt das ›recht heiß‹, daß zuviel ›Sonne‹ da ist, zuviel von der Welt des Bewußtseins. Wenn wir zu sehr mit unserem ›Kopf‹,

d. h. mit unserem Bewußtsein, leben, dann ist es notwendig, daß wir uns ab und zu zurückziehen in die mütterliche Welt des Unbewußten, um dort neue Kräfte zu schöpfen.

Eine Verlusterfahrung

Nun trug es sich einmal zu, daß die goldene Kugel der Königstochter nicht in ihr Händchen fiel, das sie in die Höhe gehalten hatte, sondern vorbei in die Erde schlug und geradezu ins Wasser hineinrollte. Die Königstochter folgte ihr mit den Augen nach, aber die Kugel verschwand, und der Brunnen war tief, so tief, daß man keinen Grund sah. Da fing sie an zu weinen und weinte immer lauter und konnte sich gar nicht trösten.

Jetzt geschieht etwas, das gar nicht zur sonnenhaften und glücklichen Welt der Prinzessin paßt: Die goldene Kugel schlägt auf die Erde und versinkt im Wasser. Was bedeutet das? Die Kugel ist ein Symbol der Ganzheit.[126] Die goldene Kugel ist ein Symbol der sonnenhaften Ganzheit. Und diese Kugel versinkt jetzt im Brunnen. Für manche Menschen ist die Kindheit so eine sonnenhafte Ganzheit, eine Art Paradieswelt. Sie haben sie erlebt als eine Zeit der Geborgenheit. Sie hatten keine Verantwortung, weil die Eltern die Verantwortung trugen.

Ich sage, für *manche* Menschen ist das so. Es gibt jedoch auch Erwachsene, für die ihre Kindheit etwas Schreckliches war. Aber für einige Menschen ist wenigstens in der Rückerinnerung ihre Kindheit eine »heile« Welt. So auch in unserem Märchen. Es geht um eine kindliche Ganzheit, um die Sonnenwelt der kleinen Prinzessin. Die versinkende goldene Kugel zeigt an, daß diese kindliche Ganzheit jetzt zu Ende geht. Wenn eine Epoche im Leben zu Ende geht, dann erkennt man das manchmal an der ›Langeweile‹. Langeweile ist ein Zeichen, daß etwas nicht mehr fasziniert, daß wir Ausschau halten nach etwas Neuem. Die kindliche Ganzheit geht zu Ende, weil sie zu Ende gehen muß. Wir können nichts im Leben festhalten, sondern alles, was wir erleben, geht irgendwann einmal zu Ende – dadurch, daß etwas Neues, etwas Fremdes in diese heile Welt hereinbricht.

Wir lesen am Anfang der Bibel von einem wunderschönen Garten, wo die ersten Menschen sich ergehen und von den Früchten essen konnten. Doch dann kommt plötzlich etwas Fremdes, nämlich die Schlange, und die heile Welt wird gesprengt. Die Welt der Schlange ist eine Gegenwelt zur heilen Welt. Im griechischen Mythos von Demeter und Persephone wird erzählt, daß die kleine Persephone – ähnlich wie Rotkäppchen – Blumen auf einer wunderschönen Wiese pflückt. Doch plötzlich kommt der Gott der Unterwelt, raubt und entführt sie. Etwas Dunkles bricht in die ›heile‹ Welt dieses Kindes herein – störend und aufwühlend.

Wenn das Störelement in unser Leben einbricht, dann sehen wir rückblickend das bisherige Leben viel klarer, als wir es vorher gesehen hatten. Vielleicht entdecken wir dann, daß das ›Paradies‹ gar nicht so ideal war, wie wir es bisher gedacht hatten, sondern daß es Dinge gab, die nach Veränderung und Fortschritt riefen. Vielleicht meinten wir, wir hätten eine gute Ehe geführt. Doch dann bricht der Partner plötzlich aus, und wir fallen aus allen Wolken und merken: So ideal war unsere Ehe offenbar doch nicht. Oder es meint einer, er würde ein gutes und rechtes christliches Leben führen und Gott vertrauen, und dann trifft ihn ein Schicksalsschlag, oder er erleidet einen schmerzlichen Verlust und bemerkt plötzlich: So einfach ist es doch nicht mit dem Gottvertrauen. Es kann sein, daß dann eine Welt zusammenbricht.

Ebenso ist die Welt der Kindheit nur scheinbar eine heile Welt, auch für diejenigen, die ihre Kindheit positiv erlebt haben. In Wirklichkeit liegen jedoch in unserer Kindheit die Wurzeln unserer späteren Probleme und Konflikte. So auch hier: Die Kinderwelt der Prinzessin ist zwar eine schöne, aber gleichzeitig einseitige Welt. Eine Welt, in der das väterliche Prinzip dominiert; es ist nur vom König die Rede, nicht von einer Königin. Dies kann kein Zufall sein. In Märchen und Träumen gibt es keinen Zufall. Wenn eine Gestalt nicht vorkommt, dann fehlt sie, und wir können fragen, warum sie fehlt. Wenn eine Gestalt wie der König sehr präsent ist, dann hat dies eine bestimmte Bedeutung: Es ist eine einseitige Welt, in der die Mutter fehlt. Die kindliche Ganzheit ist somit eine subjektive Ganzheit, sie ist eine Heilserfahrung inmitten einer unheilen Welt.

Das gibt es, daß wir inmitten einer unheilen Welt ein Stück Heil erfahren. Er kann jedoch auch ein ›Schein‹-Heil sein. Es begegnen mir immer wieder Menschen, die in einer solchen einseitigen Welt aufgewachsen sind, in der die Mutter fehlte – auch wenn sie äußerlich da war. Es fehlten dieser Welt die mütterlichen Qualitäten. Es fehlten bei allem äußeren Glanz die Geborgenheit und die Wärme. Sehr oft ist ja der äußere Glanz (z. B. der Lebensstandard) Ersatz für fehlende Wärme. Mütterliche Wärme kann man jedoch nicht durch äußere Dinge ersetzen.

Die Welt der Prinzessin wird vom Bewußtsein dominiert, von der Sonne, vom Vater, vom Gold. Das Herz kommt zu kurz in einer solchen Welt. Die Welt des sonnenhaften Bewußtseins ist keine Welt, in der die Mächte des Unbewußten sich zeigen dürfen. In dieser Welt ist niemand da, der ein Ohr hat für die verborgenen Ängste und Freuden, für die Aggressionen und für die Trauer. Niemand ist da, der sich dafür interessiert und daran Anteil nimmt. Das wird auch deutlich an der Tatsache, daß das Mädchen sich immer wieder, wenn es zu heiß wird, wenn diese väterliche Welt gar zu übermächtig wird, zurückzieht in die mütterliche Welt des Unbewußten. Es geht in den *Wald* zur *Linde* und zum *Brunnen*.

Und dort beginnt nun die Wandlung. Dort beginnt der Zerbruch der alten Welt, damit etwas Neues entstehen kann. Das Neue, das entsteht, ist auch nicht das letzte. Es wird eine Etappe sein im Leben, und dann kommt wieder eine Etappe. Leben heißt immer wieder Abschied nehmen und immer wieder neu anfangen. Das Abschiednehmen ist hier sehr deutlich ausgedrückt, indem die goldene Kugel verlorengeht. Die Ganzheit einer Etappe geht zu Ende. Es ist ein Abschied vom Bisherigen. Das heißt nicht, daß das Bisherige schlecht war – im Gegenteil, es ist ja eine goldene Kugel. Aber es ist das Überholte, was nicht mehr gültig ist. Es war einmal wertvoll, aber jetzt ist es überholt. So sagt Jesus in der Bergpredigt: »Zu den Alten ist gesagt … ich aber sage euch …«[127] Zu den Alten ist etwas gültig gesagt, aber jetzt gilt etwas anderes. Das ist immer so. Wenn eine neue Etappe beginnt, dann ist das, was bisher gültig war, nicht mehr gültig und muß zurückgelassen werden.

In Tibet werden wunderschöne Ganzheitsbilder gemalt, sogenannte Mandalas. Tibetische Mandalas bestehen aus vielen Einzelmandalas. So ist unser Leben: viele Einheiten, die in sich abgeschlossen sind. Um das ganze Bild zu gestalten, müssen neue Einheiten hinzugefügt werden. So nehmen wir immer wieder Abschied von Lebensetappen, die zu Ende gehen, wir nehmen Abschied von unserer

Kindheit, von unserer Jugend, von Freunden und von manchem anderem.

Wenn wir das Bisherige entschwinden sehen, dann geht es uns vielleicht wie dem Mädchen, es beginnt zu weinen und trauert der Kugel nach. Es sieht, wie die Kugel entschwindet, und weint immer lauter und kann sich gar nicht trösten. Es ist gut, wenn wir so Abschied nehmen, daß wir dem Bisherigen Emotionen mitgeben, nicht einfach einen Stich darunter ziehen. Es ist verständlich, daß wir dem Entschwindenden nachtrauern. Epoche um Epoche unseres Lebens entschwindet und versinkt. Dazu gehören auch Menschen, die uns eine Zeitlang begleitet haben. Wenn der Lebensrhythmus eines Menschen jedoch anders ist als der unsere, dann wird aus dem Miteinander ein Nebeneinander. Dann muß jeder seinen eigenen Weg gehen. Jeder muß seinem eigenen Lebensrhythmus folgen. Das ist oft ein Grund zu Wehmut und Trauer. Es ist verständlich, wenn wir der entschwindenden Kugel nachtrauern.

Ein unechter Handel

Und wie sie so klagte, rief ihr jemand zu: »Was hast du vor, Königstochter, du schreist ja, daß sich ein Stein erbarmen möchte.« Sie sah sich um, woher die Stimme käme. Da erblickte sie einen Frosch, der seinen dicken, häßlichen Kopf aus dem Wasser streckte. »Ach, du bist's, alter Wasserpatscher«, sagte sie, »ich weine über meine goldene Kugel, die mir in den Brunnen gefallen ist.« – »Sei still und weine nicht«, antwortete der Frosch, »ich kann wohl Rat schaffen, aber was gibst du mir, wenn ich dein Spielwerk wieder heraufhole?« – »Was du haben willst, lieber Frosch«, sagte sie, »meine Kleider, meine Perlen und Edel-

steine, auch noch die goldene Krone, die ich trage.« Der Frosch
antwortete: »Deine Kleider, deine Perlen und Edelsteine und
deine goldene Krone, die mag ich nicht. Aber wenn du mich liebhaben willst, und ich soll dein Geselle und Spielkamerad sein, an
deinem Tischlein neben dir sitzen, von deinem goldenen Tellerlein essen, aus deinem Becherlein trinken, in deinem Bettlein
schlafen: wenn du mir das versprichst, so will ich hinunterstei-
gen und dir die goldene Kugel wieder heraufholen.« – »Ach ja«,
sagte sie, »ich verspreche dir alles, was du willst, wenn du mir
nur die Kugel wiederbringst.« Sie dachte aber: Was der einfälti-
ge Frosch schwätzt, der sitzt im Wasser bei seinesgleichen und
quakt und kann keines Menschen Geselle sein.

Der Frosch, als er die Zusage erhalten hatte, tauchte seinen Kopf
unter, sank hinab, und über ein Weilchen kam er wieder herauf-
gerudert, hatte die Kugel im Maul und warf sie ins Gras. Die
Königstochter war voller Freude, als sie ihr schönes Spielwerk
wieder erblickte, hob es auf und sprang damit fort.

Eine goldene Kugel geht verloren, ein Frosch kommt. Das scheint ein schlechter Tausch zu sein! Die Froschwelt ist der Sonnenwelt der Prinzessin völlig entgegengesetzt. Die Prinzessin kommt aus einer sonnenhaften, väterlichen Welt, der Frosch aus einer mondhaften, mütterlichen Welt. Wir erfahren später, daß der Frosch von einer Hexe verzaubert worden ist. Von einem Vater hören wir nichts. Es war nur eine ›Hexe‹ da und kein Vater. Daß der Frosch von ihr verzaubert worden ist, heißt tiefenpsychologisch betrachtet, daß der Frosch einen negativen Mutterkomplex hat. Während bei der Prinzessin der Vater übermächtig ist, ist beim Frosch die Mutter übermächtig, und zwar in einer negativen Gestalt. Sie wird als Hexe erlebt.

Wenn einer einen negativen Mutterkomplex hat, ist das Hauptmerkmal das Gefühl: »Ich habe nur dann eine Daseinsberechtigung, wenn ich etwas leiste.« Statt Liebe und Geborgenheit herrscht Einsamkeit und Kargheit. Man muß ständig etwas für die andern tun, damit sie einen annehmen, sonst gehört man nicht dazu. Man hat ständig Sehnsucht nach der heilen Welt der andern, und man erlangt sie doch nicht, trotz aller Anstrengung. Alles muß mit Leistung bezahlt werden, besonders Zuneigung und Liebe. Das ist der Grundirrtum eines Menschen mit einem negativen Mutterkomplex, daß er meint, er könne Liebe und Zuneigung mit Leistung erkaufen. Gefühle kann man nicht kaufen, auch nicht mit Wohltaten! Manchmal erreicht man sogar das Gegenteil, und man wird dem, dem man etwas zuliebe tun will, lästig, und er weist einen noch mehr zurück.

So versucht der Frosch, indem er etwas tut, indem er schwere Arbeit leistet, die Liebe und die Zuneigung der Prinzessin zu erlangen. Der Frosch weiß nicht, daß es so nicht geht. Der kalte Frosch, der in der Welt einer kalten

Mutter aufgewachsen ist, sehnt sich nach Geborgenheit und Wärme, die er bei der Prinzessin vermutet. Er will nichts Äußerliches. Er will nicht Gold und Edelsteine, sondern der Gespiele der Prinzessin sein, mit ihr essen und trinken und mit ihr schlafen. Er will sich mit der Gegenwelt, die er für positiv hält, vereinigen. Der Frosch will die Liebe der Prinzessin erkaufen. Die Prinzessin geht scheinbar auf diesen Handel ein, aber sie meint es nicht ernst. Sie will die goldene Kugel haben, aber nicht den Frosch. Der Irrtum des Frosches liegt darin, daß er meint, er könnte sich Wärme und Liebe erkaufen, und die Prinzessin meint irrtümlich, sie könnte die goldene Kugel wieder erlangen ohne den Frosch. Dies ist der Grund, warum so viele Ehen scheitern: weil jeder die goldene Kugel, aber keiner den Frosch will, weder den Froschmann noch die Froschfrau. Die goldene Kugel, das Symbol der Ganzheit, ist jetzt in der Tiefe des Brunnens, d. h. in der Tiefe des Unbewußten, verborgen, und wir können sie nicht wieder erlangen ohne den Frosch.

Der Frosch ist häßlich und garstig. Die goldene Kugel, d. h. unsere Ganzheit, ist unlöslich mit dem verbunden, was wir als häßlich und garstig ablehnen. Wenn wir jedoch das annehmen, was wir in uns ablehnen, erlangen wir die goldene Kugel. Aber das Mädchen weiß dies nicht. Es meint, es könne die goldene Kugel auch ohne den Frosch haben. Der Frosch strengt sich an, um den Wunsch seiner Prinzessin zu erfüllen. Er erhält aber nicht den erwarteten Lohn, sondern sie springt ihm davon.

Die Auseinandersetzung mit dem Unbewußten

»Warte, warte«, rief der Frosch, »nimm mich mit, ich kann nicht so laufen wie du!« Aber was half es ihm, daß er ihr sein »Quak,

quak« so laut nachschrie, als er konnte! Sie hörte nicht darauf, eilte nach Haus und hatte bald den armen Frosch vergessen, der wieder in seinen Brunnen hinabsteigen mußte.

Am andern Tage, als sie mit dem König und allen Hofleuten sich zur Tafel gesetzt hatte und von ihrem goldenen Tellerlein aß, da kam, plitsch, platsch, plitsch, platsch, etwas die Marmortreppe heraufgekrochen, und als es oben angelangt war, klopfte es an die Tür und rief: »Königstochter, jüngste, mach mir auf!« Sie lief und wollte sehen, wer draußen wäre; als sie aber aufmachte, so saß der Frosch davor. Da warf sie die Tür hastig zu, setzte sich wieder an den Tisch, und es war ihr ganz angst.

Der König sah wohl, daß ihr das Herz gewaltig klopfte, und sprach: »Mein Kind, was fürchtest du dich, steht da etwa ein Riese vor der Tür und will dich holen?« – »Ach, nein«, antwortete sie, »es ist kein Riese, sondern ein garstiger Frosch.« – »Was will der Frosch von dir?« – »Ach, lieber Vater, als ich gestern im Wald bei dem Brunnen saß und spielte, da fiel meine goldene Kugel ins Wasser. Und weil ich so weinte, hat sie der Frosch wieder heraufgeholt, und weil er es durchaus verlangte, so versprach ich ihm, er sollte mein Geselle werden; ich dachte aber nimmermehr, daß er aus seinem Wasser herauskönnte. Nun ist er draußen und will zu mir herein.« Indem klopfte es zum zweitenmal und rief:

> »Königstochter, jüngste,
> mach mir auf,
> weißt du nicht, was gestern
> du zu mir gesagt
> bei dem kühlen Brunnenwasser?
> Königstochter, jüngste,
> mach mir auf.«

Da sagte der König: »Was du versprochen hast, mußt du auch halten; geh nur und mach ihm auf.« Sie ging und öffnete die Tü-

re, da hüpfte der Frosch herein, ihr immer auf dem Fuße nach, bis zu ihrem Stuhl. Da saß er und rief: »Heb mich herauf zu dir.« Sie zauderte, bis es endlich der König befahl. Als der Frosch erst auf dem Stuhl war, wollte er auf den Tisch, und als er da saß, sprach er: »Nun schieb mir dein goldenes Tellerlein näher, damit wir zusammen essen.« Das tat sie zwar, aber man sah wohl, daß sie's nicht gerne tat. Der Frosch ließ sich's gut schmecken, aber ihr blieb fast jeder Bissen im Halse. Endlich sprach er: »Ich habe mich satt gegessen und bin müde; nun trag mich in dein Käm- merlein und mach dein seiden Bettlein zurecht, da wollen wir uns schlafen legen.« Die Königstochter fing an zu weinen und fürchtete sich vor dem kalten Frosch, den sie nicht anzurühren getraute und der nun in ihrem schönen reinen Bettlein schlafen sollte. Der König aber ward zornig und sprach: »Wer dir gehol- fen hat, als du in der Not warst, den sollst du hernach nicht ver- achten.« Da packte sie ihn mit zwei Fingern, trug ihn hinauf und setzte ihn in eine Ecke. Als sie aber im Bett lag, kam er ge- krochen und sprach: »Ich bin müde, ich will schlafen so gut wie du; heb mich herauf, oder ich sag's deinem Vater.« Da ward sie erst bitterböse, holte ihn herauf und warf ihn aus allen Kräften wider die Wand: »Nun wirst du Ruhe haben, du garstiger Frosch.«

Das ist die ständige Erfahrung eines Froschmannes (und einer Froschfrau), der sich bemüht, die Liebe eines Men- schen durch Leistung zu erlangen. Der Mensch springt ihm immer wieder davon, und er ruft vergeblich: »Warte, warte, nimm mich mit!«

Aber auch die Prinzessin hat Probleme mit dem Frosch. Als Wasser- und Landtier ist der Frosch Symbol für Inhal- te des Unbewußten, die sich im Bewußten bemerkbar ma- chen. Wer sich einmal mit dem Unbewußten eingelassen hat, den läßt es so schnell nicht mehr los. Das Unbewußte läuft der Prinzessin nach. Es läuft mitten hinein in die ›heile‹ Welt und klopft an die Tür, es geht aus der Tiefe die Treppe hinauf in den königlichen Saal, es ist überall mit dabei. Eine neue Ganzheit ist ohne Frosch nicht mehr zu erlangen. Die Ganzwerdung gelingt nicht ohne Frosch. Der gehört mit dazu.

Für den Frosch geht es aber auch nicht ohne die Prinzessin. Später heißt es: »Nur sie konnte ihn erlösen«; d. h., ohne unser Bewußtsein kann unser Unbewußtes nicht erlöst werden, sowenig wie ohne Unbewußtes unser Bewußtsein erlöst werden kann. Beides ist aufeinander bezogen, beides ergibt die Ganzheit. Die Prinzessin hat also keine Ruhe mehr vor dem aufdringlichen Frosch. Das aufdringliche Unbewußte ist überall mit dabei, beim Essen und Schlafen, es verhindert die Regression, den Rückschritt in die schöne Welt der Prinzessin.

Die Aufdringlichkeit des Frosches wird besonders eindrücklich unterstrichen in einer ostdeutsch-polnischen Variante unseres Märchens. Dort *singt* der Frosch jeweils seine Forderungen in einer leiernden, penetranten Melodie – und zwar fünfmal:

> »Mach mir auf, mach mir auf,
> Dem König seine jüngste Tochter.
> Da ich auf dem Brünnlein saß,
> Da du mir die Eh' versprachst,
> Dem König seine jüngste Tochter.
>
> Mach mir Ess'n, mach mir Ess'n,
> Dem König seine jüngste Tochter.
> Da ich auf dem Brünnlein saß,
> Da du mir die Eh' versprachst,
> Dem König seine jüngste Tochter!

Komm mit mir essen, komm mit mir essen,
Dem König seine jüngste Tochter.
Da ich auf dem Brünnlein saß,
Da du mir die Eh' versprachst,
Dem König seine jüngste Tochter!

Mach mir's Bett, mach mir's Bett,
Dem König seine jüngste Tochter.
Da ich auf dem Brünnlein saß,
Da du mir die Eh' versprachst,
Dem König seine jüngste Tochter!

Komm mit mir schlafen, komm mit mir
schlafen,
Dem König seine jüngste Tochter.
Da ich auf dem Brünnlein saß,
Da du mir die Eh' versprachst,
Dem König seine jüngste Tochter!«[128]

Der Frosch ist schon unerhört aufdringlich und ›unsensi-
bel‹. Er will mit der Prinzessin essen und schlafen, ohne
sich um ihre Gefühle zu kümmern. Sie will deshalb mit
diesem ›garstigen‹ Frosch nicht zu tun haben. Da verbün-
det sich der Frosch mit dem Vater. Das ist für einen
›Froschmann‹ typisch. Er pocht auf sein vermeintliches
männliches Recht und macht der Prinzessin ständig ein
schlechtes Gewissen (wir merken, wie hier Erfahrungen
von Generationen in die Märchenbilder eingeflossen
sind!). Er ist zufrieden, wenn er dem äußeren Anschein
nach das bekommt, was er sich wünscht. Und wenn er das
nicht bekommt, dann will er sie sogar verpetzen: »Heb
mich auf, sonst sag ich's dem Vater.« Doch das ist für die
Prinzessin zuviel. Jetzt wirft sie ihn mit aller Kraft an die

Wand und schreit: »Nun wirst du Ruhe haben, du garstiger Frosch!«

Es gibt zwei Reaktionen auf diese Handlung des Mädchens. Die eine Reaktion: Der arme Frosch! So darf man doch nicht mit einem Helfer umgehen. Er hat schließlich die goldene Kugel aus dem Brunnen geholt. Es gab doch eine klare Abmachung, und die Prinzessin muß sich jetzt daran halten. Sie kann ihn doch nicht an die Wand werfen! Wer A sagt, muß auch B sagen. Sie muß jetzt in den sauren Apfel beißen.

Die andere Reaktion: Endlich steht die Prinzessin zu ihren Gefühlen. Endlich hat sie den Mut, ›böse‹ zu sein. Endlich handelt sie gegen den übermächtigen Vater, endlich gegen das, was man von ihr erwartet. Endlich ist sie nicht mehr angepaßt. Es ist ja gar nicht wahr, daß man B sagen muß, wenn man A gesagt hat. Wenn es unsinnig war, A zu sagen, dann braucht man nicht noch einen zweiten Unsinn zu machen, indem man B sagt!

Mir steht jetzt eine ganz bestimmte Frau vor Augen. Vierzig Jahre lang lebte sie angepaßt. Sie hat immer getan, was die andern wollten. Doch dann erkrankte sie plötzlich schwer. Da ist sie aufgewacht und hat gewußt: Jetzt muß ich endlich etwas für meine eigene Seele tun. Ihr Leben bekam nun eine neue Grundmelodie: »Ich tue das, was ich jetzt will, ohne mich um die Meinung der andern zu kümmern.« Diese Frau hat äußere Armut auf sich genommen, weil sie nicht mehr nur für andere arbeiten wollte. Sie wollte vor allem etwas für ihre Seele tun. Sie wußte: Jetzt muß ich meiner Seele alle Aufmerksamkeit schenken und nicht dem, was man von mir erwartet. Jene Frau ist aufgeblüht wie eine Rose. Sie geht jetzt ihren eigenen Weg. (Auch die Erzählung *Die unwürdige Greisin* von Bert Brecht ist ein Beispiel für eine Frau, die entgegen dem, was die

118

Umwelt von ihr erwartet, ihren eigenen Weg geht.) So geht jetzt auch die Prinzessin ihren Weg und tut das, was ›man‹ nicht tut. Sie will jetzt nicht mehr das goldene Sonnenkind sein. Sie will nicht mehr brav und unschuldig sein, sie hat den Mut, zu ihrer dunklen Tiefe und zu ihren Aggressionen zu stehen. Indem sie das tut, entsteht eine unerhörte Energie, die vorher vor lauter Bravsein abgeblockt war. Sie wagt es jetzt, dem zornigen Vater und König zu trotzen. Das ist ein schwerer Schritt. Denn hinter dem Vaterkönig steht das Bild eines Gottes, der sagt: »Du sollst und du sollst nicht!« Die Gebote dieses Gottes sitzen bei vielen Menschen unheimlich tief, und sie haben Angst vor dem Zorn des Vaters oder des Vatergottes. Viele lassen ihr Leben eher verstümmeln, als daß sie es wagen, gegen diese Autorität zu handeln.[129]

Viele ducken sich, passen sich an und werden dadurch nicht nur an sich selbst, sondern auch am ›Frosch‹ schuldig, der dadurch nicht verwandelt wird. Die Prinzessin wagt es jedoch, zu ihren Gefühlen zu stehen und – was noch schwerer ist – andere zu verletzen. Endlich beißt sie nach außen und nicht mehr nach innen. Viele Menschen werden krank, weil sie immer sich selbst beißen statt die andern. Das ist in jeder seelischen Entwicklung ein entscheidender Schritt, wenn ein Mensch es wagt, andere Menschen, die sein Leben verfremden, zu verletzen und dabei zu riskieren, daß sich die Verletzten zurückziehen, abwenden oder gar zu Feinden werden. Dies ist das Risiko, das man eingeht. So wichtig einerseits die Rücksichtnahme auf andere Menschen ist, sooft kann sie andererseits Feigheit sein, wenn wir z. B. nicht wagen, unseren eigenen Weg zu gehen und uns zu wehren gegen diejenigen, die uns daran hindern wollen. Wenn wir unseren eigenen Weg gehen, dann gehört es mit dazu, daß andere uns nicht verstehen und daß wir sie verletzen. Jesus hat auch seine Mutter verletzt. Er hat ihr nicht erspart, daß »ein Schwert durch ihre Seele« gedrungen ist,[130] und seine Anhänger haben gesagt: »Das ist eine harte Rede; wer kann sie ertragen?« und haben sich von ihm abgewandt.[131] Aber letztlich dient diese Verletzung auch dem Heil des ›Frosches‹.

Das zeigt uns der Fortgang des Märchens. Eine falsche Rücksichtnahme wäre Rücksichtslosigkeit gegenüber dem Frosch gewesen, und der Frosch hätte sich nicht verwandelt. Wenn wir den Mut nicht aufbringen, den eigenen Weg zu gehen, auch wenn wir andere dabei verletzen, versäumen wir unser Heil und das der andern.

Die neue Ganzheit

Als er aber herabfiel, war er kein Frosch, sondern ein Königssohn mit freundlichen Augen. Der war nun nach ihres Vaters Willen ihr lieber Geselle und Gemahl. Da erzählte er ihr, er wäre von einer bösen Hexe verwünscht worden und niemand hätte ihn aus dem Brunnen erlösen können als sie allein; und morgen wollten sie zusammen in sein Reich gehen. Dann schliefen sie ein, und am andern Morgen, als die Sonne sie aufweckte, kam ein Wagen herangefahren, mit acht weißen Pferden bespannt, die hatten weiße Straußenfedern auf dem Kopf und gingen in goldenen Ketten, und hinten stand der Diener des jungen Königs, das war der treue Heinrich. Der treue Heinrich hatte sich so betrübt, als sein Herr war in einen Frosch verwandelt worden, daß er drei eiserne Bande hatte um sein Herz legen lassen, damit es ihm nicht vor Weh und Traurigkeit zerspränge. Der Wagen aber sollte den jungen König in sein Reich abholen; der treue Heinrich hob beide hinein, stellte sich wieder hinten auf und war voller Freude über die Erlösung. Und als sie ein Stück Wegs gefahren waren, hörte der Königssohn, daß es hinter ihm krachte, als wäre etwas zerbrochen. Da drehte er sich um und rief:

> *»Heinrich, der Wagen bricht.«*
> *»Nein, Herr, der Wagen nicht,*
> *es ist ein Band von meinem Herzen,*
> *das da lag in großen Schmerzen,*
> *als Ihr in dem Brunnen saßt,*
> *als Ihr eine Fretsche wast.«*

Noch einmal und noch einmal krachte es auf dem Weg, und der Königssohn meinte immer, der Wagen bräche, und es waren doch nur die Bande, die vom Herzen des treuen Heinrich absprangen, weil sein Herr erlöst und glücklich war.

Für den Frosch bedeutet dieses ›An-die-Wand-geknallt-Werden‹ eine gewaltige Erschütterung. Endlich merkt er: Die Prinzessin ist nicht das Sonnenkind, das Spielkätzchen, das gute Mütterchen, das dazu da ist, die Wünsche und Bedürfnisse des ›Froschmanns‹ zu befriedigen, sondern sie ist eine eigene Persönlichkeit, die sich nicht vergewaltigen läßt. Sie läßt sich nicht gegen ihren Willen gebrauchen und mißbrauchen.

Das ist für viele ›Froschmänner‹ eine gewaltige Desillusionierung. Nun wird ja nicht jeder Froschmann, der an die Wand geknallt wird, ein Königssohn. Aber er könnte es werden, wenn er die Herausforderung ernst nähme! Doch leider ergreifen nicht alle ›Froschmänner‹ diese Chance. Es gibt viele, die sich in eine Schmollecke zurückziehen, in eine Depression fallen oder sich rächen. Unser Märchen zeigt eine bessere Möglichkeit: Der selbstsüchtige ›Froschmann‹ nimmt die Herausforderung an und wird verwandelt. Er macht etwas aus der Erfahrung des Leids und findet zu seinem wahren Wesen. Es gibt keine echte Ganzwerdung ohne Leid-Erfahrung. Unsere leidvollen Erfahrungen sind der eigentliche Motor, der unser Leben vorantreibt. Der ›Froschmann‹ sagt ja zu dieser neuen Wegstrecke. Im wirklichen Leben geht das natürlich sehr viel langsamer. Normalerweise muß ein ›Froschmann‹ oft ›an die Wand geknallt‹ werden und auf den Boden der Realität zurückfallen, bis die Verwandlung gelingt.

Und dann kommt die Hochzeit. Da heißt es nun: »Da war er nun nach ihres Vaters Willen ihr lieber Geselle und Gemahl.« Jetzt ist der Vater plötzlich einverstanden (natürlich ist die Prinzessin auch einverstanden!). Was bedeutet das? Es heißt, daß sich mit der neuen Selbsterfahrung der Prinzessin auch ihr Vaterbild (und das heißt: ihr Gottesbild) verändert hat. Vorher war es ein moralischer Vater, der von der Prinzessin verlangte, auch gegen ihr Gefühl zu handeln. Es war ein ›Über-Ich‹-Vater. Jetzt ist der Wille des Vaters konform mit dem, was auch die Prinzessin will. Viele Menschen haben – solange sie angepaßt leben – eine völlig falsche Vorstellung von Gott und vom Willen Gottes. Sie meinen, der Wille Gottes sei das, was sie *nicht* wollen. Der Wille Gottes ist jedoch im Gegenteil das, was wir selber zutiefst im Herzen wollen. Der Wille Gottes ist identisch mit unseren Herzenswünschen.[132] Zur neuen Ganzheit gehört auch die neue Gotteserfahrung: Gott will das, was auch ich will. In diesem Märchen wird das so ausgedrückt, daß der Wille des Vaters identisch ist mit dem Willen der Prinzessin. Die Prinzessin will jetzt, was ihr wahres Selbst will – und da bekommt sie es auch. Wir müssen nur wirklich wollen, was wir wollen.

Eigentlich könnte das Märchen an dieser Stelle aufhören. Aber es ist noch nicht zu Ende, sondern jetzt kommt eine neue Gestalt ›angefahren‹: der treue Heinrich. Und er fährt ganz gewaltig auf: Er kommt am Morgen, als die Sonne aufgegangen war, mit acht weißen Pferden, die weiße Straußenfedern auf dem Kopf tragen und in goldenen Ketten gehen. Die Sonne und das Gold erinnern an den Anfang des Märchens. Und doch ist jetzt alles anders: Der junge König ist nun nicht mehr der von der Hexe beherrschte Frosch und die Prinzessin nicht mehr das von einem moralischen Vater beherrschte angepaßte kleine Mädchen, sondern es ist eine neue Ganzheit entstanden. Das wird ausgedrückt durch die Erwähnung der Zahl Acht. Die Acht ist eine Auferstehungszahl. Der ›achte‹ Tag der Woche ist gleichzeitig der erste Tag der neuen Woche.[133] Der achte Tag ist immer auch der erste, und deshalb wird die liegende Acht als Zeichen der Unendlichkeit verwendet. Die Acht ist das Ende und der Anfang, und das bedeutet die Unendlichkeit. Die weißen Pferde und die weißen Straußenfedern symbolisieren den Neuanfang. Weiß ist die Auferstehungsfarbe, die Osterfarbe. Neues Leben ist entstanden. Die Pferde symbolisieren die irdische, erdgebundene Energie, die Straußenfedern die geistige, himmlische Energie. Und im Wagen sitzen der junge König und die junge Königin. Es geht um eine neue Ganzheit, um das Zusammenspiel zwischen dem Irdischen und dem Himmlischen, zwischen dem Männlichen und dem Weiblichen.

Und wen symbolisiert der treue Heinrich? Die Überschrift des Märchens verrät es. In der Grimmschen Sammlung heißt es: *Der Froschkönig oder Der eiserne Heinrich.* Es handelt sich um dieselbe Gestalt in einem anderen Bild. So verhält es sich auch, wenn wir träumen. Wenn wir zwei oder mehr Träume in derselben Nacht haben, dann wird im zweiten oder folgenden Traum oft dieselbe Problematik in einer anderen Gestalt oder in einem anderen Bild dargestellt.

Die Verzauberung des Froschkönigs bestand darin, daß der Königssohn sein Herz in Fesseln gelegt hatte. Er hatte sich abgepanzert gegen die Erfahrung des Schmerzes, daß die warme Welt der Mutter fehlte – keine Nestwärme vorhanden war. Das kann ein Kind nicht ertragen, und so hat sich der kleine Prinz abgepanzert und ist zu einem ›Frosch‹ geworden. Viele Menschen panzern sich ab, sie legen ihr Herz in Fesseln und agieren nur noch in der vordergründigen, bewußten Welt und werden dann kalt und seelenlos, berechnend und leistungsorientiert. Sie haben eiserne Bande um ihr Herz gelegt. So auch der Froschkönig. Er hat seine warmen Gefühle abgeklemmt und ist deshalb zum Frosch geworden, zum kalten, berechnenden Frosch, der sich äußerlich das aneignen will, was er innerlich nicht zuläßt. Als Folge der leidvollen Erfahrung, mit der die Wandlung verbunden war, werden nun seine Gefühle frei. Nicht auf einmal, sondern allmählich. Das wird im Märchen durch das dreimalige Krachen ausgedrückt, d. h., es ›kracht‹ immer wieder. Und jedesmal hat der junge König den Eindruck, daß sein Lebensgefährt zerbricht. Das ist der Eindruck eines Menschen, der sich zeitlebens abgepanzert hat und sich jetzt plötzlich öffnet. Da bricht eine Welt zusammen. Aber der Lebenswagen zerbricht nicht, sondern wenn es kracht, dann wird der Panzer gesprengt. Der Lebenswagen geht dabei nicht in die Brüche. Im Gegenteil – jetzt geht die Fahrt erst richtig los.

Reif werden

Das Erdmännchen

Ein erster Schritt in die Autonomie

Es war einmal ein reicher König, der hatte drei Töchter. Die gingen alle Tage in dem Schloßgarten spazieren, und der König, der ein großer Liebhaber von allerhand wackeren Bäumen war, hatte einen Baum ganz besonders lieb, und denjenigen, der ihm einen

Apfel davon pflückte, den verwünschte er hundert Klafter unter die Erde. Als es nun Herbst war, da wurden die Äpfel an dem Baum so rot wie Blut. Die drei Töchter gingen alle Tage unter den Baum und sahen zu, ob nicht der Wind einen Apfel heruntergeschlagen hätte, aber sie fanden ihr Lebtag keinen, und der Baum saß so voll, als ob er brechen wollte, und die Zweige hingen bis auf die Erde. Da bekam das jüngste Königskind ein gewaltiges Gelüst, und es sagte zu seinen Schwestern: »Unser Vater, der hat uns viel zu lieb, als daß er uns verwünschen täte. Ich glaube, das hat er nur wegen der fremden Leute gesagt.« Und zugleich pflückte das Kind einen ganz dicken Apfel ab und sprang vor seinen Schwestern her und sagte: »Ah, nun schmeckt mal, meine lieben Schwestern; nun hab' ich doch mein Lebtag noch nicht so was Schönes gekostet.« Da bissen die beiden anderen Königstöchter auch in den Apfel, und da versanken sie alle drei tief unter die Erde, daß kein Hahn mehr nach ihnen krähte.

Wenn ein Märchen sagt: »Es war einmal«, dann führt uns dieses Märchen in einen Bereich, in dem man nicht genau sagen kann, *wann* etwas geschah. Es ist der Bereich der Zeitlosigkeit oder der großen Gleichzeitigkeit, in dem Feen und Zauberer, Hexen und redende Tiere, Zwerge und Riesen leben. Es handelt sich um den Bereich des Unbewußten.

Daneben gibt es im Märchen jedoch auch die Welt des Bewußtseins, die Welt der Realität, die wir alle kennen. In diesem Bereich herrscht ein König, von dem wir hier den Eindruck haben, daß er seine Äpfel mehr liebt als seine Töchter. Ein einziger Apfel ist für ihn wertvoller als ein Mensch. Eher soll ein Mensch verschwinden als ein Apfel!

Der *König* ist Symbolfigur für das kollektive Bewußtsein, für das, was üblich ist, was ›man‹tut. Der König in diesem

Märchen ist *reich*. Im kollektiven Bewußtsein spielen also der Wohlstand und das Geld eine wichtige Rolle. Der *reiche* König könnte somit Symbolfigur für unsere materialistische, westliche Wohlstandswelt sein. Wir merken: Dieses »Es war einmal« ragt hinein bis in unsere Gegenwart.

Der König hat zwar drei Töchter, aber von einer Königin ist nicht die Rede. Wenn in Märchen oder Träumen eine Figur nicht erwähnt wird, dann ist das wie gesagt kein Zufall, sondern bedeutsam. In unserem Märchen fehlt die weibliche Gefühlsseite, die das männliche Vernunftprinzip ergänzt. Die Welt des reichen Königs ist somit eine kalte, berechnende, männliche Welt, der das warme Gegengewicht des Weiblichen fehlt.

Die drei Töchter sind kein Gegengewicht, sondern ›Untergebene‹. Im kollektiven Bewußtsein ist das weibliche Element dem männlichen untergeordnet. Wir befinden uns somit in einer patriarchalischen Welt.

Die Töchter gehen alle Tage im Schloßgarten spazieren. Sie haben also eine Beziehung zur Natur, zum vegetativen Bereich. Man kann den Eindruck bekommen, daß der Garten die fehlende Mutter ersetzt. Der fruchtbare und nährende Garten ist ein Symbol für den positiven mütterlichen Bereich.

Der König hat ebenfalls eine Beziehung zum Garten – aber eine andere als die Töchter. Er lebt in der Welt des Habens und des Festhaltens. Psychologisch ausgedrückt ist er fixiert in der analen Phase, in der es um die Problematik des Festhaltens geht.

Auch in der Bibel begegnen uns solche Gestalten, die nicht loslassen können, sondern ihren Besitz für sich allein haben wollen. So berichtet Jesus von einem reichen Bauern, der größere Scheunen bauen will, damit er die reiche Ernte für sich allein behalten kann.[134] Oder er erzählt von einem reichen Jüngling, der sein eigentliches Lebensziel verfehlt, weil er zu sehr an seinem Reichtum hängt und ihn nicht loslassen will.[135]

In diesem Märchen dürfen selbst die drei Töchter des Königs die Äpfel nicht antasten. Sein Besitz ist dem König wichtiger als seine Kinder. Nicht einmal der *Wind* vermag einen Apfel von diesem Baum herunterzuholen. Der König ist also auch nicht offen für das Wehen des Geistes. Die Welt des reichen Königs ist somit eine harte Welt, in der weder Gefühle noch der göttliche Geist einen Platz haben.

Molière hat einen solchen Menschen in seiner Komödie *Der Geizige* trefflich charakterisiert. Diese Fehlhaltung ist für die Seele eines Menschen sehr schädlich. Es handelt sich um ein ›grausames Besitz- und Zwangsverhalten‹,[136] das einen Menschen versteinern läßt. Jesus sagt von einem solchen Menschen: »Es ist leichter, daß ein Kamel durch ein Nadelöhr gehe, als daß ein Reicher ins Reich Gottes komme.«[137] Das gilt auch für die Kollektivsituation einer materialistischen Wohlstandswelt, in der kein Raum mehr ist für Gefühlswerte und für den Geist Gottes.

Doch nun zu den drei Königskindern: Sie sind gebannt durch das Verbot des Vaters. Sie warten auf den Wind, statt selber zu handeln. Ständig schleichen sie um den Baum herum und wagen nicht zuzugreifen, weil der Vater es verboten hat!

Es ist Herbst, die Zeit, in der die Früchte reif werden – ein Hinweis darauf, daß die drei Töchter ins Reifealter gekommen sind und jetzt eigentlich einem Mann begegnen sollten. Der Vater will jedoch seine Töchter – genau wie die Äpfel – für sich behalten.

Rote Äpfel sind nicht irgendein Besitz, sondern ein Eros-

Symbol. Der Eros der Töchter soll an den Vater gebunden bleiben.[138] Der Baum hängt brechend voll, und die roten Äpfel sind zum Greifen nahe. Die Töchter wollen und sollen ihren Eros unabhängig vom Vater leben. Die Töchter sollen sich vom Vater lösen, wie die Äpfel sich vom Baum lösen sollen, aber beides geschieht nicht, denn der König will nicht, daß seine Töchter erotisch autonom werden. Er hält sie fest und verhindert so das Frauwerden der Töchter und damit ihre Ganzwerdung. (Der Apfel ist auch ein Ganzheitssymbol. Der in der Mitte quer durchgeschnittene Apfel legt eine fünfzackige, sternförmige Mandalamitte frei.)

In diese festgefahrene Situation, in der der König seine Töchter festhalten will,[139] kommt jetzt Bewegung, weil die jüngste Königstochter ›ein gewaltiges Gelüst‹ bekommt. Und dieses Gelüst führt zu einem ersten Autonomieschritt.

Die Situation erinnert an die Paradieserzählung.[140] Auch dort gibt es einen schönen Garten mit vielen Bäumen und einen Baum mit verbotenen Früchten. Eva bekommt ebenfalls ›ein gewaltiges Gelüst‹,[141] und es ist vom Zweifel an den Worten des Vaters die Rede. Auch dort wagt Eva, dem Verbot des Vatergottes zuwiderzuhandeln, sie gibt gleichfalls die verbotene Frucht weiter, und auch hier folgt die Verbannung.

Wir lesen vom Zweifel am Verbot des Vaters (»Der hat uns viel zu lieb, als daß er uns verwünschen täte.«). Ohne *Zweifel* gibt es keinen Fortschritt: »Wer nie zweifelt, kommt nie zur rechten Einsicht« (Ignatius von Loyola).

Im Märchen stellt der Zweifel die erdrückende Übermacht des Patriarchen in Frage und verleiht dem Vater etwas menschlichere Züge (»Der hat uns viel zu lieb«), nach denen sich die mutterlose Königstochter so sehr sehnt. Der

Zweifel ist einerseits eine Illusion – aber eine notwendige, die einen ersten Autonomieschritt ermöglicht[142] –, andererseits beruht der Zweifel auf einem idealisierten Vaterbild, das nicht der Realität entspricht und deshalb die Loslösung vom Vater erschwert. Es ist ja gerade der Schatten des Vaters oder der Mutter, der die Loslösung ermöglicht. Aber dieser Schatten wird (noch) nicht wahrgenommen. Trotzdem wagt die jüngste Tochter einen ersten Autonomieschritt.

Und der besteht im Ungehorsam gegen das Verbot des Königs. Im übertragenen Sinn heißt das: Sie handelt gegen die Normen des Kollektivs und tut damit, was von der Gesellschaft als ›böse‹ verurteilt wird. Auf dem Weg zur Ganzwerdung geht es jedoch immer wieder darum, die Notwendigkeiten des Individuums durchzusetzen, auch wenn sie im Gegensatz zu den Kollektivnormen stehen.[143]

Die jüngste Königstochter hat Freude an ihrem Autonomieschritt. Sie pflückt einen ganz dicken Apfel und sagt: »Nun hab' ich doch mein Lebtag noch nicht so etwas Schönes gekostet!«, und dann gibt sie den verbotenen Apfel weiter. Erst beim Weitergeben erfüllt sich der Fluch. Was könnte das bedeuten? Wo liegt das Problem beim Weitergeben? Einerseits durchbricht die jüngste Königstochter die ›Haben‹-Haltung ihres Vaters. Sie hält nicht fest, sondern sie gibt weiter. Andererseits könnte jedoch das Weitergeben auch ein kleiner Rückzug sein. Sie sucht Komplizen für ihre Verbotsübertretung. Möglicherweise tritt der Fluch deshalb ein, weil der Autonomieschritt für die beiden älteren Schwestern zu früh war. Es war ja für sie nur ein indirekter Autonomieschritt – ebenso wie für Adam im Paradies.[144]

Aber auch bei der jüngsten Königstochter war es nur ein

erster Schritt in Richtung Autonomie. Sie mußte zuvor das Verbot des Vaters in Frage stellen; d. h., auch sie ist nicht bereit, die Konsequenzen der Verbotsübertretung zu tragen. Volle Autonomie bestünde darin, daß sie sagte: »Und wenn ich hundert Klafter tief unter die Erde verbannt werde – ich muß den Apfel haben!«[145]

Volle Autonomie bestünde weiterhin darin, daß sie es wagte, die Verbotsübertretung allein zu vollziehen, ohne andere mit›schuldig‹ werden zu lassen. Wenn die anderen ebenfalls autonom sind, dann können sie ja selbst einen Apfel holen! Aber offensichtlich sind sie noch nicht soweit – es wird auch nicht gesagt, daß sie ein ›gewaltiges Gelüst‹ haben.

Gelegentlich begegnen mir Menschen, die mich fragen, ob sie etwas Bestimmtes tun dürfen, was nach den Kollektivnormen, in denen sie leben, als böse, verboten und sündig gilt. Selbst wenn ich den Eindruck habe, daß eine solche Tat für den betreffenden Menschen ein notwendiger Entwicklungsschritt wäre, ermutige ich den Fragesteller nicht, dies zu tun, sondern ich sage: »Solange Sie noch fragen, sind Sie noch nicht frei von der Norm. Mein Ja wäre nur eine Verlagerung der Autorität, die Ihnen gar nichts nützt. Sie müssen jetzt das tun, was Sie wirklich wollen und auch tatsächlich tun können.«

Oft muß das ›Gelüst‹ so ›gewaltig‹ werden, daß es die verfremdende Norm durchbricht. So stark war das Gelüst weder bei den beiden älteren Schwestern im Märchen noch bei Adam in der Paradiesgeschichte, deshalb folgte die ›Verdammnis‹. Eine solche ›Verdammnis‹ bedeutet jedoch weitere Entwicklungsphasen. Solange wir etwas mit schlechtem Gewissen tun, sind wir nicht frei,[146] und das Unbewußte sorgt dafür, daß kein Entwicklungsschritt übergangen wird.

Die drei Schwestern werden also hundert Klafter unter die Erde verbannt. (Ein Klafter ist der Abstand zwischen den ausgestreckten Armen von Fingerspitze zu Fingerspitze, also ungefähr 180 Zentimeter.) Damit beginnt für die drei Schwestern der Eintritt in den numinosen Bereich, der Abstieg in die Welt des Unbewußten.

Der Hahn, der nicht mehr nach den versunkenen Königstöchtern kräht, erinnert an den Hahn des Petrus,[147] der ein Symbol der Umkehr ist. Für die drei Königstöchter kräht kein Hahn, es gibt also keine Möglichkeit zur Umkehr. Der Weg muß zu Ende gegangen werden.

Kontakt mit den Mächten des Unbewußten

Als es nun Mittag wurde, da wollte sie der König zu Tische rufen, aber da waren sie nirgends zu finden; er suchte sie überall im Schloß und im Garten, aber er konnte sie nicht finden. Da wurde er sehr betrübt und ließ das ganze Land aufbieten, und der, der ihm seine Töchter wiederbrächte, der sollte eine davon zur Frau haben. Da gingen nun viele junge Leute übers Feld und suchten; denn jeder hatte die drei Kinder gern gehabt, weil sie gegen jedermann so freundlich und auch so schön von Angesicht gewesen waren.

Und es zogen auch drei Jägerburschen aus, und als sie wohl an die acht Tage gewandert waren, da kamen sie in ein großes Schloß; da waren so hübsche Stuben drin, und in einem Zimmer war ein Tisch gedeckt, und darauf waren so süße Speisen, die waren noch so warm, daß sie dampften, aber in dem ganzen Schloß war kein Mensch zu hören noch zu sehen. Da warteten sie noch einen halben Tag, und die Speisen blieben immer warm und dampften, schließlich, da wurden sie so hungrig, daß sie sich dazusetzten und aßen. Und sie machten miteinander aus, sie

132

wollten auf dem Schlosse wohnen bleiben, und sie wollten darum losen, daß einer im Hause bleiben sollte und die andern die Töchter suchen sollten. Das taten sie denn; und das Los traf den Ältesten.

Am andern Tag gingen die zwei Jüngsten auf die Suche, und der Älteste mußte zu Hause bleiben. Am Mittag kommt nun so ein kleines Männchen, das bittet um ein Stückchen Brot. Da nimmt er von dem Brote, das er dort gefunden hatte, und schnitt ein Stück rund um das Brot weg und will ihm das geben. Als er es ihm nun hinreicht, da läßt es das kleine Männchen fallen und sagt, er sollte doch so gut sein und es aufheben und ihm wiedergeben. Da will er das auch tun und bückt sich; da nimmt das Männchen einen Stock und packt ihn bei den Haaren und gibt

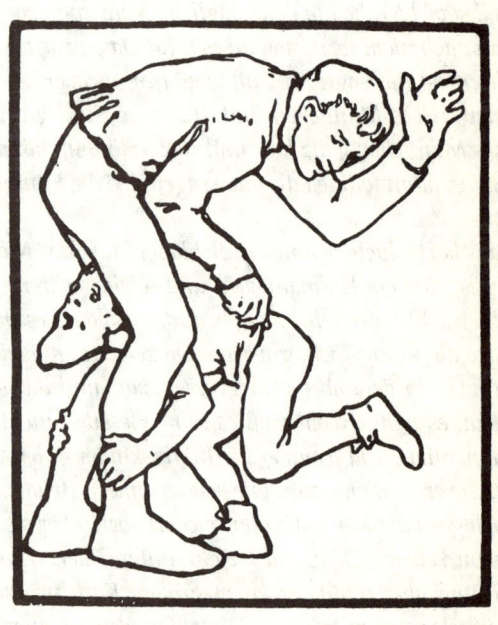

ihm tüchtige Schläge. Am anderen Tag, da ist der zweite zu Hause geblieben; dem geht es um nichts besser. Als nun die beiden andern am Abend nach Hause kamen, da sagte der Älteste: »Na, wie ist es denn dir ergangen?« – »Oh, mir ist es ganz schlecht gegangen.« Da klagten sie einander ihre Not; aber dem Jüngsten sagten sie nichts davon, denn den konnten sie gar nicht leiden und hatten ihn immer den dummen Hans genannt, weil er nicht so recht von dieser Welt war.

Am dritten Tag, da blieb der Jüngste zu Haus; da kommt das kleine Männchen wieder und sucht um ein Stückchen Brot nach. Als er es ihm nun gegeben hatte, läßt es das Brot wieder fallen und sagt, er möchte doch so gut sein und ihm das Stückchen wieder herreichen. Da sagte er zu dem kleinen Männchen: »Was! Kannst du das Stück nicht selber wieder aufheben? Wenn du dir nicht mal soviel Mühe um deine tägliche Nahrung geben willst, so bist du auch nicht wert, daß du es ißt.« Da wurde das Männchen bitterbös und sagte, er müßte es tun; er aber, nicht faul, nahm mein liebes Männchen und drosch es tüchtig durch. Da schrie das Männchen ganz laut und rief: »Hör auf, hör auf, und laß mich los; dann will ich dir auch sagen, wo die Königstöchter sind.«

Wie er das hörte, hielt er inne mit Schlagen, und das Männchen erzählte, es wäre ein Erdmännchen und solcher wären mehr als tausend; er sollte nur mit ihm gehen, dann wollte es ihm auch zeigen, wo die Königstöchter wären. Da zeigte es ihm einen tiefen Brunnen, in dem aber kein Wasser war; und da sagte das Männchen, es wüßte wohl, daß es seine Gesellen nicht ehrlich mit ihm meinten, und wenn er die Königskinder erlösen wollte, dann müßte er es alleine tun. Die beiden andern Brüder wollten wohl auch gern die Königstöchter wiederhaben, aber sie wollten sich darum keiner Mühe und Gefahr unterziehen. Zum Werk der Erlösung aber müßte er einen großen Korb nehmen, und dann müßte er sich mit seinem Hirschfänger und einer Klingel

134

hineinsetzen und sich hinunterwinden lassen. Unten nun, da
wären drei Zimmer, und in jedem säße ein Königskind und hätte
einen Drachen mit vielen Köpfen zu lausen; denen müßte er die
Köpfe abschlagen. Als das Erdmännchen nun das alles gesagt
hatte, verschwand es.

Der König entdeckt den Verlust beim Mittagessen, bei
dem es auffällt, wenn jemand nicht da ist. (»Beim Essen
muß die ganze Familie da sein, da darf niemand fehlen!«)
Es ist typisch für diesen König, daß er den Wert der Töchter erst erkennt, als sie nicht mehr da sind. Anscheinend
merkt er jetzt erst, daß er überhaupt Töchter hat, und so
beginnt er zu suchen. Er weiß nicht, daß sein Fluch ›auto-
matisch‹ wirkt und daß er es nicht in der Hand hat, ihn
rückgängig zu machen.[148] Jetzt fehlt dem König nicht nur
ein Apfel, sondern die gesamte weibliche Seite. Die ›Haben‹-Haltung hat schließlich das weibliche Element ganz
verdrängt. Jetzt merkt der König, daß ihm etwas fehlt, und
er beginnt zu suchen. Als Vertreter des kollektiven Bewußtseins bleibt er jedoch bei diesem Suchen an der Oberfläche. Er sucht im Haus und im Garten. Diese Bereiche
sind noch überschaubar. Andere suchen dann in der weiteren Umgebung. Daß andere suchen, hat auch damit zu
tun, daß der König Vertreter des Kollektivs ist. Was er tut,
tun auch die andern. Seine ›Festhalte‹-Einstellung hat der
König jedoch noch nicht aufgegeben. Das wird daran
deutlich, daß er zwar (notgedrungen) bereit ist, auf eine
Tochter zu verzichten, aber die beiden andern will er behalten.
Zu den Suchenden gehören auch drei Jägerburschen. Jäger
haben einen guten Kontakt zur Natur. Sie sind besonders
geeignet, etwas aufzuspüren.
Zunächst ereignet sich nichts. Doch dann kommt der achte

Tag. Da geschieht etwas Neues. Die Acht ist die Zahl des Neuanfangs. Sie kennzeichnet das Ende einer Epoche und ist gleichzeitig der Anfang einer neuen Epoche. Wir können dies beispielsweise auch in unserem Kalender erkennen, in dem der ›achte‹ Tag das Ende der alten und den Anfang der neuen Woche bildet. Die Acht ist beides zugleich: Abschluß und Neubeginn.[149] Die liegende Acht wird deshalb als Zeichen der Unendlichkeit und der Ewigkeit verwendet.

Die drei Burschen gelangen – genau wie vorher die drei Königstöchter – am achten Tag in den numinosen Bereich, in die Welt des Unbewußten. Das Schloß mit den hübschen Stuben und den stets warmen, köstlichen Speisen ist der Bereich der ›Großen Mutter‹, die die drei Burschen festhalten will. Sie will sie zur Rückkehr in den Mutterschoß verleiten. Sie sollen nichts mehr selbst tun, sondern es sich einfach wohl sein lassen. Das ist die Versuchung zur Rückkehr in die *Participation mystique*.[150] Die drei Burschen erliegen dieser Versuchung nicht ganz – sie finden einen Kompromiß: Sie bleiben teils im Schloß, teils suchen sie weiter. Ihr Suchen beschränkt sich jedoch auf einen halben Tagesmarsch (die andere Tageshälfte brauchen sie für die Rückkehr). Es ist also ein sehr beschränktes Suchen.

Doch jetzt ereignet sich wieder etwas Neues. Ein kleines ›Erdmännchen‹ tritt auf. Was sind Erdmännchen? Es gibt eine alte Legende aus Graubünden, die den Ursprung der Erdmännchen anschaulich erzählt:

»*Nicht alle Engel, die dem Luzifer anhingen und deshalb zur Strafe vom Himmel gestürzt wurden, sind zur Hölle gefahren. Gott hat ihnen eine Frist gesetzt, innerhalb deren alle dort unten angelangt sein sollten. Es waren aber so viele an der Zahl, daß es dichte Haufen vom Himmel schneite. So kam es, daß einige* schneller und früher, andere langsamer und später am Boden auffielen. Diejenigen unter den Engeln, die sich nur hatten überreden lassen und nicht eigentlich böse waren, blieben im Sturz an Bergen und Bäumen hängen.

Aus diesen sind nun nicht Teufel geworden, sondern eben Erdmännlein. Darum machte Gott die Zwerge gar listig und weise, daß sie Bös und Gut wohl erkannten und auch wußten, wozu alle Dinge gut wären. Sie kannten auch die Kraft und Tugend der Gesteine. Und so müssen sie dann bis zum Jüngsten Tage auf der Erde bleiben und wohnen in Erdlöchern und hohlen Bäumen. Manche Leute sagen, daß viele Zwerge deshalb so tückisch sind, weil sie es mit Luzifer gehalten haben und die Menschen um ihr Heil beneiden.

So hauste vor Zeiten überall im Lande an Halden und Hängen das Volk der Zwerge. Tagtäglich kamen sie in die Dörfer und Höfe herab und westen und wirkten, wo Menschen weilten. Sie halfen bei aller Arbeit in Haus und Hof, in Stall und Stadel, auf Anger und Acker, in Weide und Wald, im Hurst und Holz; hüteten Kinder, hirteten das Vieh, schafften und werkten in jedem Gewerbe. Was sie taten und was sie rieten, brachte allerwegen Glück und Segen. Endlich aber verscherzten die Menschen durch ihren Frevelsinn Kunst und Gunst der Zwerge. Die Ursache aber war diese: Sie taten das alles sehr lange, so lange, bis im Dorf die erste ABC-Schule errichtet wurde. Da haben die bösen Schulbuben bald mit Steinen nach ihnen geworfen. Und da sprachen die Erdmännlein:

Uf und us der Erde,
d'Lüt wei spitzfindig werde!

Die Tränen traten ihnen in die Augen, und sie wanderten aus und zogen weit nach Norden in eine neue Heimat. Kaum aber hatten die Zwerge das Land verlassen, so zerfielen ihre Höhlen.

Felsen stürzten zu Tal, und Erdrutsche verschütteten Weide
und Wald, Matten und Äcker mit Geröll.«[151]

Die Erdmännlein sind also ›weit nach Norden‹ gezogen –
dorthin, wo man Plattdeutsch spricht. Es verwundert deshalb nicht, daß das Märchen *Dat Erdmänneken* ein platt-
deutsches Märchen ist.[152]

Die Schweizer Legende macht deutlich, daß die aus dem
Himmel auf die Erde herabgefallenen Erdmännchen Himmel (oben) und Erde (unten) verbinden. Als *Erd*männchen
verbinden sie jedoch auch den weiblichen Pol (Erde) und
den männlichen (Männchen). Das Erdmännchen ist
deshalb befähigt, die Verbindung zwischen den Jägern
(oben) und den Königstöchtern (unten) herzustellen.
Jedoch nur der ›dumme Hans‹ weiß, wie man mit einer
Gestalt des Unbewußten umgeht, denn er ist ›nicht so
recht von dieser Welt‹. Das bedeutet, daß der Jüngste nicht
nur in der Welt des Bewußtseins und der sogenannten
›Realität‹ zu Hause ist, sondern auch Kontakt hat zur Welt
des Unbewußten.

Im Umgang mit dem Erdmännchen erscheinen die beiden
älteren Jäger überangepaßt. Sie zeigen Merkmale eines negativen Mutterkomplexes, bei dem das ›Bleiben‹ mit dem
›Bravsein‹ verbunden ist. Sie meinen also: »Wenn wir im
Schloß bei der Großen Mutter bleiben wollen, dann müssen wir tun, was das Erdmännchen sagt!« (Das Erdmännchen ist ein Bote der Großen Mutter.[153]) Eine solche Über-
anpassung an das Unbewußte ist jedoch gefährlich. Das
Ich darf sich dem Unbewußten nicht unterordnen, sondern es muß ein kritisches Gegenüber bleiben. Offensichtlich haben die beiden älteren Jäger ein schwaches Ich. Sie
lassen sich verunsichern.

Nur der ›dumme Hans‹ weiß, wie man mit den Mächten

des Unbewußten umgeht. Er weiß, daß es auf die rechte Mitte ankommt. Brot – ja. Aufheben – nein!

Die beiden älteren Jäger lassen sich vom Unbewußten tyrannisieren und werden deshalb von ihm überwältigt und geschlagen. Daß das Erdmännchen die Jäger bei den Haaren packt, bedeutet: bei den Jägern wird das Denken ausgeschaltet. Sie sind damit dem Unbewußten total verfallen. Die Haare stehen jedoch nicht nur als Symbol für das Denken, sondern auch für die Kraft.[154] Indem das Erdmännchen die Haare im Griff hat, sind die älteren Jäger kraftlos. So ergeht es auch heute noch manchen Menschen, die sich zu sehr vom Unbewußten leiten lassen und ihre Entscheidung *nur* von Träumen, Hellseherinnen, Astrologen, Numerologen und Orakeln abhängig machen. Zur Autonomie gehört jedoch ein rechtes Gleichgewicht zwischen Bewußtem und Unbewußtem, zwischen der Ratio und den nichtrationalen Phänomenen. Das ›Ich‹ ist ein notwendiges Gegenüber zu den Mächten des Unbewußten. Es darf deshalb dem Unbewußten nicht untergeordnet werden! Das weiß der jüngste Jäger – die beiden älteren wissen es nicht. Der Jüngste kann sich deshalb die Mächte des Unbewußten dienstbar machen.[155] Er hat ein starkes, intaktes Ich. Er läßt sich nicht von einem autonomen Komplex (das ist das Erdmännchen *auch*!) überwältigen, sondern er gliedert das Energiepotential des Unbewußten dem Bewußtsein an und macht sich so die Energie des Erdmännchens dienstbar. Hinter dem einen Erdmännchen stehen tausend weitere – also eine geballte Kraft. Indem sich der Jüngste das Erdmännchen dienstbar macht, wird der Weg zu den Königstöchtern offenbar. Er ist klar vorgezeichnet. Benötigt werden dazu weibliche (Korb) und männliche (Hirschfänger) Qualitäten und die Verbindung von unten nach oben (Klingel). Der Jüngste weiß

nun, was er zu tun hat. Das Erdmännchen läßt ihn deshalb
allein.

Begegnung mit dem Erlöser

*Als es Abend ist, da kommen nun die beiden andern und fragen,
wie es ihm ergangen wäre; da sagte er: »Oh, so weit ganz gut«;
und er hätte keine Menschenseele gesehen, nur des Mittags, da
wäre so ein kleines Männchen gekommen, das hätte ihn um ein
Stück Brot gebeten; und als er es ihm gegeben hätte, da hätte es
das Männchen fallen lassen und hätte gesagt, er möchte es ihm
doch wieder aufheben. Und wie er das nicht habe tun wollen, da
habe es zu drohen angefangen; das aber hätte er unrecht verstanden und hätte das Männchen verprügelt, und da hätte es ihm erzählt, wo die Königskinder wären. Da ärgerten sich die beiden
anderen Brüder so, daß sie gelb und grün wurden.*
*Am andern Morgen gingen sie nun alle zusammen an den
Brunnen und machten Lose, wer sich zuerst in den Korb setzen
sollte. Da fiel das Los auf den Ältesten, er mußte sich hineinsetzen und die Klingel mitnehmen. Da sagte er: »Wenn ich klinge-
le, so müßt ihr mich nur geschwind wieder heraufwinden.« Wie
er nun ein bißchen unten ist, da klingelte was; da wanden ihn die
zwei anderen Brüder wieder herauf. Da setzte sich der zweite
hinein, und der machte es ebenso. Nun kam die Reihe an den
Jüngsten. Der ließ sich aber ganz hinunterwinden.*
*Als er nun aus dem Korb gestiegen war, da nahm er seinen
Hirschfänger und geht zur ersten Tür und lauscht: Da hört er
den Drachen ganz laut schnarchen. Er macht langsam die Türe
auf; da sitzt da drin eine Königstochter, die hatte auf ihrem
Schoß neun Drachenköpfe liegen und lauste sie. Da nimmt er
seinen Hirschfänger und schlägt zu; da waren die neun Köpfe
ab. Die Königstochter sprang auf und fiel ihm um den Hals und*

drückte und küßte ihn von Herzen; und sie nahm einen
Schmuck, den sie auf ihrer Brust trug und der von altem Golde
war, und hängte ihm den um. Da ging er nun auch zu der zwei-
ten Königstochter; die hatte einen Drachen mit sieben Köpfen zu
lausen; die erlöste er auch. Und schließlich erlöste er auch die
Jüngste, die hatte einen Drachen mit vier Köpfen zu lausen ge-
habt. Und die drei Schwestern hatten sich alle so viel zu fragen,
und sie umarmten sich und küßten sich, ohne aufzuhören.
Der jüngste Bruder aber klingelte nun so laut, bis sie es droben
hörten. Dann setzte er die Königstöchter eine nach der anderen
in den Korb und ließ sie alle drei hinaufziehen. Wie aber nun an
ihn die Reihe kommen sollte, da fielen ihm die Worte von dem
Erdmännchen wieder ein: daß es seine Gesellen mit ihm nicht
gut meinten. Da nahm er einen großen Stein, der dort lag, und
legte ihn in den Korb. Und als der Korb ungefähr bis zur Mitte
heraufgewunden war, da schnitten die falschen Brüder oben den
Strick durch, daß der Korb mit dem Stein auf den Grund fiel,
und nun meinten sie, er wäre gestorben. Dann liefen sie mit den
drei Königstöchtern fort und ließen sich versprechen, daß sie ih-
rem Vater sagen sollten, die beiden ältesten Brüder hätten sie er-
löst. So kamen sie nun zum König und begehrten jeder eine der
Königstöchter zur Frau.

Wir sehen, daß die beiden älteren Jäger Merkmale eines
negativen Mutterkomplexes haben. Sie passen sich an, damit sie akzeptiert werden und bei der Großen Mutter bleiben dürfen. Sie erreichen jedoch dieses Ziel nicht, sondern
erhalten statt dessen Schläge. (So ist das immer, wenn man
meint, daß man sich durch Anpassung Zuneigung erkaufen kann!) Der jüngste Jäger hat jedoch auch seinen Komplex: Er zeigt Merkmale eines *positiven* Mutterkomplexes.
Für ihn ist die ganze Welt wie eine liebende Mutter, die es
gut mit ihm meint. Er ist deshalb vertrauensselig und

meint, ihm könne nichts passieren – trotz der Warnung des Erdmännchens. Und so erzählt er ganz unbekümmert alles, was ihm das Erdmännchen anvertraut hat, und merkt nicht einmal, daß seine Gesellen vor Neid und Gift gelb und grün werden.[156] Eine solche unbekümmerte Gestalt begegnet uns auch in der Bibel. Joseph, der Sohn des Erzvaters Jakob, erzählt ebenfalls seinen älteren Brüdern vertrauensselig Dinge, die nur ihn persönlich etwas angehen. Joseph ist dabei genauso ›undiplomatisch‹ wie der jüngste Jäger und landet deshalb ebenfalls in der Tiefe des Brunnens.[157]

Der Brunnen ist ein bedeutsames Symbol, das uns in zahlreichen Märchen begegnet.[158] In den Brunnen versinken und wieder auftauchen (oder hineingeworfen und wieder herausgeholt werden) ist ein Symbol für Sterben und Auferstehen und für die damit verbundene Wandlung und Selbstwerdung.[159] Selbstwerdung bedeutet Ganzwerdung. Dabei wird die Welt des Unbewußten an das Bewußtsein angeschlossen. In den Brunnen hinabsteigen bedeutet in das Unbewußte hinabsteigen.[160] Selbstwerdung geschieht jedoch nur dort, wo wir uns ernsthaft mit dem Unbewußten befassen und wo wir uns auf das Unbewußte einlassen und nicht nach einem kurzen, ausprobierenden Abstieg in die Tiefe wieder aufgeben – so wie dies die beiden älteren Jäger gemacht haben. Anscheinend haben sie Angst bekommen. Das ist verständlich. Der Abstieg in die Tiefe ist kein Kinderspiel! Ganzwerdung bedeutet, den ganzen Weg mit all seinen Gefahren zu gehen. Nur wer ganz hinuntergeht und auch die Tiefe einer Depression riskiert, erlangt das Heil. Daß nur der ›dumme Hans‹ bis in die Tiefe vordringt, bedeutet, daß wir den Zugang zum Unbewußten in der Regel mittels unserer minderwertigen Funktion finden. Der Abstieg in die Tiefe des Unbewußten, um dort die Wandlung zu erleben, ist eine ›progressive Regression‹, d. h. eine Regression, die im Dienst des Fortschritts und damit der Ganzheit steht.[161]

In der Tiefe begegnet der Jäger den Prinzessinnen, d. h., er begegnet seiner Anima (seinem gegengeschlechtlichen, weiblichen Pol) in dreifacher Gestalt. Die Prinzessinnen dagegen begegnen dem Jäger, dem Animus (ihrem gegengeschlechtlichen, männlichen Pol). Nur wenn beide Pole zueinanderfinden und sich zu einer dynamischen Polarität vereinen, entsteht Ganzheit.

Die Aufgabe der Prinzessinnen besteht darin, jeweils einen vielköpfigen Drachen zu lausen. Das ist eine langwierige Geduldsarbeit, die an alchimistische Vorgänge, z. B. an den langen Waschprozeß der *Ablutio* (Waschung), der schließlich von der *Nigredo* (Schwärze) zur *Albedo* (Weißung) und zur *Rubedo* (Rötung) führt, oder an den Kochprozeß im hermetischen Gefäß,[162] erinnert.

Wenn das Erdmännchen vom ›Werk‹ der Erlösung spricht, dann finden wir darin eine deutliche Anspielung auf das alchimistische *Opus* (Werk), das ebenfalls die ›Erlösung‹ zum Ziel hat.[163] Wesentliche Voraussetzungen für das Gelingen des alchimistischen Werkes sind Geduld, Furchtlosigkeit und anhaltende Arbeit. Es gilt ›dranzubleiben‹ und auch bei Schwierigkeiten nicht aufzugeben.

Stolpersteine, die das Werk behindern oder unmöglich machen, sind Eile (wen der Widersacher nicht lahmlegen kann, den treibt er in die Hetze und erreicht damit dasselbe!), Verzagtheit (»Es wird doch nicht gelingen«) und Unehrlichkeit (Illusionen haben oder das Ich mit dem Selbst verwechseln).

Für das ›Werk der Erlösung‹ gilt außerdem: Es muß allein vollbracht werden, und es kann eine Entfremdung von der bisherigen Umgebung mit sich bringen. (Der jüngste Jäger wird als ›*nicht so recht von dieser Welt*‹ verhöhnt. Vgl. hierzu Joh. 15, 19: »Weil ihr *nicht von dieser Welt* seid ... darum haßt euch die Welt.«) Und es kann auch nicht vermittelt werden: Wer nicht selbst auf dem Weg zur Ganzheit ist, der kann das Werk nicht verstehen. Der Jüngste muß den Weg allein gehen. Das bringt Einsamkeit mit sich. Wir merken: Der ›dumme Hans‹ erfüllt die Voraussetzungen, er wird zwar durch den Stolperstein ›Verzagtheit‹ gefährdet – überwindet jedoch diese Gefährdung. Und schließlich lernt er auch, daß nicht alles mitgeteilt werden kann.[164]

Doch nun zurück zu den Prinzessinnen: Sie lausen die Drachen, d. h., sie befassen sich eingehend mit der für sie negativ besetzten Mutterproblematik. Da sie ›mutterlos‹ aufgewachsen sind, scheint hier das Hauptproblem zu liegen. Solange sie diese Geduldsarbeit leisten, schlafen die Drachen. Das könnte bedeuten: Solange wir uns mit den Mächten des Unbewußten befassen, können sie uns nicht überwältigen. Und wenn wir uns lange genug mit den inneren Drachen beschäftigen (das Lausen ist eine langwierige Geduldsarbeit!), dann verlieren sie ihre Macht, dann ist der Kopf ab. Wir können dies eindrücklich erleben, wenn wir uns z. B. eingehend mit unseren Angstträumen befassen. Dann verlieren sie allmählich ihre Dynamik und verschwinden schließlich völlig.

Die Arbeit in der Tiefe macht auch den Unterschied zwischen männlichen und weiblichen Aspekten deutlich.[165]
Die ›weibliche‹ Arbeit besteht im geduldigen Lausen, die ›männliche‹ in der mutigen Tat.

Für die unterschiedliche Anzahl der Köpfe gibt es verschiedene Deutungsmöglichkeiten. Ich schlage folgende vor: Die Älteste hat den längsten Weg bis zur Autonomie zu gehen und muß deshalb neun Drachenköpfe lausen.

Die zweite hat einen mittleren Weg zu gehen und muß deshalb sieben Drachenköpfe lausen, während die Jüngste auf dem Weg zur Autonomie schon am weitesten fortgeschritten ist (was auch der Anfang des Märchens deutlich macht). Sie muß deshalb nur vier Drachenköpfe lausen. Zu dieser Deutung würde ebenso passen, daß die Älteste ihrem Erlöser den kostbaren Goldschmuck schenkt. Sie wurde von den meisten Drachenköpfen erlöst und liebt deshalb am meisten. Auch Jesus sieht eine Verbindung zwischen der Größe der Erlösung und der Größe der Liebe.[166]

Man kann jedoch die drei Königskinder auch als eine Einheit betrachten (im Unterschied zu den drei Jägern haben sie sich bis zum Schluß herzlich lieb: »... sie umarmten sich und küßten sich, ohne aufzuhören«). Dann könnten die unterschiedlichen Drachenköpfe die Ganzheit der Erlösung ausdrücken. Die Neun wäre dann die Zahl einer starken Dynamik (drei mal drei), die nie zur Ruhe kommt (womit man auch immer die Neun multipliziert, die Quersumme ergibt immer neun). Die Vier dagegen wäre die Zahl der Ganzheit und der ruhigen Ausgewogenheit. Die Sieben wäre die Verbindung zwischen beiden (sie ist die Summe der dynamischen Drei und der ruhenden Vier). Den Schmuck würde dann die Älteste dem Erlöser stellvertretend für alle drei Schwestern überreichen und den Jäger damit in die Familie aufnehmen.

Für den jüngsten Jäger ist jedoch der Weg zur Selbstwerdung noch nicht zu Ende. Während die drei Königstöchter aus der Grube gezogen werden und mit den falschen ›Brüdern‹ (jetzt wird es offenbar: Die drei Jäger sind drei Brüder) ins Schloß eilen, bleibt der Jüngste betrogen und verlassen in der Grube zurück. Wie es ihm dort ergeht, das erzählt der nächste Abschnitt.

Die Erlösung

Unterdes ging der jüngste Jägerbursche ganz betrübt in den drei Kammern umher, und er dachte, daß er nun wohl sterben müßte. Da sah er an der Wand eine Flöte hängen, und da sagte er: »Warum hängst du denn da? Hier kann doch keiner lustig sein.« Er beguckte sich auch die Drachenköpfe und sagte: »Ihr könnt mir auch nicht helfen!« Und er ging so manches liebe Mal auf und ab spazieren, daß der Erdboden davon glatt wurde.

Und schließlich, da kriegte er andere Gedanken, und er nahm die Flöte von der Wand und blies ein Stückchen drauf. Auf einmal, da kamen so viele Erdmännchen; und bei jedem Ton, den er blies, kam eines mehr; da blies er das Stückchen so lange, bis das Zimmer gestopft voll war. Die fragten alle, was sein Begehren wäre; da sagte er, er wolle wieder gern auf die Erde hinauf, ans Tageslicht. Da faßten sie ihn alle an, an jedem Faden Haar, was er auf seinen Kopfe hatte, und so flogen sie mit ihm zur Erde herauf.

Wie er oben ist, geht er gleich nach dem Königsschloß, wo gerade die Hochzeit mit der einen Königstochter sein sollte. Und er ging auf das Zimmer, wo der König mit seinen drei Töchtern saß. Wie ihn da die Kinder sehen, da werden sie ganz ohnmächtig. Da wurde der König ganz bitterböse, und er läßt ihn gleich ins Gefängnis setzen, weil er meint, er hätte den Kindern ein Leid angetan. Als aber die Königstöchter wieder zu sich gekommen waren, da baten sie ihn so beweglich, er möchte ihn doch wieder freilassen. Der König fragte sie, warum; da sagten sie, sie dürften das nicht erzählen. Aber der Vater sagte, sie sollten es dem Ofen erzählen. Da geht er heraus und lauscht an der Türe und hört alles. Da läßt er die beiden bösen Brüder an den Galgen hängen, und dem jüngsten Jägerburschen gibt er die jüngste Tochter.

Und da zog ich ein paar gläserne Schuhe an, und da stieß ich an

einen Stein, und da machte es »Klick!«, und da waren sie ent-
zwei.

Während die jüngste Königstochter im mutigen Pflücken
des Apfels ihre aggressive, ›männliche‹ Seite gelebt hat
und alle drei Königstöchter im geduldigen Lausen der
Drachen ihre ›weibliche‹ Seite gelebt haben, hat der jüngste Jäger im aggressiven Töten der Drachen seine ›männliche‹ Seite gelebt und muß nun im geduldigen Ausharren
in der Tiefe seine ›weibliche‹ Seite leben.[167] Damit kommt
die ganzheitliche Yin-Yang-Symbolik zur Reife: Im weiblichen Feld ist ein männlicher Pol, und im männlichen Feld
ist ein weiblicher Pol:

Der jüngste Bruder wird also allein in der Tiefe zurückgelassen.[168] Das hat er nun davon, daß er soviel Mühe auf
sich genommen und so große Taten vollbracht hat! Er ist
allein, und ihm ist sterbenselend. Ähnlich erging es dem
Propheten Elia, der ebenfalls nach einer gewaltigen
Schlächterei allein und verlassen zurückbleibt und am
liebsten sterben will.[169]

Auch hier handelt es sich wieder um eine progressive Regression. Nach einer bewußt vollzogenen gewaltigen ›männlichen‹ Tat folgt der Rückzug in die ›weibliche‹ Tiefe des Unbewußten. Der jüngste Jägerbursche läuft jetzt in den drei leeren Kammern umher. Nach der Begegnung mit den Drachen (d. h. dem kollektiven Unbewußten) ist er jetzt im ›leeren‹ Unbewußten[170] angelangt, also in der tiefsten Tiefe.

In der Tiefe der Depression sieht der jüngste Jäger zwar die rettende Flöte, aber er kann noch nichts mit ihr anfangen. Für ihn bedeutet sie nicht mehr als die toten Drachenköpfe. In der Tiefe beginnt jetzt für den Jüngsten die Geduldsarbeit, die bei den Königstöchtern im Lausen der Drachen bestand. Er läuft und läuft und läuft, bis ›der Erdboden davon glatt wurde‹. Er hält die Leere und die Einsamkeit und die Trockenheit aus. Das ist ein wesentlicher Schritt auf dem Weg zur Selbstwerdung.[171] Und während er so läuft, ›kriegte er andere Gedanken‹. Das bedeutet, daß die Talsohle der Depression durchschritten ist und damit der Antrieb zurückkehrt. Jetzt ›sieht‹ er Dinge, die er vorher zwar wahrgenommen, aber nicht ›erkannt‹ hat. Jetzt ist er auch in der Lage, die Flöte zu gebrauchen. Es geschieht manchmal, daß auf dem Höhepunkt einer Krankheit ein heilendes Symbol auftaucht und den Umschwung bewirkt. In unserem Märchen ist das die Flöte. Die Flöte wird beim Spielen durch die Luft, d. h. durch den Geist, belebt und dadurch zu einem *wirkenden* Symbol. So wird die Flöte zu einer ›Zauberflöte‹. Das erinnert an Mozarts *Zauberflöte* und an den Ausspruch des Papageno: »Ich Narr vergaß der Zauberdinge.«[172] Dieses ›Vergessen‹ ist typisch für Zeiten der Regression. Beim jüngsten Jägerburschen erwacht jetzt die Intuition (»Er kriegte andere Gedanken«). Mit dem Flötenspiel beginnt etwas Neues. Die Flöte gehört im Taoismus zu den acht Symbolen der Unsterblichkeit[173] und hat somit Anteil an dem durch die Zahl Acht symbolisierten Neubeginn. Während das erste ›Neue‹ in die Tiefe führte, führt das zweite ›Neue‹ in die Höhe. Und wieder spielen die Haare eine Rolle. Die ›Gedanken‹ und die ›Kraft‹ sind jetzt jedoch nicht mehr – wie bei den geprügelten älteren Brüdern – ›verkopft‹, sondern an jedem Haar hängt ein Erdmännchen, d. h. der Kopf und die Erde sind zusammengekommen. Das bedeutet Erlösung.

Doch auch jetzt sind noch nicht alle Schwierigkeiten überwunden, sondern es gibt noch ein retardierendes Moment. Wir merken: Der König hat sich nicht verändert.[174] Als ›Bewußtseinsvertreter‹ wird er noch immer von unkontrollierten Emotionen des Unbewußten beherrscht. Er ist nach wie vor ›un-beherrscht‹ und handelt übereilt.

Erst die ›Ofenbeichte‹ bringt die Wende. Die Ofenbeichte ist ein Motiv, das uns auch in anderen Märchen begegnet.[175] Die Öfen in alten Schlössern sind oft verbunden mit einem Kaminraum, den man durch eine Tür im Erdgeschoß betreten kann. Dieser Raum hat in der Regel eine Grundfläche von 1,5 mal 1,5 Metern, so daß man sich bequem darin aufhalten kann. In diesen Kaminraum, der bis zum Schornstein hochgemauert ist, münden die Öfen sämtlicher Etagen. Bei der Ofenbeichte steht entweder der Beichtende im Kaminraum, und der Lauscher lauscht an der Ofentür, oder der Lauscher steht im Kaminraum, und der Beichtende spricht durch die Ofentür in den Ofen hinein. In beiden Fällen kann man das Gesprochene sehr gut verstehen, selbst wenn geflüstert wird.[176]

In der Symbolsprache der Märchen ist der Ofen ein mütterliches Symbol. Wenn also die Königstöchter dem Vater etwas über den Ofen mitteilen, dann erreichen sie den Vater durch ihre mütterliche Seite. So wie die vielköpfigen Drachen Symbole der spaltenden ›negativen‹ Mutter waren, so ist der eine Ofen, in den alle drei gleichzeitig sprechen, das einende Symbol der ›positiven Mutter‹.

Die mutterlosen Königstöchter sind somit in den beiden archetypischen Symbolen sowohl dem negativen als auch dem positiven Aspekt des Mutter-Archetyps begegnet und haben dadurch eine Beziehung zur inneren Mutter gefunden.

Zu dieser neuen Vierheit kommt nun als ›Quintessenz‹ (= ›die Fünf, in der das Wesentliche enthalten ist‹) noch der jüngste Jägerbursche hinzu. Zusammen mit der jüngsten Königstochter, die genau wie er auch die Tiefen ausgelotet hat, entsteht eine neue Einheit, in der die Pole (oben und unten, männlich und weiblich) eine dynamische Ganzheit bilden.

Die verkopften, falschen Brüder dagegen werden aufgehängt. Ihnen wird der Kopf abgeschnürt. Das einseitige Prinzip ist damit ausgeschaltet. Sie gehen am eigenen Schatten zugrunde.

Und was ist das Ziel des Märchens? Die Königstöchter, die unter einem beziehungsunfähigen Vater aufgewachsen sind, sollten beziehungsfähig werden. Dazu mußten sie zunächst zu ihrer eigenen Weiblichkeit finden (also auch *seelisch* ›reif werden‹), um fähig zu werden, Beziehung zu einem Mann aufzunehmen. Daß dieser Schritt gelungen ist, macht die Hochzeit zwischen der jüngsten Königstochter und dem jüngsten Jäger deutlich. Beide haben die notwendige Entwicklung durchlaufen. Sie sind jetzt fähig geworden zu einer wirklichen Partnerschaft. In der Symbolsprache des Märchens bedeutet dies, daß ein neuer Bewußtseinszustand erreicht ist, der den alten, destruktiven Bewußtseinszustand des Königs ablöst.

Es folgt nun noch ein ›Weck-Vers‹. Die Hörerin oder der Hörer (die Leserin oder der Leser) des Märchens werden dadurch aus der Traumwelt des Märchens in die Welt der Realität zurückgeholt, in der man auf Stolpersteine achten muß, damit es keine Scherben gibt.

Der goldene Vogel

Die verlorene Ganzheit

Es war vor Zeiten ein König, der hatte einen schönen Lustgarten hinter seinem Schloß; darin stand ein Baum, der goldene Äpfel trug. Als die Äpfel reiften, wurden sie gezählt, aber gleich den nächsten Morgen fehlte einer. Das ward dem König gemeldet, und er befahl, daß alle Nächte unter dem Baume Wache sollte gehalten werden.

Der König hatte drei Söhne; davon schickte er den ältesten bei einbrechender Nacht in den Garten. Wie es aber Mitternacht war, konnte er sich des Schlafes nicht erwehren, und am nächsten Morgen fehlte wieder ein Apfel. In der folgenden Nacht mußte der zweite Sohne wachen, aber dem erging es nicht besser: Als es zwölf Uhr geschlagen hatte, schlief er ein, und morgens fehlte ein Apfel. Jetzt kam die Reihe zu wachen an den dritten Sohn, der war auch bereit, aber der König traute ihm nicht viel zu und meinte, er würde noch weniger ausrichten als seine Brüder; endlich aber gestattete er es doch.

Der Jüngling legte sich also unter den Baum, wachte und ließ den Schlaf nicht Herr werden. Als es zwölf schlug, so rauschte etwas durch die Luft, und er sah im Mondschein einen Vogel daherfliegen, dessen Gefieder ganz von Gold glänzte. Der Vogel ließ sich auf dem Baume nieder und hatte eben einen Apfel abgepickt, als der Jüngling einen Pfeil nach ihm abschoß. Der Vogel entflog, aber der Pfeil hatte sein Gefieder getroffen, und eine seiner goldenen Federn fiel herab. Der Jüngling hob sie auf, brachte sie am andern Morgen dem König und erzählte ihm, was er in der Nacht gesehen hatte. Der König versammelte seinen Rat, und jedermann erklärte, eine Feder wie diese sei mehr wert als das gesamte Königreich. »Ist die Feder so kostbar«, erklärte der

König, »*so hilft mir auch die eine nichts, sondern ich will und muß den ganzen Vogel haben.*«

Der König, von dem zunächst die Rede ist, steht für das ganze Volk. Er symbolisiert die Normen, das, was ›man‹ tut. Er herrscht über den Bereich, in dem seine Normen anerkannt und gültig sind. Das ist *sein* Königreich. Auch in unserer Seele gibt es ein solches Reich, in dem ein ›König‹ herrscht. Wer ist nun dieser normengebende Herrscher in unserer Seele? Ist es ›Gott‹? Oder der Vater? Oder das, was ›man‹ tut? Wir können dieser inneren Figur auf die Spur kommen, wenn wir uns fragen: »Wie stelle ich mir diesen König vor?« Ist er dick oder dünn, ist er alt oder jung, ist er mild oder jähzornig, wie ist er angezogen, wem sieht er ähnlich? Unser innerer König beherrscht den Bereich der

Seele, in dem das Bisherige, das Altgewohnte, das Unveränderliche gilt. Dieser innere König ist die Gestalt, die sich gegen jede Veränderung sträubt. Im Märchen *Der goldene Vogel* ist dieser Bereich sehr stark – es kommen *vier* Könige vor.

Aber es gibt auch einen lebendigen Bereich. Dieser König hat einen *Garten*, einen ›Lustgarten‹. Wie stellen wir uns diesen Garten vor? Kennen wir einen solchen Garten? Erinnert er uns an einen Garten aus unserer Jugendzeit? Ein Garten ist Symbol der kosmischen Ordnung, des irdischen und himmlischen Paradieses, er ist Symbol der Ganzheit. Im Garten ist der Mensch – wie im Paradies – mit der Natur verbunden. Er steht im Einklang mit sich selbst. Im Garten begegnen sich Himmel und Erde. Diese Verbindung kann ausgedrückt werden durch einen Berg, durch eine Leiter oder durch einen Baum. Auch in unserer Seele gibt es einen solchen Garten. Es ist der Bereich, in dem die Einheit zwischen Himmel und Erde hergestellt wird und in dem wir eine gute Beziehung zum vegetativen und animalischen Bereich haben. Es ist der Bereich, in dem es ›Leben und volle Genüge‹[177] gibt. Es ist die innerseelische Erinnerung an das Paradies. Diese Erinnerung lebt in uns allen. Es ist die Erinnerung an unser vorgeburtliches Leben im Mutterschoß.

In diesem Garten steht ein *Baum*. Auch hier fragen wir wieder: Wie sieht er aus? Woran erinnert er uns? Kennen wir einen solchen Baum? Ein Baum ist Symbol für den Menschen, der in der Erde verwurzelt ist und dessen Krone dem Himmel entgegenstrebt und der zu seiner Zeit Frucht bringt.[178] Es ist gut, wenn wir wieder einmal einen Baum malen und uns fragen, wie wir uns selber als Baum verstehen. Was fällt uns auf an dem Baum, den wir gemalt haben? Ist er anders als andere Bäume?[179]

Der Baum in unserem Märchen trägt goldene *Äpfel*. Ein Apfel ist Symbol der Liebe und der Fruchtbarkeit. Er ist aber auch ein Symbol der Ganzheit. In jedem Apfel ist ein Stern verborgen. Wenn wir einen Apfel quer in der Mitte durchschneiden, dann haben wir ein Ganzheitsbild, ein Mandala. Inmitten der runden Fläche ist ein fünfstrahliger Stern:

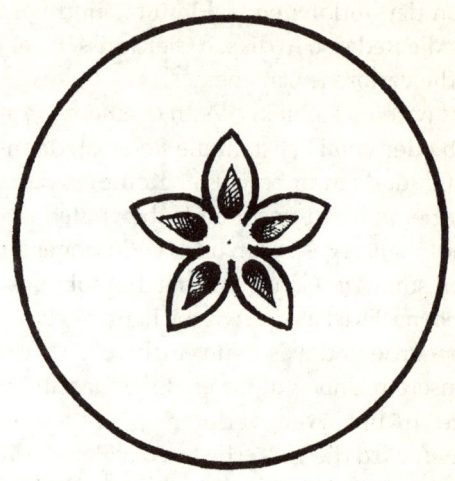

Die Äpfel in diesem Märchen sind *golden*. Gold ist das Symbol der Sonne, der Erkenntnis und der ewigen Welt. Gold ist das Endstadium des alchimistischen Verwandlungsprozesses. Gold als Symbol der Ewigkeit ist der Hintergrund auf den Ikonen der Ostkirche. Goldene Äpfel vermitteln also die Botschaft, daß die ewige Welt (Gold) eins wird mit der irdischen Welt (Apfel). Einen Baum, der goldene Früchte trägt, kennen wir auch aus dem griechischen Mythos. Die Erdgöttin Gaia hat diesen Baum als Hochzeitsgeschenk für die Himmelsgötter Zeus und Hera wachsen lassen.[180]

Im Märchen wird berichtet, daß einer der goldenen Äpfel fehlt. Daß die Äpfel gezählt werden, bedeutet, sie gehören alle zusammen, um die Ganzheit darzustellen. Wenn einer fehlt, dann ist die Ganzheit zerstört. Unser Märchen beginnt also mit der verlorenen Ganzheit. Das erinnert an die drei Gleichnisse Jesu, die im 15. Kapitel des Lukas-Evangeliums überliefert sind, in denen vom verlorenen Schaf, von der verlorenen Geldmünze und vom verlorenen Sohn die Rede ist. In diesen Gleichnissen geht es ebenfalls um die verlorene Ganzheit.[181]

Der Apfel wird ›gestohlen‹. Wenn in einem Traum von einem Dieb oder von Diebstahl die Rede ist, dann bedeutet dies häufig, daß ein unbewußter Komplex dem Bewußtsein Energie raubt. In unserem Unbewußten ist dann ein seelischer Inhalt abgespalten und ›verlorengegangen‹ und verhindert somit die Ganzwerdung. Er raubt uns ein Stück echten Lebens. Es ist etwas, was bisher nicht bewußt angenommen wurde und was in uns nicht leben darf und deshalb in unserem Unbewußten ein Eigendasein führt. Es ist für unsere bewußte Welt ›verloren‹.

Im Märchen wird dieser Verlust in der Zeit der Reife, also im ›Herbst‹, bemerkt. Viele merken erst im Herbst ihres Lebens, daß ihnen das Leben zerronnen ist, ihnen gleichsam ein Stück ihres Lebens ›gestohlen‹ wurde und wesentliche Bereiche gar nicht gelebt worden sind. Über der für unser äußeres Fortkommen so wichtigen Einseitigkeit haben wir die für unsere innere Reife so wesentliche Ganzheit verloren. Wir haben es versäumt, das weniger Wichtige vom Wesentlichen zu unterscheiden und dem Wesentlichen die ihm gebührende Priorität einzuräumen. Wir haben vieles geleistet, aber das Eigentliche ist uns abhanden gekommen. Und jetzt merken wir den Verlust. Es ist kein einmaliger Verlust, sondern ein Verlustprozeß, der sich Nacht für Nacht fortsetzt. Nacht für Nacht wird ein Apfel gestohlen. In der Zeit der Reife wird offenbar, ob das Leben ein Ganzes ist oder ob die Ganzheit verlorengegangen ist und das Leben zerrinnt.

Jetzt wird der König wach. Der alte König wacht jedoch nicht selbst, sondern er läßt seine Söhne wachen.[182] Der König hat drei Söhne. In der Regel sind in den Märchen die beiden älteren Söhne dem alten Prinzip verhaftet. Sie verschlafen die Wendezeit (= die Mitternacht). Der jüngste Sohn dagegen ist der Gegenpol zum alten König und den von ihm vertretenen Normen. Der König traut deshalb dem Jüngsten nichts zu, weil er selbst ganz und gar den Normen und der Tradition verhaftet ist. Das Unkonventionelle muß sich seinen Weg selbst erkämpfen. Der Jüngste wird im Märchen häufig als ›Dummling‹ bezeichnet.[183] (Das ist eine Projektion des alten Königs und der älteren Brüder!) Auch in unserem Märchen heißt es, der König traue dem Jüngsten nicht viel zu. Der Jüngste hat deshalb eine besondere Chance, etwas Eigenes zu werden. Er verschläft die Wendezeit nicht. Er sieht den Vogel.

Der *Vogel* ist Symbol der Freiheit, der Phantasie, der Inspiration, des Geistigen. Er ist von der Erdenschwere befreit. Als goldener Vogel gehört er zur ewigen Welt, zur unsichtbaren Wirklichkeit. Oft ist ein Vogel auch ein Lockvogel, der uns auffordert, ihm zu folgen.[184]

Die *Feder* ist ein Teil des neuen Prinzips der Freiheit. Sie ist deshalb wertvoller als das gesamte alte Prinzip. Jesus hat einmal gesagt, daß der Kleinste im neuen Bereich größer ist als der Größte im alten Bereich.[185] Das Alte kann nur erfüllt und belebt werden, wenn es Anteil am Neuen gewinnt. Deshalb will der König unbedingt den goldenen Vogel haben.

Der König hat Verlangen nach etwas, was nicht von dieser

Welt ist, was nicht gemacht oder fabriziert werden kann. Es ist das Verlangen nach dem Jenseitigen, es ist das Heimweh nach der Ewigkeit, das ihn in der Tiefe seiner Seele bewegt. Er hat dieses Verlangen nach dem goldenen Vogel, weil er den Bereich des Ewigen in sich unterdrückt hat. Aber die Sehnsucht der Seele lebt im verborgenen weiter. Die goldenen Äpfel stehen in Beziehung zur jenseitigen Welt. Sie locken den goldenen Vogel an. Erst der Verlust weckt den König auf und läßt die Sehnsucht nach der Ewigkeit in ihm wach werden. Die Sehnsucht nach der Ewigkeit ist das Heimweh des in uns lebenden Gottesgeistes nach seiner eigentlichen Heimat.[186]

Begegnung mit dem Helfer

Der älteste Sohn machte sich auf den Weg, verließ sich auf seine Klugheit und meinte, den goldenen Vogel schon zu finden. Wie er eine Strecke gegangen war, sah er an dem Rande eines Waldes einen Fuchs sitzen, legte seine Flinte an und zielte auf ihn. Der Fuchs rief: »Schieß mich nicht, ich will dir dafür einen guten Rat geben. Du bist auf dem Weg nach dem goldenen Vogel und wirst heut abend in ein Dorf kommen, wo zwei Wirtshäuser einander gegenüberstehen. Eins ist hell erleuchtet, und es geht darin lustig her; da kehr aber nicht ein, sondern geh ins andere, wenn es dich auch schlecht ansieht.« – »Wie kann mir wohl so ein albernes Tier einen vernünftigen Rat erteilen!« dachte der Königssohn und drückte los, aber er fehlte den Fuchs, der den Schwanz streckte und schnell in den Wald lief. Darauf setzte er seinen Weg fort und kam abends in das Dorf, wo die beiden Wirtshäuser standen: In dem einen ward gesungen und gesprungen, das andere hatte ein armseliges betrübtes Ansehen. »Ich wäre wohl ein Narr«, dachte er, »wenn ich in das lumpige Wirtshaus ginge und das schöne liegenließ.« Also ging er in das lustige ein, lebte da in Saus und Braus und vergaß den Vogel, seinen Vater und alle guten Lehren.

Als eine Zeit verstrichen und der älteste Sohn immer und immer nicht nach Hause gekommen war, so machte sich der zweite auf den Weg und wollte den goldenen Vogel suchen. Wie dem ältesten begegnete ihm der Fuchs und gab ihm den guten Rat, den er nicht achtete. Er kam zu den beiden Wirtshäusern, wo sein Bruder am Fenster des einen stand, aus dem der Jubel erschallte, und ihn anrief. Er konnte nicht widerstehen, ging hinein und lebte nur seinen Lüsten.

Wiederum verstrich eine Zeit; da wollte der jüngste Königssohn ausziehen und sein Heil versuchen, der Vater aber wollte es nicht zulassen. »Es ist vergeblich«, sprach er, »der wird den goldenen Vogel noch weniger finden als seine Brüder, und wenn ihm ein Unglück zustößt, so weiß er sich nicht zu helfen; es fehlt ihm am Besten.« Doch endlich, wie keine Ruhe mehr da war, ließ er ihn ziehen.

Vor dem Walde saß wieder der Fuchs, bat um sein Leben und erteilte den guten Rat. Der Jüngling war gutmütig und sagte: »Sei ruhig, Füchslein, ich tue dir nichts zuleid.« – »Es soll dich nicht gereuen«, antwortete der Fuchs, »und damit du schneller fort-

kommst, so steig hinten auf meinen Schwanz.« Und kaum hat er
sich aufgesetzt, so fing der Fuchs an zu laufen, und da ging's
über Stock und Stein, daß die Haare im Winde pfiffen. Als sie zu
dem Dorfe kamen, stieg der Jüngling ab, befolgte den guten Rat
und kehrte, ohne sich umzusehen, in das geringe Wirtshaus ein,
wo er ruhig übernachtete.

Die Söhne handeln im Auftrag ihres Vaters, sie stehen also
in einem Abhängigkeitsverhältnis. Sie machen trotzdem
ihre eigenen Erfahrungen. Die meisten Menschen leben in
Abhängigkeitsverhältnissen. Auch wenn wir für andere
arbeiten, können wir dabei persönliche Erfahrungen machen. Vielleicht denken wir manchmal: »Ja, wenn ich frei
und unabhängig wäre, dann könnte ich etwas für meine
Ganzheit tun!« Die Erfahrung lehrt, daß dieser Satz nur in
Ausnahmefällen stimmt. Viele, die frei und unabhängig
leben, tun nichts für ihre Ganzheit, sondern leben einseitig
und tun nur das, was ihnen Spaß macht. Zur Ganzheit gehört jedoch auch das Eingebundensein in eine bestimmte
Ordnung und in bestimmte Grenzen. Daran erinnert der
Planet Saturn, der *auch* zu unserer Siebentagewoche gehört.[187] Er regiert den Samstag, an dem viele Menschen
›frei‹ sind. Gerade zur Freiheit gehört auch die Ordnung.
Zur Ganzheit gehört immer beides: Muße und Arbeit, Me-
ditieren und Wirken, Freiheit und Eingebundensein in eine bestimmte Ordnung. Deshalb gilt, daß wir auch im
Dienst für andere unsere eigenen Erfahrungen machen
können. Oft sind es gerade die Reibungen der Abhängigkeit, die uns die eigentlichen Impulse geben, die wir als
Unabhängige vielleicht gar nicht spüren würden.
Die älteren Brüder handeln wieder ohne Gespür für das
Neue. Sie sind nicht wirklich aufgebrochen, sondern sie
behalten den alten Lebensstil bei. Ihr eigentliches Fehlver-

halten besteht darin, daß sie nicht offen sind für das Neue. Sie meinen, sie würden ohne Helfer auskommen, d. h., sie vertrauen auf ihre eigene Klugheit und Strategie. Sie machen eine Zwischenstation zum Endziel. Für sie ist das Vorläufige das Bleibende. Übertragen könnte das bedeuten, daß sie sich auf dieser Welt gar zu gut einrichten und damit das ewige Ziel aus dem Auge verlieren. Wenn wir Neuland betreten, gelten die bisherigen Erfahrungen nur noch bedingt. Das wissen die beiden älteren Brüder nicht, oder sie wollen es nicht wissen. Sie bleiben im bequemen Wirtshaus hängen, weil sie meinen, daß das Bequemere auch das Bessere ist. Sie vergessen, daß Wirtshäuser keine Ziele, sondern Stationen sind. Das Steckenbleiben auf dem Weg ist eine ständige Gefahr auf unserer inneren Reise. So wollte Petrus gerne auf dem Berg der Verklärung Hütten bauen, um dort zu bleiben.[188] Aber Jesus führte seine Jünger wieder hinunter ins Tal. Die Sehnsucht nach Kontinuität anstelle des stets neuen Wagnisses begegnet uns schon im Alten Testament, als das Volk statt der ständig neu zu berufenden charismatischen Richter lieber die Kontinuität eines erblichen Königtums wollte.[189]

Das zweimalige Versagen der älteren Brüder und das Gelingen des jüngsten beim Wachen unter dem Apfelbaum und beim Aufbruch kann im Rahmen des Gesamtmärchens auch als dreimalige Chance gedeutet werden. Die älteren Brüder wären dann Persönlichkeitsaspekte des jüngsten Bruders, des ›Märchenhelden‹. Wenn wir das Märchen so verstehen, dann hätte der Märchenheld zweimal versagt, aber der dritte Versuch wäre gelungen. Diese Deutung entspricht der Realität unseres Alltagslebens. Selten gelingt ein Aufbruch schon beim erstenmal. Oft merken wir erst beim zweiten- oder drittenmal, worauf es ankommt.

Trotz der positiven Erfahrung beim Wachen des jüngsten Sohnes unter dem Apfelbaum hat der alte König nichts dazugelernt. Er meint immer noch, daß es ihm ›am Besten fehlt‹. Er weiß nicht, daß gerade das, was er als minderwertig verachtet, der Zugang zur nichtgelebten Seite seiner Seele ist.

Der Jüngste macht sich also auf den Weg. Auch er begegnet wie seine Brüder dem Helfer, der in diesem Märchen ein Fuchs ist. Sprechende Tiere sind oft die Stimme unseres wahren Selbst. Die älteren Brüder verachten diese Stimme und folgen lieber ihrem bewußten Denken. Es ist jedoch wichtig, daß wir auf die Stimme unseres Unbewußten hören, denn oft weiß die mit der gesamten Tier- und Pflanzenwelt verbundene Tiefe unseres Wesens mehr als unser Verstand. Dies wird in der Bibel deutlich an der Geschichte von Bileams Eselin, die mehr sieht als der Prophet.[190]

Die Art des Helfers weist hin auf die Eigenschaften, die für den bevorstehenden Weg besonders notwendig sind. Wenn ein Fuchs auftaucht, dann geht es um List und um Schlauheit. Es ist jedoch keine kühle und abgeklärte Schlauheit. Darauf weist die rote Farbe des Fuchses hin. Rot ist die Farbe der Emotionen und der Leidenschaften. Es geht also um eine Klugheit, die starke Gefühle mit einschließt. In der keltischen Tradition ist der Fuchs Seelenbegleiter. Er entspricht dem Gott Hermes in der griechischen Mythologie. Hermes ist der Gott der Übergänge und der Aufbrüche. Er ist Reisebegleiter und Götterbote. Hermes ist der Gott der Händler und der Diebe, für den die Legalität nicht oberstes Gebot ist. Der Jüngste vertraut sich dem Fuchs an. Die beiden reisen eng verbunden miteinander. Der auf dem Fuchs reitende Prinz ist ein Bild für ein echtes Zusammenspiel zwischen Verstand und Instinkt. Das gibt einen gewaltigen Fortschritt. Stock und Stein, die sonst Hindernisse gewesen wären, werden mit Leichtigkeit überwunden, und es geht mit einer Schnelligkeit, bei der die Haare im Wind pfeifen. Das könnte bedeuten, daß dort, wo wir uns mit dem ›Fuchs‹, d. h. mit Kräften des Unbewußten, verbinden, wir auch einen neuen Zugang zum Denken (›Haare‹) und zum Geist (›Wind‹) bekommen. Wer mit dem ›Fuchs‹ verbunden ist, bei dem weht der Geist auch durch die Gedanken. Das neue Denken ist kein ›logisches‹ Denken, denn wo das Unbewußte und die Ewigkeit ins Spiel kommen, gilt »a = non a«.

Das erste, was der jüngste Sohn lernt, ist Bescheidenheit. Er soll mit dem geringeren Wirtshaus zufrieden sein – eine Vorübung für das Akzeptieren des ›geringen‹ Käfigs und des ›geringen‹ Sattels.

Fehler helfen weiter

Am anderen Morgen, wie er auf das Feld kam, saß da schon der Fuchs und sagte: »Ich will dir weiter sagen, was du zu tun hast. Geh du immer geradeaus, endlich wirst du an ein Schloß kommen, vor dem eine ganze Schar Soldaten liegt, aber kümmere dich nicht darum, denn sie werden alle schlafen und schnarchen; geh mittendurch und geradewegs in das Schloß hinein, und geh durch alle Stuben; zuletzt wirst du in eine Kammer kommen, wo ein goldener Vogel in einem hölzernen Käfig hängt. Nebenan steht ein leerer Goldkäfig zum Prunk, aber hüte dich, daß du den Vogel nicht aus seinem schlechten Käfig herausnimmst und in den prächtigen tust; sonst möchte es dir schlimm ergehen.« Nach diesen Worten streckte der Fuchs wieder seinen Schwanz aus, und der Königssohn setze sich auf; da ging's über Stock und Stein, daß die Haare im Winde pfiffen.

Als er bei dem Schloß angelangt war, fand er alles so, wie der Fuchs gesagt hatte. Der Königssohn kam in die Kammer, wo der goldene Vogel in einem hölzernen Käfig saß, und ein goldener stand daneben; die drei goldenen Äpfel aber lagen in der Stube umher. Da dachte er, es wäre lächerlich, wenn er den schönen Vogel in dem gemeinen und häßlichen Käfig lassen wollte, öffnete die Türe, packte ihn und setzte ihn in den goldenen. In dem Augenblick aber tat der Vogel einen durchdringenden Schrei. Die Soldaten erwachten, stürzten herein und führten ihn ins Gefängnis. Den andern Morgen wurde er vor ein Gericht gestellt und, da er alles bekannte, zum Tode verurteilt. Doch sagte der König, er wollte ihm unter einer Bedingung das Leben schenken, wenn er ihm nämlich das goldene Pferd brächte, welches noch schneller liefe als der Wind, und dann sollte er obendrein zur Belohnung den goldenen Vogel erhalten.

Der Königssohn machte sich auf den Weg, seufzte aber und war traurig; denn wo sollte er das goldene Pferd finden? Da sah er auf einmal seinen alten Freund, den Fuchs, an dem Wege sitzen. »Siehst du«, sprach der Fuchs, »so ist es gekommen, weil du mir nicht gehört hast. Doch sei guten Mutes, ich will mich deiner annehmen und dir sagen, wie du zu dem goldenen Pferd gelangst. Du mußt geradewegs fortgehen, so wirst du zu einem Schloß kommen, wo das Pferd im Stalle steht. Vor dem Stall werden die Stallknechte liegen, aber sie werden schlafen und schnarchen, und du kannst geruhig das goldene Pferd herausführen. Aber eins mußt du in acht nehmen, leg ihm den schlechten Sattel von Holz und Leder auf und ja nicht den goldenen, der dabei hängt; sonst wird es dir schlimm ergehen.« Dann streckte der Fuchs seinen Schwanz aus, der Königssohn setzte sich auf, und es ging fort über Stock und Stein, daß die Haare im Winde pfiffen.

Alles traf so ein, wie der Fuchs gesagt hatte: Er kam in den Stall, wo das goldene Pferd stand; als er ihm aber den schlechten Sattel auflegen wollte, so dachte er: »Ein so schönes Tier wird verschändet, wenn ich ihm nicht den guten Sattel auflege, der ihm gebührt.« Kaum aber berührte der goldene Sattel das Pferd, so fing es an, laut zu wiehern. Die Stallknechte erwachten, ergriffen den Jüngling und warfen ihn ins Gefängnis. Am andern Morgen wurde er vom Gerichte zum Tode verurteilt, doch versprach ihm der König, das Leben zu schenken und dazu das goldene Pferd, wenn er die schöne Königstochter vom goldenen Schlosse herbeischaffen könnte.

Mit schwerem Herzen machte sich der Jüngling auf den Weg, doch zu seinem Glücke fand er bald den treuen Fuchs. »Ich sollte dich nur deinem Unglück überlassen«, sagte der Fuchs, »aber ich habe Mitleiden mit dir und will dir noch einmal aus deiner Not helfen. Dein Weg führt dich gerade zu dem goldenen Schlosse; abends wirst du anlangen, und nachts, wenn alles still ist, dann geht die schöne Königstochter ins Badehaus, um da zu baden. Und wenn sie hineingeht, so spring auf sie zu und gib ihr einen Kuß; dann folgt sie dir, und du kannst sie mit dir fortführen; nur dulde nicht, daß sie vorher von ihren Eltern Abschied nimmt, sonst kann es dir schlimm ergehen.« Dann streckte der Fuchs seinen Schwanz, der Königssohn setzte sich auf, und so ging es über Stock und Stein, daß die Haare im Winde pfiffen.

Als er beim goldenen Schloß ankam, war es so, wie der Fuchs gesagt hatte. Er wartete bis um Mitternacht. Als alles in tiefem Schlaf lag und die schöne Jungfrau ins Badehaus ging, da sprang er hervor und gab ihr einen Kuß. Sie sagte, sie wollte gerne mit ihm gehen, bat ihn aber flehentlich und mit Tränen, er möchte ihr erlauben, vorher von ihren Eltern Abschied zu nehmen. Er widerstand anfänglich ihren Bitten, als sie aber immer mehr weinte und ihm zu Fuß fiel, so gab er endlich nach. Kaum aber war die Jungfrau zu dem Bette ihres Vaters getreten, so wachte er und alle anderen, die im Schloß waren, auf, und der Jüngling ward festgehalten und ins Gefängnis gesetzt.

Der Fortgang des Märchens zeigt: Der Jüngste folgt zwar dem Fuchs – aber er ist kein Sklave des Fuchses. Dadurch wird deutlich, daß es zwar gut ist, wenn wir dem Trend unserer Träume und Intuitionen folgen, aber wir sollten nicht sklavisch von ihnen abhängig werden. Wäre der jüngste Sohn sklavisch ›gehorsam‹ gewesen, dann hätte er zwar den goldenen Vogel bekommen, aber weder das Pferd noch die Königstochter. Diese beiden bekommt er durch seinen Ungehorsam! Der jüngste Prinz macht Fehler und erlebt, daß die Fehler zwar in die Misere führen, aber letztlich weiterhelfen. Man hat den Eindruck, daß der Fuchs diese Fehler bereits einkalkuliert hat. Der Ausgang des Märchens läßt erkennen, daß der Fuchs von Anfang an die Prinzessin im Sinn gehabt hat und nicht nur den goldenen Vogel. Der Fuchs ist die Stimme unseres wahren Selbst und damit die Stimme Gottes in unserem Inneren. Verbote, die aus dem Selbst kommen, haben mitunter den Sinn, übertreten zu werden, damit dadurch ein Autonomieschritt möglich wird, der weiter führt als eine strikte Beachtung des Gebotes.

Es geht also darum, daß wir weder Sklave des ›Königs‹ sind (d. h. dessen, was *man* tut, also angepaßt sind an die gängige Moral oder Unmoral) noch Sklaven des ›Fuchses‹ (d. h. unseres Unbewußten, unserer Träume oder sonstiger esoterischer Phänomene), sondern autonom zwischen beiden leben. Gerade diese Autonomie bringt weiter. Es geht also um die lebendige Wechselbeziehung zwischen dem bewußten und dem unbewußten Bereich.

Es könnte nun die Frage auftauchen: *Muß* man also Fehler machen? Man muß nicht – aber man macht sie. Und wenn wir Fehler machen, können sie sinnvoll in unseren Lebensplan eingebaut werden. Wichtig ist dabei jedoch, daß wir die Fehler erkennen und dann wieder dem Gesamttrend unseres Lebens folgen. Wir machen jeweils die Fehler, die uns entsprechen, und die *müssen* wir machen, damit wir weiterkommen. Die uns entsprechenden ›typischen‹ Fehler sind Ausdruck unseres jeweiligen inneren Zustandes. Die Fehler, die wir machen, weisen auf das hin, was uns noch fehlt und was noch verändert oder erworben werden kann. Auch unsere Träume weisen uns immer wieder auf unsere typischen Fehler hin, damit wir sie anschauen und uns nach dem Fehlenden ausstrecken und uns so verändern. In der Regel braucht es jedoch viele Träume, bis wir merken, wo wir uns ändern müssen.

Worin besteht nun der Ungehorsam des jüngsten Prinzen im einzelnen? Er will zunächst den goldenen Vogel in einen goldenen Käfig setzen. Das erscheint vernünftig. Wir merken: Auch der Jüngste kann seine Herkunft nicht verleugnen. Als Königssohn ist er geblendet vom Glanz des Goldes. Beim ›geringen‹ Wirtshaus hat er zwar eine erste Prüfung in puncto Bescheidenheit erfolgreich bestanden, aber beim hölzernen Käfig ist er wieder in seine alte Bewußtseinshaltung zurückgefallen. Auch hier hätte er Bescheidenheit lernen sollen, aber er war noch nicht reif für die Erkenntnis, daß das wirklich Wertvolle im unscheinbaren Gefäß verborgen ist. Diese Wahrheit wird vom Apostel Paulus folgendermaßen formuliert: »Wir haben den *himmlischen* Schatz in *irdenen* Gefäßen.«[191] Alles, was an der Ganzheit Anteil hat, besteht in der Vereinigung der Gegensätze. So manifestiert sich der *Geist* in der *Materie*, die *Kraft* in der *Schwachheit*.[192] Diese Wahrheit wird in unserem Märchen dadurch zum Ausdruck gebracht, daß zum goldenen Vogel (›Geist‹) der hölzerne Käfig (›Materie‹) gehört. Wo sich dagegen Gold mit Gold verbindet, entsteht ein großes Geschrei und heftige Opposition.

Der zweite ›Fehler‹, den der jüngste Prinz macht, ist, daß

er dem goldenen Pferd einen goldenen Sattel auflegen will. Das Pferd steht für unsere Leiblichkeit. Wenn wir von einem Pferd träumen, hat das in der Regel etwas mit unserem Leib und mit unserer Triebwelt zu tun. Andererseits ist ein *goldenes* Pferd, das wie der *Wind* läuft, ein von der Ewigkeit (Gold) und vom Geist (Wind) durchdrungenes Pferd. Es ist also umgekehrt wie beim goldenen Vogel. Beim Vogel geschieht die Geisterfahrung innerhalb der leiblichen Begrenzung (Käfig), beim Pferd ist es so, daß die Ewigkeit und der Geist die Leiblichkeit durchdringen; d. h., der Leib selbst ist fähig, Jenseitiges zu vermitteln und von den Kräften der ewigen Welt durchdrungen zu werden. [193] Solche Erfahrungen sind jedoch keine Dauererfahrungen, sondern der Sattel, auf dem wir sitzen, ist ein vergänglicher, es ist ein ›schlechter‹ (d. h. ein ›schlichter‹) Sattel aus Holz und Leder. Es geht also darum, daß die Geisterfahrungen, die wir in Verbindung mit unserem Körper machen, nicht das sind, worauf wir uns setzen, sondern unser Platz ist im schlichten Alltag dieser Welt.

Seinen dritten ›Fehler‹ macht der jüngste Prinz im Zusammenhang mit der Eroberung der Prinzessin. Auch hier mißachtet er den Rat des Fuchses. Während der Vogel für den *Geist* steht und das Pferd für den *Leib,* steht die Prinzessin für die *Seele.* Sie ist eine Anima-Figur des Prinzen, also eine innerpsychische Realität. Interessant ist die Reihenfolge in unserem Märchen: Zunächst geht es um die Heimholung des Geistes, um eine Geisterfahrung, dann um die Heimholung der Triebwelt, um eine Leiberfahrung. Erst dann ist der Prinz befähigt, auch seiner Seele zu begegnen. Hier liegt eine tiefe Weisheit verborgen: Die Seele wird weder vergeistigt noch in der Leiblichkeit festgehalten, sondern sie kann sich spielend zwischen den beiden Bereichen bewegen, ohne von dem einen oder anderen vereinnahmt zu werden.

Dies gilt auch für die Beziehung zu einer realen Frau. In der Minnesängerzeit wurden Frauen angehimmelt und als geradezu überirdische Wesen verehrt. In der sogenannten Sexwelle wurden sie zum Objekt erniedrigt und auf die rein körperliche Ebene gezerrt. Richtig dagegen ist es, daß die Frau sich spielend zwischen den beiden Extremen bewegt – zwischen der heiligen Jungfrau und der Hure. Das gilt auch für unsere Seele. Sie bewegt sich zwischen dem animalisch-triebhaften und dem himmlischen Bereich. Für den Prinzen geht es jetzt um die Ganzwerdung, d. h. um eine liebende Verbindung zwischen dem männlichen und dem weiblichen Prinzip.

Wie am Anfang des Märchens ist jetzt wieder von der ›Mitternacht‹ die Rede. Daß die Prinzessin um *Mitternacht* ins Bad geht, bedeutet, daß es hier um eine Umkehr (Mitternacht) geht und um eine Erneuerung (Bad). Diese Wende und Erneuerung hat etwas mit der Liebe (Kuß) zu tun. Es geht jetzt sowohl für den Prinzen als auch für die Prinzessin um eine entscheidende Umkehrerfahrung, um die Selbstverwirklichung und Selbstwerdung. Diese kann sich nur vollziehen, wenn alle Bindungen zum Bisherigen abgebrochen werden im Sinne des Jesus-Wortes: »Wer die Hand an den Pflug legt und sieht zurück, der ist nicht geschickt für das Reich Gottes.«[194] Jesus sagt dieses Wort im Zusammenhang mit dem Verbot, Abschied von seinen Angehörigen zu nehmen![195]

Abschied nehmen hieße in unserem Märchen, den Segen des ›Königs‹ für die Reise zu begehren. Der König als Vertreter der alten Moral kann jedoch keinen Segen für die innere Reise geben, er gehört zum alten Prinzip, das ein Feind des neuen Prinzips ist. Wir können nicht unseren eigenen Weg der Selbstwerdung gehen und gleichzeitig erwarten, daß die bisherigen Autoritäten damit einverstanden sind. Wer zur inneren Reise aufbricht, kann nicht gleichzeitig auch noch die Ansprüche der alten Moral erfüllen. Wenn einem Menschen klargeworden ist, daß er einen Autonomieschritt wagen muß, dann muß er auch die volle Verantwortung für das Wagnis der inneren Reise übernehmen. Solange er noch die Zustimmung von anderen braucht, ist er letztlich noch nicht bereit zu diesem Schritt. Autonom sind wir erst, wenn wir den Schritt in die Autonomie wagen – völlig unabhängig davon, ob die anderen damit einverstanden sind oder nicht.[196] Wenn es darum geht, unsere Seele zu gewinnen, dann muß alles andere zurücktreten. Bei der inneren Reise gibt es kein ›Am-Alten-Kleben‹, sondern nur ein mutiges Vorwärtsschreiten. Dies beachtet jedoch der jüngste Prinz nicht, und das ist sein dritter Fehler.

Die Überwindung des Vaters

Am andern Morgen sprach der König zu ihm: »Dein Leben ist verwirkt, und du kannst bloß Gnade finden, wenn du den Berg abträgst, der vor meinen Fenstern liegt und über welchen ich nicht hinaussehen kann, und das mußt du binnen acht Tagen zustande bringen. Gelingt dir das, so sollst du meine Tochter zur Belohnung haben.«
Der Königssohn fing an, grub und schaufelte, ohne abzulassen, als er aber nach sieben Tagen sah, wie wenig er ausgerichtet hatte, und alle seine Arbeit so gut wie nichts war, so fiel er in große Traurigkeit und gab alle Hoffnung auf. Am Abend des siebenten Tages aber erschien der Fuchs und sagte: »Du verdienst nicht, daß ich mich deiner annehme, aber geh nur hin und lege dich

170

schlafen; ich will die Arbeit für dich tun.« Am andern Morgen, als er erwachte und zum Fenster hinaussah, so war der Berg verschwunden. Der Jüngling eilte voll Freude zum König und meldete ihm, daß die Bedingung erfüllt wäre, und der König mochte wollen oder nicht, er mußte Wort halten und ihm seine Tochter geben.

Nun zogen die beiden zusammen fort, und es währte nicht lange, so kam der treue Fuchs zu ihnen. »Das Beste hast du zwar«, sagte er, »aber zu der Jungfrau aus dem goldenen Schloß gehört auch das goldene Pferd.« – »Wie soll ich das bekommen?« fragte der Jüngling. »Das will ich dir sagen«, antwortete der Fuchs, »zuerst bring dem Könige, der dich nach dem goldenen Schloß geschickt hat, die schöne Jungfrau. Da wird unerhörte Freude sein, sie werden dir das goldene Pferd gerne geben und werden dir's vorführen. Setz dich alsbald auf und reiche allen zum Abschied die Hand herab, zuletzt der schönen Jungfrau, und wenn du sie gefaßt hast, so zieh sie mit einem Schwung hinauf und jage davon; und niemand ist imstande, dich einzuholen; denn das Pferd läuft schneller als der Wind.«

Alles wurde glücklich vollbracht, und der Königssohn führte die schöne Jungfrau auf dem goldenen Pferde fort. Der Fuchs blieb nicht zurück und sprach zu dem Jüngling: »Jetzt will ich dir auch zu dem goldenen Vogel verhelfen. Wenn du nahe bei dem Schlosse bist, wo sich der Vogel befindet, so laß die Jungfrau absitzen, und ich will sie in meine Obhut nehmen. Dann reit mit dem goldenen Pferd in den Schloßhof; bei dem Anblick wird große Freude sein, und sie werden dir den goldenen Vogel herausbringen. Wie du den Käfig in der Hand hast, so jage zu uns zurück und hole dir die Jungfrau wieder ab.«

Die falsche Sentimentalität und das falsche Mitleid des Prinzen halten die Prinzessin in Abhängigkeit vom Vater. Der Vater ist wie ein unüberwindlicher Berg, und mit diesem Berg muß sich der Prinz jetzt auseinandersetzen. Er muß den Kampf mit dem Vater aufnehmen. Der Vater versperrt den Weg zur Prinzessin. Solange sie noch an den Eltern klebt, ist sie noch nicht frei für den Prinzen. Erst wenn der Vater überwunden ist, wird der Weg frei für eine autonome Begegnung. Der Prinz macht sich an die Arbeit – aber die Arbeit ist zu schwer. Der Vater ist ein überfordernder Vater, der die Prinzessin behalten will.[197]

Der Berg hat eine ähnliche Bedeutung wie Gesetz und Moral. Auch das alttestamentliche Gesetz wird im Neuen Testament als ein solcher Berg empfunden,[198] als eine überfordernde Größe, dessen Forderungen trotz aller Anstrengungen nicht erfüllt werden können. Der Apostel Paulus meint deshalb als Folge seines vergeblichen Mühens: »Ich elender Mensch! Wer wird mich erlösen …?«[199] So ergeht es auch dem Prinzen: Er fällt in große Traurigkeit und gibt alle Hoffnung auf. Er ist am Nullpunkt angelangt.

Was der König sagt, ist ein Widerspruch in sich selbst. Er verspricht ›Gnade‹, verlangt aber Leistung. Diese Forderung ist dem Evangelium diametral entgegengesetzt. Jesus verkündet Gnade als frohmachendes Schenken Gottes ohne jegliche menschliche Gegenleistung. Und dennoch ist die Arbeit, die der jüngste Prinz leistet, keine vergebliche Arbeit, sondern sie hat eine wesentliche Funktion, denn durch das Sichabmühen am Berg kommt er überhaupt erst zur inneren Erfahrung seines Unvermögens und zur Erfahrung des Scheiterns. Solange wir noch meinen, daß wir das Entscheidende aus eigener Kraft leisten können, fehlen uns die leeren Hände, denen die Verheißung gilt, so wie Jesus sagt: »Glückselig sind die geistlich Armen [d. h. diejenigen, die mit leeren Händen wie Bettler vor Gott stehen]; denn ihnen gehört das Himmelreich.«[200]

Erst nach der Erfahrung des Scheiterns erfährt der Prinz Gnade. Das Märchen beschreibt dies in einem großartigen Satz: »Am Abend des siebten Tages aber erschien der Fuchs und sagte: ›Du verdienst nicht, daß ich mich deiner annehme, aber gehe nur hin, *lege dich schlafen; ich will die Arbeit für dich tun.‹* Am andern Morgen, als er erwachte und zum Fenster hinaussah, so war der Berg verschwunden.« In diesem Satz ist das Geschehen von Karfreitag, Karsamstag und Ostern zusammengefaßt:

1. *Am Abend des siebten Tages: in letzter Minute, wenn die Not am größten ist, wenn es gar keinen Ausweg mehr gibt.*

2. *Du verdienst es nicht: Zur Gnade gehört, daß wir das Geschenk nicht ›verdienen‹, so wie der Hauptmann von Kapernaum zu Jesus sagt: »Ich bin nicht wert, daß du in mein Haus kommst.«*[201]

3. *Leg dich schlafen: Wir können wirklich nichts mehr tun, als endlich einmal aufhören mit den eigenen Bemühungen, um dann zu erfahren: Den Seinen gibt es Gott im Schlaf.*[202]

4. *Ich will die Arbeit für dich tun: Gnade heißt nicht, daß es keiner Arbeit bedarf, sondern daß ein anderer die Arbeit für uns tut, die wir nicht tun können. Damit wird dieser Vers durchscheinend für das Karfreitagsgeschehen, wie es im Buch Jesaja zum Ausdruck gebracht wird: »Fürwahr, er trug unsre Krankheit.«*[203]

5. *Als der Jüngling erwachte, war der Berg verschwunden: Das ist Auferstehung, das ist Ostern.*

Was jetzt folgt, ist ein Leben zwischen den fordernden Vätern und der befreienden Gnade. Es geht jetzt nicht mehr um das Schema ›Arbeit–Verzweiflung–Gnade‹, sondern um ein eher spielerisches Erleben der Gnade in der Form der List (d. h. ›nach Art des Fuchses‹). Die Väter werden durch List überwunden. ›Könige‹ oder ›Väter‹, die am Alten kleben, kann man nicht überzeugen, sondern man kann sie nur überwinden. Bei der Überwindung durch List ist der Fuchs in seinem ureigensten Element. Gnade und List sind keine Gegensätze, sondern wenn eine List gelingt, dann ist das auch Gnade. Wir erleben Gnade somit auf doppelte Weise: als »Hilfe in den großen Nöten, die uns getroffen haben«[204] und als Ermöglichung einer spielerischen Bewältigung des Lebens. Im ›goldenen Vogel‹ begegnet uns beides. Für die Wegstrecke, die jetzt vor dem Prinzen liegt, ist die spielerische Seite der Gnade in der Form von List das richtige Mittel. Dominierende Väter kann man nicht überzeugen, weil für sie das Haben wichtiger als das Sein ist. Sie geben deshalb ihre Schätze nie freiwillig, man muß sie überlisten.

Und worum geht es innerseelisch? Es geht um die Vereinigung von Leib, Seele und Geist. Zur männlich-weiblichen *Seele* (Prinz und Prinzessin) gehört die volle Integration des *Leibes* (Pferd) und des *Geistes* (Vogel). Wenn in einer Partnerbeziehung nur der Trieb herrscht, ist die Beziehung ebenso einseitig, wie wenn nur der Geist herrscht. Leib, Seele und Geist gehören zusammen, und deshalb müssen der Prinz und die Prinzessin sowohl das Roß als auch den Vogel heimführen, d. h. in ihr Leben integrieren.

Der Weg in die Tiefe

Als der Anschlag geglückt war und der Königssohn mit seinen Schätzen heimreiten wollte, so sagte der Fuchs: »Nun sollst du mich für meinen Beistand belohnen.« – »Was verlangst du dafür?« fragte der Jüngling. »Wenn wir dort in den Wald kommen, so schieß mich tot, und hau mir Kopf und Pfoten ab.« – »Das wäre eine schöne Dankbarkeit«, sagte der Königssohn, »das kann ich dir unmöglich gewähren.« Sprach der Fuchs: »Wenn du es nicht tun willst, so muß ich dich verlassen; ehe ich aber fortgehe, will ich dir noch einen guten Rat geben. Vor zwei Stücken hüte dich: Kauf kein Galgenfleisch und setze dich an keinen Brunnenrand.« Damit lief er in den Wald.

Der Jüngling dachte: »Das ist ein wunderliches Tier, das seltsame Grillen hat. Wer wird Galgenfleisch kaufen! Und die Lust, mich an einen Brunnenrand zu setzen, ist mir noch niemals gekommen.« Er ritt mit der schönen Jungfrau weiter, und sein Weg führte ihn wieder durch das Dorf, in welchem seine beiden Brüder geblieben waren. Da war großer Auflauf und Lärmen, und als er fragte, was da vor wäre, hieß es, es sollten zwei Leute

aufgehängt werden. Als er näher hinzukam, sah er, daß es seine Brüder waren, die allerhand schlimme Streiche verübt und all ihr Gut vertan hatten. Er fragte, ob sie nicht könnten frei gemacht werden. »Wenn Ihr für sie bezahlen wollt«, antworteten die Leute, »aber was wollt Ihr an die schlechten Menschen Euer Geld hängen und sie loskaufen!« Er besann sich aber nicht, zahlte für sie, und als sie freigegeben waren, so setzten sie die Reise gemeinschaftlich fort.

Sie kamen in den Wald, wo ihnen der Fuchs zuerst begegnet war, und da es darin kühl und lieblich war und die Sonne heiß brannte, so sagten die beiden Brüder: »Laßt uns hier an dem Brunnen ein wenig ausruhen, essen und trinken.« Er willigte ein, und während des Gesprächs vergaß er sich, setzte sich an den Brunnenrand und versah sich nichts Arges. Aber die beiden Brüder warfen ihn rückwärts in den Brunnen, nahmen die Jungfrau, das Pferd und den Vogel und zogen heim zu ihrem Vater. »Da bringen wir nicht bloß den goldenen Vogel«, sagten sie, »wir haben auch das goldene Pferd und die Jungfrau von dem goldenen Schlosse erbeutet.« Da war große Freude, aber das Pferd, das fraß nicht, der Vogel, der pfiff nicht, und die Jungfrau, die saß und weinte.

Wir haben den im Wald lebenden Fuchs kennengelernt als den Helfer aus der Tiefe. Solange der Prinz dem Helfer aus der Tiefe gehorchte, handelte er richtig. Die Brüder, die nur auf das ›Vernünftige‹ bauen, handeln falsch. Aber auch der jüngste Prinz handelt falsch, wenn er nur seiner Vernunft vertraut. Er hat jedoch aus seinen Fehlern gelernt und sich schließlich ganz auf die Stimme aus der Tiefe (auf die Stimme des Fuchses) verlassen und in Übereinstimmung mit ihr gehandelt. Das Wollen seines Ichs war dabei identisch mit dem Wollen seines Selbst. Das ist *wahre* Autonomie! Dadurch hat er nicht nur die Prinzessin, sondern auch das goldene Roß und den goldenen Vogel erlangt. Der Fuchs hat seine Aufgabe erfüllt und möchte jetzt in anderer Gestalt weiterleben. Für die Psyche heißt dies, daß das, was bisher unbewußt war, jetzt bewußt mitleben will. Der Fuchs muß zerstückelt werden; d. h., das Unbewußte soll durch Auflösung (›Analyse‹) dem Bewußtsein zugänglich gemacht und integriert werden. Das tierisch Fremde soll zum menschlich Vertrauten werden.

Aber das will der Prinz nicht! Analyse – das ist zu anstrengend! Warum nicht ›wie bisher weiterleben‹? Die Aufgabe ist ja erfüllt, und die Gefahren sind vorbei. Und schon haben wir wieder einen Bibelvers im Ohr: »Wer da zu stehen meint, der sehe zu, daß er nicht falle.«[205] Und er *fällt!* Und zwar zurück in seinen alten Hochmut! Er meint, er sei schlauer als der Fuchs. Der Prinz wiegt sich in Sicherheit und mißt deshalb den neuerlichen Ratschlägen des Fuchses keine Wichtigkeit mehr bei. Wir ahnen, daß das nicht gutgehen kann und daß der Prinz hier einen entscheidenden Fehler begeht.

Aber so machen wir es eben in unserem Leben. Gerade haben wir etwas kapiert und richtig gemacht, und schon wieder packt uns die alte Selbstsicherheit und Arroganz. In der Bildsprache des Märchens: Der Prinz holt seine hochmütigen Brüder vom Galgen herab. Gerade sollte der Hochmut hoch am Galgen sterben, und schon holt ihn der Prinz wieder herab. Jetzt hat er seinen Hochmut wieder, und zwar in doppelter Gestalt. Dort wo er einst seinen Hochmut zurückgelassen hatte, nämlich in demselben Dorf, in dem er in das einfache Wirtshaus eingekehrt war, dort holt er seinen Hochmut in Gestalt seiner beiden Brüder wieder ab und setzt mit ihnen gemeinsam die Reise fort! Ohne Bild: Der Prinz hat sein Ziel erreicht. Er meint, er brauche jetzt nicht mehr auf die Warnungen des Unbewußten zu achten und könne sich seinen alten Hochmut wieder leisten. Aber wir kennen ja das Sprichwort: »Hochmut kommt vor dem Fall.« Und so geschieht es auch hier: Er ›fällt‹ jetzt zum zweitenmal – diesmal in einen Brunnen. Das erinnert uns an Joseph, der ebenfalls durch seine hochmütigen Reden in einem Brunnen landet.[206] Alles, was der Prinz mit Hilfe des Helfers auf der Tiefe erlangt hat, das verdirbt nun der Hochmut. Der Vogel singt nicht, das Roß frißt nicht, und die Prinzessin weint. Das ist eine bedrückende Situation, die deutlich macht, daß der *Hoch*mut der Vater der *Schwer*mut (d. h. der Depression) ist. Eine wichtige biblische Lehre lautet: »Gott widerstehet den Hochmütigen, aber den Demütigen gibt er Gnade.«[207] Was dem Hochmütigen scheinbar gelingt, das zerrinnt ihm wieder unter den Händen. Und nun sitzt der Prinz erneut im Elend und hat wieder einmal leere Hände. Aber auch die beiden älteren Brüder haben trotz ihrer gestohlenen Beute keinen Gewinn, denn das mit falschen Mitteln Erworbene verdirbt unter ihren Händen.

Die wiedergefundene Ganzheit

Der jüngste Bruder war aber nicht umgekommen. Der Brunnen war zum Glück trocken, und er fiel auf weiches Moos, ohne Schaden zu nehmen, konnte aber nicht wieder heraus. Auch in dieser Not verließ ihn der treue Fuchs nicht, kam zu ihm herabgesprungen und schalt ihn, daß er seinen Rat vergessen hätte. »Ich kann's aber doch nicht lassen«, sagte er, »ich will dir wieder an das Tageslicht helfen.« Er sagte ihm, er sollte seinen Schwanz anpacken und sich fest daran halten, und zog ihn dann in die Höhe. »Noch bist du nicht aus aller Gefahr«, sagte der Fuchs, »deine Brüder waren deines Todes nicht gewiß und haben den

Wald mit Wächtern umstellt, die sollen dich töten, wenn du dich sehen ließest.«

Da saß ein armer Mann am Weg, mit dem vertauschte der Jüngling die Kleider und gelangte auf diese Weise an des Königs Hof. Niemand erkannte ihn, aber der Vogel fing an zu pfeifen, das Pferd fing an zu fressen, und die schöne Jungfrau hörte Weinens auf. Der König fragte verwundert: »Was hat das zu bedeuten?« Da sprach die Jungfrau: »Ich weiß es nicht, aber ich war so traurig, und nun bin ich so fröhlich. Es ist mir, als wäre mein rechter Bräutigam gekommen.« Sie erzählte ihm alles, was geschehen war, obgleich die andern Brüder ihr den Tod angedroht hatten, wenn sie etwas verraten würde. Der König hieß alle Leute vor sich bringen, die in seinem Schloß waren; da kam auch der Jüngling als ein armer Mann in seinen Lumpenkleidern, aber die Jungfrau erkannte ihn gleich und fiel ihm um den Hals. Die gottlosen Brüder wurden ergriffen und hingerichtet, er aber ward mit der schönen Jungfrau vermählt und zum Erben des Königs bestimmt.

Aber wie ist es dem armen Fuchs ergangen? Lange danach ging der Königssohn einmal wieder in den Wald; da begegnete ihm der Fuchs und sagte: »Du hast nun alles, was du dir wünschen kannst, aber mit meinem Unglück will es kein Ende nehmen, und es steht doch in deiner Macht, mich zu erlösen«, und abermals bat er flehentlich, er möchte ihn totschießen und ihm Kopf und Pfoten abhauen. Also tat er's, und kaum war es geschehen, so verwandelte sich der Fuchs in einen Menschen und war niemand anders als der Bruder der schönen Königstochter, der endlich von dem Zauber, der auf ihm lag, erlöst war. Und nun fehlte nichts mehr zu ihrem Glück, solange sie lebten.

Der letzte Ungehorsam hilft äußerlich nicht weiter. Das gute Ende wäre dasselbe gewesen, wenn der Prinz dem Fuchs gehorcht hätte. Fehler helfen also nicht immer weiter, im Gegenteil: Der letzte Ungehorsam verzögert und verkompliziert den Fortgang und bringt Leid über den Prinzen, über den Fuchs, über den Vogel, über das Pferd und über die Prinzessin. Die Gnade bewirkt jedoch, daß auch diese Phase gut durchgestanden wird.

Der Prinz macht auch beim letzten Ungehorsam Tiefenerfahrungen, die wahrscheinlich für ihn noch notwendig waren, damit sein Hochmut endgültig überwunden wird. Er sitzt in der Tiefe und kann nicht mehr heraus. Es gibt keine Bedingung mehr, die einen kurzen Lichtblick böte. Es ist endgültig Schluß. Er sitzt unwiderruflich fest mit seiner Weisheit. Hilfe kann nur noch von außen kommen. Und sie kommt, wieder in der Gestalt des Fuchses und wieder als Gnade.

Jetzt wird der Prinz nicht nur innerlich arm, sondern auch äußerlich unansehnlich. Er vertauscht seine Kleider mit denen eines armen Mannes. Kleider sind ein Symbol für das Wesen. Jetzt hat er die Demut und die geistliche Armut integriert, jetzt besteht Aussicht auf Erhöhung. Jetzt kann der umgekehrte Prozeß einsetzen: »Wer sich selbst erniedrigt, wird erhöht werden.«[208] Jetzt ist er ein wirklich *Armer*, dem das göttliche Königreich verheißen ist![209] Hier begegnen wir der Ursymbolik der Taufe: hinabsteigen in den Brunnen und die alten Kleider ablegen (= sterben); heraussteigen aus dem Brunnen und die neuen Kleider anziehen (= auferstehen).[210] Jetzt fängt die Umgebung an aufzublühen[211]: Der Vogel pfeift wieder, das Pferd frißt wieder, die Prinzessin wird wieder fröhlich. Es ist nicht gleichgültig, was wir tun, sondern unser Tun hat Einfluß auf die ganze Schöpfung. Wer in der Tiefe erlöst wird, in dem wird gleichzeitig ein Stück der Schöpfung erlöst. Freude entsteht dort, wo die Überheblichkeit beseitigt ist und wo die Vereinigung des Ichs mit dem Selbst stattfindet. Jetzt kann auch der Fuchs erlöst werden. Er wird ins menschliche Leben und in die Familie integriert und vollendet somit die Ganzheit.

Das Wasser des Lebens

Der kranke König

Es war einmal ein König, der war krank, und niemand glaubte, daß er mit dem Leben davonkäme. Er hatte aber drei Söhne, die waren darüber betrübt, gingen hinunter in den Schloßgarten und weinten. Da begegnete ihnen ein alter Mann, der fragte sie nach ihrem Kummer. Sie sagten ihm, ihr Vater wäre so krank, daß er wohl sterben würde; denn es wollte ihm nichts helfen. Da sprach der Alte: »Ich weiß noch ein Mittel, das ist das Wasser des Lebens; wenn er davon trinkt, so wird er wieder gesund; es ist aber schwer zu finden.« Der Älteste sagte: »Ich will es schon finden«, ging zum kranken König und bat ihn, er möchte ihm erlauben auszuziehen, um das Wasser des Lebens zu suchen; denn das könnte ihn allein heilen. »Nein«, sprach der König, »die Gefahr dabei ist zu groß, lieber will ich sterben.« Er bat aber so lange, bis der König einwilligte.

Das Märchen beginnt – wie so viele Märchen – mit den Worten »Es war einmal«. Mit diesen Worten führt uns das Märchen in die Tiefe unserer Seele, in den Bereich des Unbewußten.

Dort ist ein König, und dieser König ist krank. Wenn jemand krank ist, kann man dies in einer dreifachen Weise ausdrücken. Man kann sagen: »Er *hat* etwas«, »Es *fehlt* ihm etwas« oder »Er *ist nicht in Ordnung*« (alemannisch: »Er ist nicht z'wäg«).[212] Man kann dann entsprechend fragen: »Was *hat* er?«, Was *fehlt* ihm?« oder »Was ist *nicht in Ordnung?*« Die Symbolsprache der Träume und Märchen kann mitunter eine Krankheit recht deutlich anzeigen. Ich kenne mehrere Beispiele, in denen Träume Krankheiten angezeigt haben, zum Teil sehr schwere, und so die Möglichkeit gaben zu einer rechtzeitigen Hilfe. Als ich vor vielen Jahren anfing, mich intensiver mit meinen Träumen zu befassen, hatte ich auch einmal einen solchen Traum. Ich bin dann aufgrund dieses Traumes zu einem Internisten gegangen und erzählte ihm den Traum. Er lächelte ungläubig und meinte: »Träume sind Schäume!« Doch dann sah er auf dem Röntgenbild das, was der Traum gesagt hatte – und er lächelte nicht mehr ungläubig, sondern half mir mit Erfolg.

Auch unser Märchen gibt einen deutlichen Hinweis auf die Art der Krankheit. Dem König ›fehlt‹ etwas: Er hat drei Söhne – mit ihm zusammen sind das vier Männer. Von einer Frau ist nicht die Rede. Dem König fehlt also die weibliche Ergänzung. Die Begriffe ›männlich‹ und ›weiblich‹ sind in Märchen und Träumen keine biologischen Begriffe, sondern psychologische. ›Männlich‹ hat psychologisch etwas mit Denken, Unterscheiden und zielgerichtetem Handeln zu tun, ›weiblich‹ dagegen mit Fühlen, Verbinden und Bewahren. Sowohl Männer als auch Frauen haben anlagemäßig beide Seiten. Unsere Gott-Ebenbildlichkeit besteht darin, daß wir sowohl männlich als auch weiblich sind.[213] So gibt es z. B. Frauen, bei denen die psychologisch *männlichen* Qualitäten stärker entwickelt sind als die weiblichen, und Männer, bei denen die *weiblichen* Qualitäten stärker entfaltet sind als die männlichen. Männer und Frauen sollten jedoch beide Seiten entfalten. Wenn es auch in unserem Kulturkreis so ist, daß Frauen eher *weibliche* Qualitäten entwicklen und Männer eher *männliche,* so ist es doch falsch, wenn Frauen *nur* weibliche Qualitäten entfalten und Männer *nur* männliche. Aber genau diese Einseitigkeit wird im Märchen sichtbar.

Der König ist viermal männlich – das Weibliche fehlt. Deshalb ist er krank! Ihm *fehlt* etwas.

Nun ist aber ein König im Märchen nicht irgendein Mensch, sondern er ist Symbolfigur für das kollektive Bewußtsein.[214] Das Märchen zeichnet somit eine patriarchale Gesellschaft, in der das Männliche einseitig dominiert. Vom Bewußtsein her gibt es keine Lösung für diese Krankheit (»… niemand glaubte, daß er mit dem Leben davonkäme«).

Die Situation ist trotzdem nicht hoffnungslos. Das wird angedeutet durch das ›Aber‹: »Er hatte *aber* drei Söhne.« Diese Söhne sind zwar auch männlich, aber noch jung und beweglich. Der alte kranke König hat also noch gesunde Persönlichkeitsanteile, von denen her eine Heilung der Krankheit möglich ist.[215] Diese Söhne gehen *hinunter* in den *Garten* und *weinen*. Bei den mittelalterlichen Königsburgen lagen die Gärten in der Regel unterhalb des Schlosses, also außerhalb des innersten Verteidigungsringes. Man mußte viele Stufen *hinunter*steigen, um dorthin zu gelangen – ein eindrückliches Bild für den Abstieg ins Unbewußte. (Das Unbewußte ist weiblich!) Die weibliche Qualität des Unbewußten wird verstärkt durch den *Garten*, der ein Symbol für den vegetativen mütterlichen Bereich darstellt. Und dort *weinen* sie. Sie sind also emotional betroffen und nicht mehr im rein denkerischen, männlichen, oberen Mauerring gefangen.

In der Tiefe des Unbewußten begegnen sie dem weiblichen, mütterlichen Bereich, der dem Bewußtsein fehlt. In diesem Bereich begegnen sie dem *alten Weisen*[216] – der Stimme ihres wahren SELBST. Von dieser Stimme her wird eine Lösung für die Krankheit erkennbar. Das ist verheißungsvoll. Wir brauchen also die Antwort auf ein Problem nicht außen zu suchen, sondern sie liegt in uns. Es geht deshalb darum, daß wir bei Krankheiten oder sonstigen Problemen ›in uns‹ gehen, um auf die Stimme unseres wahren Selbst zu lauschen.

Dann geschieht jedoch etwas Seltsames: Es kommt zu einem Konflikt zwischen den kranken und den gesunden Persönlichkeitsanteilen. Der *kranke* König sagt *nein!* Er will keine Heilung. Er sagt *nein* zu den Bemühungen der Söhne. Das begegnet uns manchmal bei kranken Menschen, daß etwas in ihnen sich gegen das Gesundwerden sträubt. Es ist deshalb sehr realistisch, wenn Jesus einen Kranken, der schon sehr lange krank war, fragt: »*Willst* du gesund werden?«[217] Ich bin mehrfach zum Teil schwerstkranken Menschen begegnet, die beim Auftauchen einer Heilungsmöglichkeit gar nicht gesund werden wollten. Dies ist bei dem König im Märchen zunächst auch der Fall. Doch dann wird deutlich, daß die gesunden Persönlichkeitsanteile in ihm stärker sind als das Nein, und er stimmt schließlich zu, daß ein Weg gesucht wird, der zu einer möglichen Genesung führt. Eine solche innere Zustimmung ist wichtig bei jedem Heilungsprozeß.

Der mißlungene Aufbruch

Der Prinz dachte in seinem Herzen: »Bringe ich das Wasser, so bin ich meinem Vater der Liebste und erbe das Reich.« Also machte er sich auf, und als er eine Zeitlang fortgeritten war, stand da ein Zwerg auf dem Wege, der rief ihn an und sprach: »Wo hinaus so geschwind?« – »Dummer Knirps«, sagte der Prinz ganz stolz, »das brauchst du nicht zu wissen«, und ritt weiter. Das kleine Männchen aber war zornig geworden und hatte einen bösen Wunsch getan. Der Prinz geriet bald hernach in eine Bergschlucht, und je weiter er ritt, je enger taten sich die Berge zusammen, und endlich ward der Weg so eng, daß er kei-

nen Schritt weiterkonnte; es war nicht möglich, das Pferd zu wenden oder aus dem Sattel zu steigen, und er saß da wie einge-sperrt.

Der kranke König wartete lange Zeit auf ihn, aber er kam nicht. Da sagte der zweite Sohn: »Vater, laß mich ausziehen und das Wasser suchen« und dachte bei sich: »Ist mein Bruder tot, so fällt das Reich mir zu.« Der König wollt' ihn anfangs auch nicht ziehen lassen, endlich gab er nach. Der Prinz zog auf demselben Weg fort, den sein Bruder eingeschlagen hatte, und begegnete auch dem Zwerg, der ihn anhielt und fragte, wohin er so eilig wollte. »Kleiner Knirps«, sagte der Prinz, »das brauchst du nicht zu wissen«, und ritt fort, ohne sich weiter umzusehen. Aber der Zwerg verwünschte ihn, und er geriet wie der andere in eine Bergschlucht und konnte nicht vorwärts und rückwärts. So geht's aber den Hochmütigen.

Märchen sind sehr realistisch. Sie zeigen, daß selbst bei ›guten‹ Taten unlautere Motive mit im Spiel sein können. Beim ältesten Sohn brechen das Profitdenken und die Machtgier wieder durch. Es wird deutlich, daß er als der Älteste dem kranken Vater sehr nahe steht und infiziert ist von dessen patriarchaler Gesinnung. Seine Begegnung mit dem wahren Selbst in der Tiefe des Gartens war nur eine punktuelle Begegnung, die er nicht durchhält. Mit der Möglichkeit einer Lösung des Problems war für ihn der Gang in die Tiefe nicht mehr interessant, sondern der ›männliche‹ *Hoch*mut brach wieder durch. Deshalb er-kennt er nicht mehr die Stimme seines wahren Selbst, die ihm jetzt in Gestalt eines Zwerges entgegentritt. Auch der Zwerg ist eine innere Stimme, eine Stimme des Unbewuß-ten. Es ist eine der vielen Stimmen des wahren Selbst, eine Stimme, die eine bestimmte Funktion in einer bestimmten Situation hat.

Das Unbewußte ist nicht an unser Maß gebunden. Im Unbewußten ist manches viel kleiner als in der äußeren Wirklichkeit und bedeutet doch das eigentlich Große. So haben Zwerge im Märchen meistens etwas Wichtiges zu sagen. Im Unbewußten ist aber auch manches größer als in der äußeren Wirklichkeit und hat doch wenig zu sagen. So sind Riesen meistens dumm. Im Märchen werden die Werte oft umgekehrt. Das ist ganz typisch für das Unbewußte.[218] Zwerge sind Fachleute für das Schürfen in der Tiefe.

Nachdem die Stimme des wahren Selbst in der Gestalt des alten Weisen das *Ziel* gezeigt hat, zeigt der Zwerg den *Weg*. Er zeigt, wie der nächste Schritt gegangen werden kann. Es genügt nicht, wenn wir das Ziel kennen, sondern es geht auch darum, daß wir die einzelnen Etappen des Weges richtig durchlaufen, denn der Weg ist das Ziel. Der Zwerg kennt die Details. Er warnt zunächst davor, gar zu schnell auf das Ziel zuzusteuern (»Wo hinaus so geschwind?«). »Eile mit Weile« ist ein wichtiges Prinzip für die innere Reise.[219] Es geht also nicht darum, daß wir so schnell wie möglich das *Ziel* erreichen, sondern daß wir auf unserem *Weg* immer wieder auf die Stimme unseres wahren Selbst achten, die auf wichtige Teilziele hinweist, ohne die das Hauptziel nicht erreicht werden kann. Die beiden ältesten Prinzen sind eingeengt durch ihr Profitdenken. Sie sehen nur das Hauptziel, sie erkennen nicht, daß der *Weg* von Anfang an mit zum Ziel gehört. Sie wollen sich deshalb nicht durch die korrigierende Stimme des Unbewußten aufhalten lassen. Durch lauter Ausgerichtetsein auf das Ziel vernachlässigen sie die Beziehungsebene. Ihr enges Denken überrollt ihr Fühlen. Was innerlich konstelliert ist, tritt äußerlich in Erscheinung. Das eingeengte Denken der beiden Prinzen führt zu einem äußeren Eingeklemmtwerden. Sie sitzen hoch zu Roß und können weder vor noch zurück, sie können nicht einmal absteigen. Das ist ein Bild für ihr erstarrtes, eingeengtes Denken. Wenn Menschen es penetrant ablehnen, vom hohen Roß herabzusteigen, um auch das Kleine und Unscheinbare ernst zu nehmen, wenn sie nicht bereit sind, Beziehungen einzugehen, um die Chancen des Augenblicks zu ergreifen, dann sind sie nicht mehr ›wendig‹, dann erstarren sie.

Die hohen Berge sind Symbol des *Hoch*muts der Prinzen, die *hoch* zu Rosse sitzen und keinen Kontakt zur Erde haben. Jetzt werden sie von den Bergen (der ›hohen‹ Erde) bedrückt. Die Prinzen sind mit ihrer ›hohen‹ Persona verwachsen, der innere Machtkomplex bedrängt sie äußerlich so stark, daß keine Umkehr mehr möglich ist.

Wenn wir Märchen als *Träume* der Menschheit verstehen und deuten, dann dürfen wir jedoch diese Szene nicht nur ›objektstufig‹ auslegen, sondern es gilt zu erkennen, daß diese Szene auch ›subjektstufig‹ bedeutsam ist. Subjektstufig sind die beiden älteren Prinzen Persönlichkeitsanteile des jüngsten Prinzen. Das bedeutet, der jüngste Prinz scheitert bei seinem Aufbruch zunächst zweimal, erhält jedoch eine dritte Chance, die er nutzt. Das ist die befreiende Botschaft vieler Märchen: Es gibt nicht nur *eine* Chance, sondern mehrere. Es ist deshalb nicht tragisch, wenn der Aufbruch nicht gleich beim erstenmal gelingt, sondern im Gegenteil: Der Umweg ist oft recht bedeutsam für die Erlangung des Zieles. Das, was wir verkehrt gemacht haben, kann zu einem wesentlichen Baustein für unser Lebensgebäude werden.[220]

Der gelungene Aufbruch

Als auch der zweite Sohn ausblieb, so erbot sich der jüngste, auszuziehen und das Wasser zu holen, und der König mußte ihn
endlich ziehen lassen. Als er dem Zwerg begegnete, und dieser
fragte, wohin er so eilig wolle, so hielt er an, gab ihm Rede und

Antwort und sagte: »Ich suche das Wasser des Lebens; denn mein Vater ist sterbenskrank.« – »Weißt du auch, wo das zu finden ist?« – »Nein«, sagte der Prinz.

»Weil du dich betragen hast, wie sich's geziemt, nicht übermütig wie deine falschen Brüder, so will ich dir Auskunft geben und dir sagen, wie du zu dem Wasser des Lebens gelangst. Es quillt aus einem Brunnen in dem Hofe eines verwünschten Schlosses, aber du dringst nicht hinein, wenn ich dir nicht eine eiserne Rute gebe und zwei Laiberchen Brot. Mit der Rute schlag dreimal an das eiserne Tor des Schlosses, so wird es aufspringen; inwendig liegen zwei Löwen, die den Rachen aufsperren, wenn du aber jedem ein Brot hineinwirfst, so werden sie still, und dann eile dich und hol von dem Wasser des Lebens, bevor es zwölf schlägt, sonst schlägt das Tor wieder zu, und du bist eingesperrt.«

Der Prinz dankte ihm, nahm die Rute und das Brot und machte sich auf den Weg.

Als letzter bricht der jüngste Prinz auf. Dieser dritte Aufbruch gelingt. Man kann sagen, daß er gelingt, weil die Zeit erfüllt ist[221] (wie z. B. bei *Dornröschen:* Als die vorbestimmte Zeit erfüllt war, gingen die Dornen auseinander, und der Weg war frei). Die richtige Zeit hat etwas zu tun mit der richtigen Einstellung. Es gehört mit zu unserem Lebensweg, daß durch mancherlei Irrwege und Umwege falsche Einstellungen abgebaut werden und die richtige Einstellung schließlich die Oberhand gewinnt.

Der entscheidende Unterschied zu den beiden älteren Brüdern besteht darin, daß der jüngste keine Hintergedanken hat. Er will seine Brüder nicht austricksen, ihm geht es nicht um die Macht und um das Reich, sondern um die Hilfe für das, was krank ist. Es geht ihm um das Heilwerden. Weil er nicht durch verborgene Hintergedanken blockiert wird, ist er offen für die Stimme des Unbewußten. Seine Sinne sind nicht geblendet vom Äußeren, sondern er sieht das Innere. Er achtet auf den Weg und ist offen für Begegnungen. Es heißt zwar auch von ihm, daß er es ›eilig‹ hat, aber er läßt sich korrigieren. Er hält an und hört auf die Stimme des Unbewußten, die ihm in der Gestalt des Zwerges begegnet.[222]

Der Prinz auf seinem hohen Roß neigt sich herab zum Zwerg und läßt sich auf das ein, was der Zwerg sagt. Der Prinz verbindet das Hohe mit dem Tiefen. Der Königssohn vom hohen Schlosse verbindet sich mit dem unter der Erde wohnenden Zwerg. Damit wird das Hohe geerdet. So sagt auch das Neue Testament, daß wir den *himmlischen* Schatz in *irdenen* Gefäßen haben.[223]

Für die Psyche bedeutet dies, daß wir uns z. B. nicht nur durch unsere Hauptfunktion leiten lassen, also durch das, was wir können, sondern daß wir auch unsere minderwertige Funktion immer wieder ernst nehmen und es wagen, auch Dinge zu tun, die wir nicht im Griff haben. Unsere minderwertige Funktion ist mit dem Unbewußten verbunden. Durch sie haben wir die Möglichkeit, mit dem Unbewußten Kontakt aufzunehmen. Der Zwerg sagt von diesem jüngsten Prinzen, daß er sich verhalten hat, ›wie sich's geziemt‹, d. h. angemessen. Im Unterschied zu seinen *ver*messenen Brüdern ist er nicht einseitig, sondern er handelt *an*gemessen gesamtheitlich. Durch die Verbindung mit der Tiefe hat er eine gesamtheitliche Schau. Er bleibt nicht nur im Bewußtsein, sondern er nimmt auch Kontakt mit dem Unbewußten auf.

Obwohl auch bei den älteren Brüdern das Wissen um das Ziel vom wahren Selbst (in der Gestalt des alten Weisen) herkam, haben sie dann dieses Ziel mit dem Kopf verfolgt. Sie haben nur in der Stunde der Trauer und der Tränen auf das Unbewußte geachtet und sind dann wieder in ihre alte

Bewußtseinshaltung zurückgefallen. Der jüngste Sohn dagegen lauscht weiterhin auf die Stimme seines Unbewußten und erkennt deshalb die Einzeletappen des Weges. Ihm wird gesagt, daß das Wasser in einem *verwünschten* Schloß fließt, d. h. in einem Bereich, der dem bewußten Leben noch nicht integriert ist. Der verwünschte oder *verwunschene* Bereich liegt noch im Unbewußten und ist dem Bewußtsein nicht ohne weiteres zugänglich. Es bedarf dazu verschiedener Hilfsmittel, die in unserem Märchen in einer eisernen Rute und zwei Laiberchen Brot bestehen.

Am Ziel

Und als er angelangte, war alles so, wie der Zwerg gesagt hatte. Das Tor sprang beim dritten Rutenschlag auf, und als er die Löwen mit dem Brot gesänftigt hatte, trat er in das Schloß und kam in einen großen schönen Saal; darin saßen verwünschte Prinzen, denen zog er die Ringe vom Finger, dann lag da ein Schwert und ein Brot, das nahm er weg. Und weiter kam er in ein Zimmer, darin stand eine schöne Jungfrau, die freute sich, als sie ihn sah, küßte ihn und sagte, er hätte sie erlöst und sollte ihr ganzes Reich haben, und wenn er in einem Jahr wiederkäme, so sollte ihre Hochzeit gefeiert werden. Dann sagte sie ihm auch, wo der Brunnen wäre mit dem Lebenswasser, er müßte sich aber eilen und daraus schöpfen, eh' es zwölf schlüge.

Da ging er weiter und kam endlich in ein Zimmer, wo ein schönes, frischgedecktes Bett stand, und weil er müde war, wollt' er erst ein wenig ausruhen. Also legte er sich hin und schlief ein; als er erwachte, schlug es Viertel auf zwölf. Da sprang er ganz erschrocken auf, lief zum Brunnen und schöpfte daraus mit einem Becher, der daneben stand, und eilte, daß er fortkam. Wie er eben zum eisernen Tor hinausging, da schlug's zwölf, und das

Tor schlug so heftig zu, daß es ihm noch ein Stück von der Ferse wegnahm.

Das Tor wird mit einer eisernen Rute geöffnet. Eine Rute ist biegsam. Normalerweise bestehen Ruten aus Weidenzweigen, im Märchen ist es jedoch eine eiserne Rute. Dies bedeutet, das harte Eisen und die biegsame Rute kommen zusammen. Es geht also um Ganzheit. Mit dieser Rute schlägt er dreimal ans Tor und erhält Eintritt. Mit Hilfsmitteln, die vom Unbewußten geschenkt werden, braucht man nicht zu kämpfen. Es geht um die rechte innere Einstellung, dann öffnet sich das Tor. Das Tor bildet den Zugang zu dem, was dem kranken König fehlt, nämlich die weibliche Ergänzung. Die übermächtige Männlichkeit im Bewußtsein des Königs begegnet im verwunschenen Schloß (d. h. im Unbewußten) der weiblichen Ergänzung. Im Schloß ist die Frau. Sie ist die Herrin des verwunschenen Bereiches. Sie ist auch die Herrin des Wassers, das ebenfalls ein Symbol des Unbewußten ist.

Während der bewußte Bereich vom König mit seinen drei Söhnen, also vom männlichen Element, beherrscht wird, ist der unbewußte Bereich (der ein viel größerer Bereich ist als der bewußte!) das Reich der Frau. Die Begegnung der beiden Bereiche wird durch Einzelsymbole verdeutlicht: Die Löwen sind Sonnentiere, sie sind männlich. Diese Sonnentiere müssen mit dem Brot der großen Mutter ›gesänftigt‹ werden. Das gar zu *herr*liche Sonnenhafte muß mit dem einfachen Irdischen zusammengebracht werden.[224] Darum geht es immer wieder in unserem Leben. Es heißt von den Löwen, daß sie *ge*sänftigt werden statt *be*sänftigt. Das bedeutet zwar dasselbe, aber der Ausdruck ›*ge*sänftigt‹ erinnert stärker an die ursprüngliche Bedeutung des Wortes ›sanft‹ als das abgeschliffene Wort ›*be*sänftigt‹. Das Wort ›sanft‹ kommt von ›gesamt‹. Es geht also darum, daß etwas zusammengebracht wird. Wenn Jesus in der Bergpredigt sagt: »Selig sind die Sanftmütigen«,[225] dann bedeutet dies wörtlich: »Selig sind die, die zur Ganzheit gefunden haben.«[226]

Das Füttern der Löwen bedeutet für den seelischen Bereich weiterhin, daß wir unsere animalische Seite ernst nehmen. Wir Menschen haben ja nicht nur menschliche Vorfahren, sondern in uns allen lebt auch unsere ferne, animalische Vergangenheit, die immer wieder zum Durchbruch kommt, manchmal in einer für uns erschrekkenden Weise.[227] Zuzeiten taucht diese Seite auch in unseren Träumen auf. Es gibt Träume, in denen eingesperrte oder hungrige Tiere erscheinen oder solche, die uns bedrohen. Diese Träume sagen uns, daß wir mit unseren inneren Tieren Kontakt aufnehmen, sie als zu uns gehörig erkennen müssen, daß wir ihnen einen Freiraum gönnen und ihnen das geben, was sie zum Leben brauchen. Wenn wir uns diesen inneren Tieren zuwenden, dann werden sie für unseren Lebensweg zu wertvollen Helfern. So geht es auch im Märchen darum, daß die Löwen ernst genommen und ›gesänftigt‹, d. h. in die Gesamtheit unseres Lebens aufgenommen, werden.

Nun passiert etwas, was der Zwerg nicht vorausgesagt hat. Der Prinz kommt zu verwünschten Prinzen. Von denen nimmt er Fingerringe und außerdem ein Schwert und ein Brot. Wer sind diese Prinzen? Wenn wir diese Szene mit anderen Märchen vergleichen,[228] dann liegt es nahe, zu vermuten, daß es Prinzen sind, die vorher gekommen und gescheitert sind. Sie sind aus dem verwunschenen Schloß nicht mehr herausgekommen. Sie wollten ebenfalls das Wasser des Lebens holen, haben es aber nicht geschafft. In diesen Gescheiterten können wir innerseelisch auch die beiden älteren Brüder wiederentdecken, die auf dem Weg steckengeblieben sind. Der jüngste Prinz begegnet also den Situationen seines Scheiterns in einer anderen Gestalt.

Die Prinzen machen deutlich, daß das Scheitern mit zum

Leben gehört. Die Situationen des Scheiterns sind mit dabei, wenn wir ans Ziel gelangen, und wir erhalten von ihnen wesentliche Gaben! Die Situationen des Scheiterns sind wertvolle Bausteine auf unserem Lebensweg. Nicht unsere Erfolge sind die besten Bausteine für unser Lebensgebäude, sondern unsere Mißerfolge. Dort, wo wir versagt haben, werden wir in die Tiefe geführt, wo wir das Eigentliche finden, das, was für unser Leben wesentlich ist. Ein Leben, das nur auf Erfolge aufgebaut wäre, wäre ein unfruchtbares Leben – es würde uns innerlich wenig einbringen. Die *vielen* Prinzen sind viele Situationen des Scheiterns, viele vergebliche Versuche. Unser Märchenheld zieht ihnen die Ringe von den Fingern; d. h., er integriert das Scheitern. Das Scheitern gehört mit zur Ganzheit, die durch die Ringe symbolisiert wird.

Wir erinnern uns an das Märchen vom *Goldenen Vogel*. In diesem Märchen folgt der Märchenheld zweimal *nicht* dem Rat des Helfers, weil er meint, er wüßte es besser. Dadurch wird er zwar in äußerst schwierige Situationen gebracht, aber letztlich erhält er mehr, als er ohne Ungehorsam erhalten hätte. Der Umweg führt in einen größeren Bereich, als der ›geradlinige‹ Weg geführt hätte. Es geht deshalb nicht darum, daß wir nach einem Umweg zurückkehren zur Ausgangssituation – das können wir nicht –, sondern es geht darum, daß wir die Situation, die durch den ›falschen‹ Weg entstanden ist, bejahen als Ausgangspunkt des Weges, den es *jetzt* zu gehen gilt. Die Situation, in der wir *jetzt* stehen, ist die für uns *jetzt* beste Situation! Es gibt keine andere! Es hat keinen Wert, ein Leben lang zu jammern: »Ach, hätte ich doch damals anders gehandelt! Ach, wäre ich« doch einen anderen Weg gegangen!« Das nutzt überhaupt nichts. Es geht vielmehr darum, daß wir von dem Punkt aus, an dem wir nun angelangt sind, weiterschreiten und den Weg gehen, der *jetzt* vor uns liegt. Dann werden wir im Rückblick erkennen, daß dieser Weg *auch* unser Weg und trotz (oder vielmehr *wegen*) der Leiderfahrung sogar besser als der ursprüngliche Weg ist – weil er auch die Erfahrung des Scheiterns mit einschließt. Im Gleichnis Jesu von den anvertrauten Talenten[229] erhält derjenige, der zum Ziel gekommen ist, auch noch das Talent des Gescheiterten. Das bedeutet, auf die Seele übertragen, daß auch die Seite, die versagt hat, mit zu unserer Ganzwerdung gehört. Das Scheitern ist ein zusätzlicher Gewinn. Unser Märchenheld nimmt sich also von den gescheiterten Prinzen die Ringe und verbindet sich so mit den Gescheiterten.[230] Außerdem erhält er von ihnen ein Schwert und ein Brot – Gaben, die für seinen späteren Lebensweg ganz wesentlich sind. Es wird deutlich: Wenn ein Mensch sich auf den Weg macht, indem er der Stimme seines wahren Selbst und seinem inneren Entwicklungstrieb folgt, bekommt er das, was für seinen Lebensweg notwendig ist. Jesus hat das einmal so ausgedrückt: »Trachtet in erster Linie nach dem Reich Gottes [= nach der Ganzheit], dann wird euch alles andere dazugegeben werden.«[231] Der Märchenheld braucht also nicht nach dem Schwert und nach dem Brot zu trachten, sondern er trachtet nach der Ganzheit (nach dem Wasser des Lebens), und ihm wird das Notwendige dazu gegeben. Das Schwert ist das Scheidende und Unterscheidende, ein männliches Element, das Brot ist das Verbindende, das Zusammenbringende, ein weibliches Element. Auch hier geht es wieder um die Vereinigung der Gegensätze.

Und dann begegnet der Held der Prinzessin, der Herrin des Schlosses. Sie weiß, wo das Wasser des Lebens fließt und wie man es erlangt. Vom männlichen Märchenheld aus gesehen, ist die Prinzessin seine innere Weiblichkeit, seine Anima. Vom Gesamtmärchen her gesehen, ist sie das weibliche Gegengewicht zur Männerwelt. Auch die Prinzessin hat ein Schloß. Sie bildet somit ein echtes Gegengewicht zur Welt des kranken Königs. Sie ist das, was dem König fehlt und was seine Einseitigkeit ergänzt. Die Prinzessin ist das Lebenswasser, das die Krankheit heilt.

Nun wird dem Prinzen aber gesagt, er müsse noch ein Jahr warten. Das ist psychologisch außerordentlich bedeutsam. Wenn wir äußerlich ein Ziel erreicht haben, heißt das noch nicht, daß wir das Erreichte auch innerlich schon ausfüllen. Es braucht Zeit, um in das Ziel hineinzureifen. Dies wird besonders deutlich in der Erzählung von Parzival, der zur Gralsburg gekommen ist, längst bevor er fähig war, als Gralskönig dort zu herrschen. Er muß noch einen langen Weg gehen, bevor er dazu fähig ist.[232] So braucht auch der Märchenprinz noch Tiefenerfahrungen, bis er fähig wird, die Position, die er äußerlich erreicht hat, innerlich auszufüllen.

Zunächst fällt er in eine Regression. Er ist einen schweren Weg gegangen, er hat das Ziel erreicht und ist jetzt müde und erschöpft. Wenn wir etwas erreicht haben, was wir angestrebt hatten, dann sacken wir oft ab und sinken zurück. Wir schlaffen ab und legen uns in das gemachte Bett. Der Märchenheld ist ans Ziel gelangt und hat erreicht, was er wollte: Er weiß, wo das Wasser des Lebens ist, und er braucht es nur noch zu holen. Er kann sich deshalb ein wenig ausruhen.

Eine solche Phase kann als ›progressive Regression‹ eine wichtige Funktion haben, sie kann aber auch eine Versuchung sein, nämlich die Versuchung, nicht bis zum Ende durchzuhalten, sondern in die Unbewußtheit zurückzufallen. Offensichtlich sind ja die verwünschten Prinzen auch im Schloß eingeschlafen und nicht mehr erwacht!

Der Märchenheld erwacht gerade noch zur rechten Zeit – mit knapper Not. Das ist nicht sein Verdienst, sondern ein Geschenk, das im Neuen Testament als ›Gnade‹ bezeichnet wird. Er erwacht gerade noch im rechten Augenblick – ohne sein Zutun. An ein solches Gewecktwerden erinnert die eindrückliche Plastik in der Kathedrale von Autin, in der dargestellt wird, wie die drei Weisen aus dem Morgenland (die ›Heiligen Drei Könige‹) von einem Engel ganz zart geweckt werden. Dies ist Gnade – sie offenbart ›die Zärtlichkeit Gottes‹.[233] In unserem Märchen ist es Gnade im allerletzten Augenblick.

Der Prinz springt erschrocken auf und schafft es gerade noch, das Wasser des Lebens zu schöpfen und das Schloß eiligst zu verlassen, aber er verliert dabei seine Ferse. Er gibt also ›Fersengeld‹ und wird so zu einem verwundeten Heiler. Der ›verwundete Heiler‹ spielt bei der Krankenheilung eine wesentliche Rolle – besonders bei den Schamanen. Nach den Erfahrungen der Schamanen kann nur der verwundete Heiler Heilung bringen. Archetyp eines solchen verwundeten Heilers ist Jesus von Nazareth.[234]

Ein dramatischer Rückweg

Er war aber froh, daß er das Wasser des Lebens erlangt hatte, ging heimwärts und kam wieder an dem Zwerg vorbei. Als dieser das Schwert und das Brot sah, sprach er: »Damit hast du großes Gut gewonnen, mit dem Schwert kannst du ganze Heere schlagen, das Brot aber wird niemals all.«

Der Prinz wollte ohne seine Brüder nicht zu dem Vater nach Haus kommen und sprach: »Lieber Zwerg, kannst du mir nicht sagen, wo meine zwei Brüder sind? Sie sind früher als ich nach dem Wasser des Lebens ausgezogen und sind nicht wiederge-

kommen.« – »Zwischen zwei Bergen stecken sie eingeschlossen«, sprach der Zwerg, »dahin habe ich sie verwünscht, weil sie so übermütig waren.« Da bat der Prinz so lange, bis der Zwerg sie wieder losließ, aber er warnte ihn und sprach: »Hüte dich vor ihnen, sie haben ein böses Herz.«

Als seine Brüder kamen, freute er sich und erzählte ihnen, wie es ihm ergangen wäre, daß er das Wasser des Lebens gefunden und einen Becher voll mitgenommen und eine schöne Prinzessin erlöst hätte, die wollte ein Jahr lang auf ihn warten, dann sollte Hochzeit gehalten werden, und er bekäme ein großes Reich. Danach ritten sie zusammen fort und gerieten in ein Land, wo Hunger und Krieg war, und der König glaubte schon, er müßte verderben, so groß war die Not. Da ging der Prinz zu ihm und gab ihm das Brot, womit er sein ganzes Reich speiste und sättigte; und dann gab ihm der Prinz auch das Schwert, damit schlug er die Heere seiner Feinde und konnte nun in Ruhe und Frieden leben. Dann nahm der Prinz sein Brot und Schwert wieder zurück, und die Brüder ritten weiter. Sie kamen aber noch in zwei Länder, wo Hunger und Krieg herrschten, und da gab der Prinz den Königen jedesmal sein Brot und Schwert und hatte nun drei Reiche gerettet. Und danach setzten sie sich auf ein Schiff und fuhren übers Meer.

Während der Fahrt, da sprachen die beiden Ältesten unter sich: »Der Jüngste hat das Wasser des Lebens gefunden und wir nicht, dafür wird ihm unser Vater das Reich geben, das uns gebührt, und er wird unser Glück wegnehmen.« Da wurden sie rachsüchtig und verabredeten miteinander, daß sie ihn verderben wollten. Sie warteten, bis er einmal fest eingeschlafen war, da gossen sie das Wasser des Lebens aus dem Becher und nahmen es für sich, ihm aber gossen sie bitteres Meerwasser hinein.

Wir erleben nun den Rückfall des jüngsten Prinzen. Er wird von seinem Schatten eingeholt. Jesus hat einmal gesagt: »... seid klug wie die Schlangen und ohne Falsch wie die Tauben.«[235] Der jüngste Prinz hat nur die eine Hälfte dieses Wortes beherzigt. Er ist ohne Falsch wie die Tauben, aber er ist nicht klug wie die Schlangen, sondern außerordentlich unklug. Er verachtet nicht nur den Rat des Zwerges, der ihn vor seinen Brüdern warnt, sondern er erzählt auch arglos seinen Brüdern alles und macht sie dadurch neidisch. Das ist die zweite Regression des Märchenhelden. Er hört nicht auf die warnende Stimme seines Unbewußten, sondern läßt seiner arglosen Vertrauensseligkeit freien Lauf.

Das ist auch für manche von uns eine Gefahr, daß wir, wenn wir ein Ziel erreicht haben, in der Freude darüber alle Vorsichtsmaßnahmen vergessen und meinen, unsere gesamte Umwelt sei eine ›gute Mutter‹, die sich mit uns freut. Das ist sie jedoch nicht! Die Arglosigkeit des Märchenhelden erinnert an den biblischen Joseph, der mit seiner Prahlerei – ähnlich wie im Märchen *Der goldene Vogel* – den Haß und die Eifersucht seiner Brüder heraufbeschworen hat[236] und dann auf einem langen und bitteren Erfahrungsweg lernen mußte, daß die Welt, in der wir leben, keine ›wohlwollende Mutter‹ ist, die sich über unsere Erfolge freut. Die Gefahr des ›Zerplauderns‹ bedroht uns immer wieder. Es nimmt der Erfahrung ihren inneren Glanz. In einem Selbstwerdungsprozeß ist es deshalb wichtig, daß der Prozeß in einem ›hermetisch‹ abgeschlossenen Gefäß[237] stattfindet und nicht ausgeplaudert wird. Durch das Weitererzählen kann manches, was reifen und gären muß, zerstört werden und einen langen, mühsamen Umweg und große Schmerzen zur Folge haben.[238] Das erfährt auch der Märchenheld. Er muß für sein unbedachtes Plaudern schwer bezahlen.

Aber die positiven Erfahrungen des bisherigen Weges gehen auch mit. Das Schwert und das Brot können ihm die Brüder nicht nehmen; es sind Gaben, die mit seinem eigenen Scheitern zu tun haben. Hier kann er nicht mehr bestohlen werden. Es ist wie bei einem Steppenbrand. Wenn man das Feuer auf sich zukommen sieht, gibt es nur eine Möglichkeit der Rettung, nämlich den Platz, auf dem man steht, soweit wie möglich abzubrennen und sich dann in den abgebrannten Bereich zu stellen. Dort, wo das Feuer gebrannt hat, kann es nicht noch einmal brennen. Wer das Feuer des Scheiterns erlitten hat, ist in der Regel an *dieser* Stelle gegen Verwundungen gefeit. Wenn jemand auf der inneren Reise einen Weg gegangen ist und sich mit den Kräften des Unbewußten auseinandergesetzt hat, dann hat er Erfahrungen, die ihm nicht mehr genommen werden können und mit denen er anderen helfen kann.

Hier begegnet uns die soziale Seite der Selbstwerdung. Eine Selbstwerdung ist nie eine egoistische Angelegenheit. Im Gegenteil: Unser wahres Selbst ist ein soziales Selbst. Man kann nichts Sozialeres für die Welt tun, als sich selbst zu verwirklichen. Alle Demonstrationen und aller äußere Einsatz für die Weltverbesserung nutzen nichts, wenn diese Aktionen nicht begleitet sind von einer Verwandlung der Akteure. Eine echte Selbstverwirklichung ist das Gegenteil von einem Ego-Trip. Sie hat – selbst wenn äußerlich nicht viel zu sehen sein sollte – einen unmittelbaren Einfluß auf die Veränderung der Welt. Durch das kollektive Unbewußte ist jeder einzelne Mensch mit der gesamten Welt verbunden. Was er an Daseinsbewältigung leistet und was er an Gegensätzen integriert, das kommt auch anderen zugute. Ja, es hat sogar Einfluß auf die Umgestaltung des Kosmos. Das, was unser Märchenheld auf seiner inneren Reise erlangt hat, stillt den Hunger der anderen und beendet den Zwiespalt.

Solche inneren Erfahrungen und die damit verbundenen Gaben bedeuten jedoch nicht, daß wir gegen *alle* Gefahren gefeit sind, und so gibt es auch beim Helden noch Seiten, die gefährdet sind. Neben seiner abgeschlagenen Ferse hat er auch noch eine Achillesferse, die verwundbar bleibt, und so führt ihn seine dritte Regressionsphase in die eigentliche Tiefe. Er begegnet jetzt den boshaften Mächten, dem verschlingenden Drachen in der Gestalt seiner Brüder. Nach dem Gipfelerlebnis kommt das Tiefenerlebnis. Er schläft zum zweitenmal ein!

Auch beim zweitenmal folgt der Schlaf dem Erfolg. Drei Königreiche hat er gerettet mit Brot und Schwert. Doch dann begibt er sich auf schwankenden Grund. Er verliert den Boden unter den Füßen. Er ist umgeben vom Meer und von seinen Schattenbrüdern.

Und jetzt gewinnen die Schattenbrüder die Oberhand. Dadurch wird aus dem Wasser des Lebens ›bitteres Meerwasser‹, d. h. Wasser, das aus der ungeklärten Tiefe kommt. Ja, das gibt es: Dort, wo wir die Verbindung zu unserem wahren Selbst verlieren, wird auch das einstmals Gute unbrauchbar und schädlich. Das Meerwasser ist der Gegenpol zum Wasser des Lebens. Das Wasser des Lebens kommt aus der Mitte des Schlosses – vom wahren Selbst. Es ist Ausdruck der Ganzheit. Das Meerwasser dagegen kommt aus dem chaotischen Unbewußten. Es ist geschöpft von den Schattenbrüdern und deshalb infiziert von der Gespaltenheit.

*Als sie nun daheim ankamen, brachte der Jüngste dem kranken
König seinen Becher, damit er daraus trinken und gesund werden sollte. Kaum aber hatte er ein wenig von dem bitteren Meerwasser getrunken, so ward er noch kränker als zuvor. Und wie er
darüber jammerte, kamen die beiden ältesten Söhne und klagten
den jüngsten an, er hätte ihn vergiften wollen, sie brächten ihm
das rechte Wasser des Lebens, und reichten es ihm. Kaum hatte
er davon getrunken, so fühlte er seine Krankheit verschwinden
und war stark und gesund wie in seinen jungen Tagen. Danach
gingen die beiden zu dem Jüngsten, verspotteten ihn und sagten:
»Du hast zwar das Wasser des Lebens gefunden, aber du hast die
Mühe gehabt und wir den Lohn; du hättest klüger sein und die
Augen aufbehalten sollen, wir haben dir's genommen, während
du auf dem Meere eingeschlafen warst, und übers Jahr, da holt
sich einer von uns die schöne Königstochter. Aber hüte dich, daß
du nichts davon verrätst, der Vater glaubt dir doch nicht, und
wenn du ein einziges Wort sagst, so sollst du noch obendrein
dein Leben verlieren, schweigst du aber, so soll dir's geschenkt
sein.«
Der alte König war zornig über seinen jüngsten Sohn und
glaubte, er hätte ihm nach dem Leben getrachtet. Also ließ er den
Hof versammeln und das Urteil über ihn sprechen, daß er heimlich sollte erschossen werden.*

Das von den Schattenbrüdern aus der ungeklärten Tiefe
geschöpfte Meerwasser zeigt jetzt seine Wirkung: Es
macht krank, und dabei hatte es der Jüngste doch so gut
gemeint! Ja, so ist das: › Gut gemeint‹ ist das Gegenteil von
›gut‹. Das Gute kommt aus unserem wahren Selbst, das
›gut Gemeinte‹ aus unserem Ego. Das Gute hat Anteil an
der Ganzheit und ist auf Ganzheit ausgerichtet. Das ›gut

Gemeinte‹ hat Anteil an der Spaltung[239] und bewirkt Spaltung. Während das Wasser des Lebens belebt und erquickt, macht das Meerwasser krank. Das ›gut Gemeinte‹ ist oft kränkend. Es überschüttet den andern mit Ungeklärtem aus der Tiefe.

Der Märchenheld hat nach seiner Erfolgssträhne nicht mehr mit den Mächten des Unbewußten gerechnet und wird deshalb von ihnen eingeholt. Das ›Bittere‹, das er weiterreicht und das krank macht, erfährt er jetzt am eigenen Leib. Er erfährt, wie bitter es ist, wenn die Welt keine ›wohlwollende Mutter‹ ist, und wie ›kränkend‹, wenn man es so gut meint und dann verkannt wird.

Daß der Vater sich so von seinen Emotionen leiten läßt, die seinen gesunden Menschenverstand überrollen, weist deutlich auf seine Krankheit hin. Seine weiblichen Persönlichkeitsanteile sind in die Tiefe verbannt und führen dort ein Schattendasein. Zwar hat er schon vom Wasser des Lebens gekostet – aber es wurde ihm von seinen älteren Söhnen gereicht, die noch am stärksten mit seiner einseitigen Bewußtseinshaltung verbunden sind. Zwar wurde durch das Wasser des Lebens schon ein erster Kontakt zur Prinzessin hergestellt – er wurde dadurch vitalisiert (was sich nicht zuletzt auch in den aufbrechenden Emotionen zeigt!), er hat also einen ersten Kontakt zu seinem weiblichen Gegenpol gefunden –, aber noch ist die Prinzessin im verwunschenen Schloß. Zusammen mit dem Märchenhelden (zu dem er als dessen Vater gehört!) muß er noch einen weiten Weg gehen, bis er zur Ganzheit findet.

Noch spotten und triumphieren die Schattenbrüder. Bei ihnen muß alles ›heimlich‹ geschehen, in der Verborgenheit. Dadurch ist das Leben gespalten in eine sichtbare Scheinwirklichkeit[240] und in den dazugehörenden unsichtbaren Gegenpol. (Das wahre Selbst dagegen ist gekennzeichnet durch die ›Wahrheit‹, d. h. durch die Un-Verborgenheit.)[241]

Daß die Hofbeamten des Königs bei diesem heimlichen Spiel mitmachen, zeigt, daß sie Anteil haben an der im kollektiven Bewußtsein herrschenden Verlogenheit.

Wandlung in der Tiefe

Als der Prinz nun einmal auf die Jagd ritt und nichts Böses vermutete, mußte des Königs Jäger mitgehen. Draußen, als sie ganz allein im Wald waren und der Jäger so traurig aussah, sagte der Prinz zu ihm: »Lieber Jäger, was fehlt dir?« Der Jäger sprach: »Ich kann's dir nicht sagen und soll es doch.« Da sprach der Prinz: »Sage heraus, was es ist, ich will dir's verzeihen.« – »Ach«, sagte der Jäger, »ich soll Euch totschießen, der König hat mir's befohlen.« Da erschrak der Prinz und sprach: »Lieber Jäger, laß mich leben, da geb' ich dir mein königliches Kleid, gib mir dafür dein schlechtes.« Der Jäger sagte: »Das will ich gerne tun, ich hätte doch nicht nach Euch schießen können.« Da tauschten sie die Kleider, und der Jäger ging heim, der Prinz aber ging weiter in den Wald hinein.

Über eine Zeit, da kamen zu dem alten König drei Wagen mit Gold und Edelsteinen für seinen jüngsten Sohn; sie waren aber von den drei Königen geschickt, die mit des Prinzen Schwert die Feinde geschlagen und mit seinem Brot ihr Land ernährt hatten und die sich dankbar zeigen wollten. Da dachte der alte König: »Sollte mein Sohn unschuldig gewesen sein?« und sprach zu seinen Leuten: »Wäre er noch am Leben, wie tut mir's so leid, daß ich ihn habe töten lassen.« – »Er lebt noch«, sprach der Jäger, »ich konnte es nicht übers Herz bringen, Euren Befehl auszuführen« und sagte dem König, wie es zugegangen war. Da fiel dem König ein Stein vom Herzen, und er ließ in allen Reichen

verkündigen, sein Sohn dürfe wiederkommen und sollte in Gna-
den aufgenommen werden.

Der Prinz und der Jäger tauschen die Kleider. Kleider
drücken etwas vom Wesen aus. Wenn sich also der arglose
Prinz (»der nichts Böses vermutete«) die Kleider des Jägers
anzieht, dann bedeutet dies, daß er sich (endlich!) das listi-
ge, aggressive Jäger-Wesen anzieht. Um zur Ganzheit her-
anzureifen, bedarf der Prinz neben seiner ›Taubenseite‹
auch noch der ›Schlangenseite‹. Er legt das goldene Prin-
zengewand ab, das ihn noch immer mit dem stolzen Vater
und den stolzen Brüdern verbindet, und zieht das grüne
Jägergewand an, das ihn mit der Natur und mit dem Wald
verbindet. Und dann geht er ›weiter in den Wald hinein‹.
Psychologisch bedeutet dies, daß er sich auf die innere
Reise begibt und *weiter* ins Unbewußte hineinschreitet.
Aber auch der Vater hat Anteil an dem Wandlungsprozeß.
Er merkt jetzt, daß er vom verstoßenen jüngsten Sohn
kostbare Gaben erhält.[242] Da wird er nachdenklich. Als
Gegenpol zu seinem emotionalen Zorn kommt er zur Besinnung (»Sollte mein Sohn unschuldig gewesen sein?«),
und es überkommt ihn Reue (»Wie tut mir's so leid, daß
ich ihn habe töten lassen«). Er wird bedrückt wie von einem schweren Stein – ein sprechender Ausdruck für eine
Depression, die ihn in die Tiefe führt. Dort in der Tiefe begegnen sich Vater und Sohn. Und jetzt erfährt der König,
daß sein Sohn noch lebt. Da verschwindet die Depression
– der Stein fällt dem König vom Herzen.
Aber wieso soll der junge Sohn ›in Gnaden‹ aufgenommen
werden? Er ist doch unschuldig. Viel eher braucht doch
der König die Gnade des Sohnes als umgekehrt. Das ist typisch für unser rationales Denken. So denken die Märchen
und Mythen nicht. Daß der jüngste Sohn dem Vater den

schädlichen Trunk *unbewußt* gereicht hat, entschuldigt ihn nicht, sondern im Gegenteil: Gerade darin besteht seine Schuld!

Die Unbewußtheit ist das eigentliche Übel in dieser Welt. Gerade weil wir nicht wissen, was wir tun, richten wir soviel Unheil an. Bewußtwerdung ist deshalb der Weg zum Heil. Der Schaden, der durch die Unbewußtheit angerichtet wird, bedarf deshalb in besonderem Maße der Vergebung.[243] Aber das Wort ›Gnade‹ meint mehr als nur Vergebung. Es meint Zuneigung, Glück und Frieden. Der heimkehrende Sohn wird also wieder voll in seine Sohnesrechte eingesetzt.[244] Daß der König jetzt ganzheitliches Heil gewähren kann, macht deutlich: Er selbst ist heil geworden und hat jetzt Kontakt zu seiner weiblichen Seite.

Erlösung und Heil

Die Königstochter aber ließ eine Straße vor ihrem Schloß machen, die war ganz golden und glänzend, und sagte ihren Leuten, wer darauf geradewegs zu ihr geritten käme, das wäre der Rechte und den sollten sie einlassen, wer aber daneben käme, der wäre der Rechte nicht und den sollten sie auch nicht einlassen.

Als nun die Zeit bald herum war, dachte der Älteste, er wollte sich eilen, zur Königstochter gehen und sich für ihren Erlöser ausgeben, da bekäme er sie zur Gemahlin und das Reich daneben. Also ritt er fort, und als er vor das Schloß kam und die schöne goldene Straße sah, dachte er: »Das wäre jammerschade, wenn du darauf rittest«, lenkte ab und ritt rechts nebenher. Wie er aber vor das Tor kam, sagten die Leute zu ihm, er wäre der Rechte nicht, er sollte wieder fortgehen.

Bald darauf machte sich der zweite Prinz auf, und wie er zur goldenen Straße kam, und das Pferd den einen Fuß darauf gesetzt

hatte, dachte er: »Es wäre jammerschade, das könnte etwas ab-
treten«, lenkte ab und ritt links nebenher. Wie er aber vor das
Tor kam, sagten die Leute, er wäre der Rechte nicht, er sollte wieder fortgehen.
Als nun das Jahr ganz herum war, wollte der dritte aus dem

Wald fort zu seiner Liebsten reiten und bei ihr sein Leid verges-
sen. Also machte er sich auf den Weg und dachte immer an sie
und wäre gerne schon bei ihr gewesen und sah die goldene Stra-
ße gar nicht. Da ritt sein Pferd mitten darüber hin, und als er
vor das Tor kam, ward es aufgetan, und die Königstochter emp-
fing ihn mit Freuden und sagte, er wär' ihr Erlöser und der Herr
des Königreichs, und ward die Hochzeit gehalten mit großer
Glückseligkeit. Und als sie vorbei war, erzählte sie ihm, daß sein
Vater ihn zu sich entboten und ihm verziehen hätte. Da ritt er
hin und sagte ihm alles, wie seine Brüder ihn betrogen und er
doch dazu geschwiegen hätte. Der alte König wollte sie strafen,
aber sie hatten sich aufs Meer gesetzt und waren fortgeschifft
und kamen ihr Lebtag nicht wieder.

Während die große Versuchung unseres Märchenhelden
bisher vor allem die Regression war, wird er jetzt mit der
Versuchung zur Einseitigkeit konfrontiert.[245] Der Weg,
der zur Ganzheit führt, ist weder ein Weg, der einseitig
links, noch einer, der einseitig rechts liegt. Der rechte Weg
ist der Weg in der Mitte – zwischen den Extremen. Wenn
wir die beiden Brüder innerseelisch als Schattenanteile des
Märchenhelden verstehen, dann erliegt unser Prinz zweimal der Versuchung zur Einseitigkeit. Erst beim drittenmal findet er zur Mitte.
Die beiden älteren Brüder kommen zu früh und haben falsche Motive: Für sie ist das Gold und die Macht wichtiger
als die Beziehung: Sie gelangen deshalb nicht zur Ganzheit. Der Jüngste dagegen kommt zur rechten Zeit (»als
das Jahr *ganz herum* war«) und wird weder von Goldgier
noch von der Machtgier geleitet, sondern von der Liebe.
Die Liebe allein führt zum Herzen der Prinzessin, die Liebe allein führt zur Ganzheit. Dies wird ausgedrückt durch
die Hochzeit, die ›mit großer Glückseligkeit‹ gefeiert wird.

Das Verschwinden der Schattenbrüder auf Nimmerwiedersehen bedeutet, daß die Schattenfiguren, die wir erkannt und in die Ganzheit integriert haben, ihre Macht verlieren und verschwinden.

Das Mädchen ohne Hände

Als Hermann Grimm nach dem Tode seines Vaters Wilhelm, der einer der beiden ›Brüder Grimm‹ war, in dessen Märchenbuch blätterte, fand er darin ein Buchzeichen, auf dem mit grüner Seide folgende Worte gestickt waren:

> »Für dein Mädchen ohne Hände
> dankten gern zwei Mädchenhände.«[246]

Das Mädchen ohne Hände, welches bis vor kurzem eher zu den weniger bekannten Märchen gehörte,[247] hatte, wie dieser Dank zeigt, also schon immer seine stillen Liebhaber. Es malt uns in einer erstaunlichen Vielschichtigkeit Stationen auf dem Weg zur Ganzheit vor Augen. Zur Vielschichtigkeit dieses Märchens gehört, daß es sich sowohl mit der Entwicklung der Frau als auch mit der des Mannes befaßt. Dadurch ist die Möglichkeit gegeben, daß es von jedem Menschen von seinem Standort aus verstanden werden kann.

Eine Möglichkeit, ein Märchen zu deuten, besteht darin, es als eine Traumserie zu betrachten, uns vorzustellen, wir hätten dieses Märchen geträumt.; d. h., daß sich der männliche Träumer mit den männlichen Figuren des Märchens identifiziert und die weiblichen Figuren als seine ›Anima‹ betrachtet, während die Frau sich mit den weiblichen Figuren identifiziert und die männlichen Figuren als ihren ›Animus‹ auffaßt.[248]

Wenn wir nun das Märchen als *unsere* Traumserie verstehen wollen, dann müssen wir uns fragen, inwieweit es *unsere* Problematik widerspiegelt. Ein Märchen wird sich nicht in allen Einzelheiten auf uns beziehen – es bringt ja eine allgemeingültige Wahrheit zum Ausdruck –, sondern nur in bestimmten Aspekten. Die nachfolgende Interpretation will einige dieser Aspekte vor unserem inneren Auge lebendig werden lassen. Wir werden dann schon merken, welche davon uns persönlich betreffen. Wir wollen dieses Märchen in vier Schritten miteinander betrachten. Dabei wird der erste Abschnitt etwas ausführlicher besprochen, weil in ihm die Grundproblematik aufgezeigt wird.

Die Ausgangssituation

Ein Müller war nach und nach in Armut geraten und hatte nichts mehr als seine Mühle und einen großen Apfelbaum dahinter. Einmal war er in den Wald gegangen, Holz zu holen, da

trat ein alter Mann zu ihm, den er noch niemals gesehen hatte, und sprach: »Was quälst du dich mit Holzhacken, ich will dich reich machen, wenn du mir versprichst, was hinter deiner Mühle steht.« – »Was kann das anders sein als mein Apfelbaum?« dachte der Müller, sagte ja und verschrieb es dem fremden Manne. Der aber lachte höhnisch und sagte: »Nach drei Jahren will ich kommen und holen, was mir gehört« und ging fort.

Als der Müller nach Hause kam, trat ihm seine Frau entgegen und sprach: »Sage mir, Müller, woher kommt der plötzliche Reichtum in unser Haus? Auf einmal sind alle Kisten und Kasten voll, kein Mensch hat's hereingebracht, und ich weiß nicht, wie es zugegangen ist.« Er antwortete: »Das kommt von einem fremden Manne, der mir im Walde begegnet ist und mir große Schätze verheißen hat; ich habe ihm dagegen verschrieben, was hinter der Mühle steht: den großen Apfelbaum können wir wohl dafür geben.« – »Ach Mann«, sagte die Frau erschrocken, »das ist der Teufel gewesen: den Apfelbaum hat er nicht gemeint, sondern unsere Tochter, die stand hinter der Mühle und kehrte den Hof.«

Die Müllerstochter war ein schönes und frommes Mädchen und lebte die drei Jahre in Gottesfurcht und ohne Sünde. Als nun die Zeit herum war und der Tag kam, wo sie der Böse holen wollte, da wusch sie sich rein und machte mit Kreide einen Kranz um sich. Der Teufel erschien ganz früh, aber er konnte ihr nicht nahekommen. Zornig sprach er zum Müller: »Tu ihr alles Wasser weg, damit sie sich nicht mehr waschen kann, denn sonst habe ich keine Gewalt über sie.«

Der Müller fürchtete sich und tat es. Am anderen Morgen kam der Teufel wieder, aber sie hatte so fest auf ihre Hände geweint, und sie waren ganz rein. Da konnte er ihr wiederum nicht nahen und sprach wütend zu dem Müller »Hau ihr die Hände ab, sonst kann ich ihr nichts anhaben.« Der Müller entsetzte sich und antwortete: »Wie könnte ich meinem eigenen Kinde die Hände

abhauen!« Da drohte ihm der Böse und sprach: »Wo du es nicht
tust, so bist du mein, und ich hole dich selber.« Dem Vater ward
angst, und er versprach, ihm zu gehorchen. Da ging er zu dem
Mädchen und sagte: »Mein Kind, wenn ich dir nicht beide Hän-
de abhaue, so führt mich der Teufel fort, und in der Angst habe
ich es ihm versprochen. Hilf mir doch in meiner Not, und verzei-
he mir, was ich Böses an dir tue.« Sie antwortete: »Lieber Vater,
macht mit mir, was Ihr wollt, ich bin Euer Kind.« Darauf legte
sie beide Hände hin und ließ sie sich abhauen. Der Teufel kam
zum drittenmal, aber sie hatte so lange und so viel auf die
Stümpfe geweint, daß sie doch ganz rein waren. Da mußte er
weichen und hatte alles Recht auf sie verloren. Der Müller
sprach zu ihr: »Ich habe so großes Gut durch dich gewonnen, ich
will dich zeitlebens aufs köstlichste halten.«

Die Hauptfigur dieses Märchens ist das Mädchen. Stellen
wir uns zunächst einmal das Mädchen in unserer Phantasie vor. Lassen wir es als deutliches Bild vor unserem inneren Auge erstehen, so als wäre es eine Figur unserer Träume oder unserer aktiven Imagination.[249] Das Mädchen
steht hinter der Mühle und kehrt den Hof. Wie ist es angezogen? Welche Frisur hat es? Was hat es für eine Augen-
farbe? Wie sieht der Besen aus? Solche Details sind wichtig, um eine Beziehung zu ›uns‹ bzw. zu unserer ›Anima‹
herzustellen.
Und jetzt beginnt das Drama: Es geht um die Vaterproblematik. Das Mädchen erlebt den Vater als zwiespältig. Auf
der einen Seite erscheint er liebevoll. Er sagt: »Wie könnt'
ich meinem eigenen Kinde die Hände abhauen?« und später: »Ich will dich zeitlebens aufs köstlichste halten!« Auf
der andern Seite erscheint er jedoch als Egoist, der lieber
seine eigene Tochter als sich selber opfert, und als Sadist,
der es fertigbringt, eigenhändig seinem Kinde die Hände

abzuhacken.[250] Das Mädchen hat also einen zwiespältigen Vater und damit ein zwiespältiges Vaterbild. Wir könnten sagen: Der Vater ist eine Mischung zwischen Gott und Teufel.

Ein klassisches Vorbild eines solches zwiespältigen Vaters ist Agamemnon, der sich einerseits gegen die Opferung seiner Tochter Iphigenie sträubt und vorausahnt, daß er, falls er Iphigenie doch opfert, »Tag und Nacht Reuetränen vergießen« wird,[251] sich dann aber doch von Kalchas und Menelaos nötigen läßt, das Opfer zu vollziehen.[252]

Eine ähnliche Situation finden wir auch in der Neufassung des Psychemythos von C. S. Lewis *Till We Have Faces*, wo ein Vater ebenfalls seine Tochter opfert und aufatmend feststellt, daß nicht er es ist, der geopfert werden soll, sondern ›nur‹ seine Tochter.[253]

In der Bibel begegnet uns ein solcher zwiespältiger Vater in der Gestalt des Jephthah, von dem es heißt, daß er ›vom Geist Jahwes‹ erfüllt war.[254] Jephthah bittet Gott um einen Sieg über die Ammoniter und verbindet dieses Gebet mit einem Gelübde: »Wenn du mir den Sieg über die Ammoniter gibst und ich wohlbehalten nach Hause zurückkehre, soll das, was mir als erstes aus der Tür meines Hauses entgegenkommt, dir gehören, ich werde es dir als Brandopfer darbringen.«[255] Jephthah hat gesiegt, er kommt zurück, und seine Tochter eilt ihm tambourinschlagend entgegen. Sie ist sein einziges Kind. Es ist nun interessant, wie der Vater reagiert, als er sie sieht. Er zerreißt seine Kleider[256] und ruft: »Ach, meine Tochter, welches Leid fügst du mir zu! Daß du mir das antun mußt!« Statt sein unbedachtes Gelübde zu bedauern, schiebt er die Schuld auf die Tochter! Kennen wir dieses Verhalten? Es ist auch heute noch recht verbreitet! Die Tochter reagiert nun ganz ähnlich wie das Mädchen in unserem Märchen. Sie beugt sich dem

216

blödsinnigen Versprechen ihres Vaters. Sie erbittet sich lediglich noch eine kleine Gnadenfrist. Doch dann heißt es: »Als die Frist verstrichen war, kehrte sie zu ihrem Vater zurück und er tat an ihr, was er Gott versprochen hatte.«[257]

Was ist das für ein Gottesbild, das hinter dieser Geschichte steht? (Vater- und Gottesbild liegen nahe beieinander!) Was ist das für ein Gott, dem man ein so grausiges Gelübde halten muß, und was ist das für ein Vater, der ein solches Gelübde hält?

Im Alten Testament begegnet uns auch an anderen Stellen ein solch ambivalentes Gottesbild. So gestattet Gott z. B. im Paradies dem Menschen einerseits, ›von allen Bäumen des Gartens‹ zu essen, und andererseits erläßt er ein Verbot, das wenig einsichtig ist und deshalb zur Übertretung reizt.[258] Wir wissen ja, wie das ist, wenn man Kindern einschärft, ein uneinsichtiges Verbot zu beachten – besonders wenn das Verbotene verlockend ist! Was für eine verlockende Sache wird hier dem Menschen verboten: ›die Erkenntnis des Guten und des Bösen‹! Und vor dieser Erkenntnis soll der Mensch sich hüten? Das Verbot ist doch geradezu eine Herausforderung, von diesem Wunderbaum zu essen! Aber nachdem das Verbot übertreten wurde, wird der Mensch entsetzlich hart bestraft.[259]

Ein ambivalenter Gott begegnet uns auch in der Bileamsgeschichte. Dort sagt Gott zu Bileam: »Mache dich auf und ziehe mit ihnen!«[260] Und später heißt es dann: »Der Zorn Gottes entbrannte über ihn, weil er hinzog«.[261] Ähnlich heißt es auch im 2. Buch Samuel von David: Gott stachelte ihn auf, eine Volkszählung durchzuführen,[262] und als David diesem Rat folgt, muß sein Volk eine schwere Strafe erleiden.[263] Später hat dann der Chronist diesen Tatbestand

›berichtigt‹ und gesagt, daß der ›Teufel‹ den David aufge-stachelt habe, die Volkszählung durchzuführen, und daß ›Gott‹ dann die Strafe verhängte, weil David dem Teufel gehorchte.[264] Beim Chronisten haben wir also eine Auftei-lung in ›Teufel‹ und ›Gott‹, während im 2. Buch Samuel ›Gott‹ und ›Teufel‹ noch zusammen gesehen werden.

Auch im Buch Hiob haben wir die Vorstellung, daß der Teufel zu den ›Söhnen Gottes‹ gehört und seine makabren Handlungen mit Billigung Gottes vollzieht.[265] So sagt denn auch Gott zum Propheten Jesaja: »Ich mache das Licht und schaffe die Finsternis, ich gebe Frieden und schaffe das Übel«,[266] und beim Propheten Amos heißt es: »Ist auch ein Unglück in der Stadt, das Gott nicht tut?«[267] Auch im Neuen Testament erleben wir noch einen Nach-klang dieses ambivalenten Gottesbildes, wenn wir lesen, daß der Geist Gottes Jesus in die Wüste getrieben hat, da-mit er dort vom Teufel versucht würde.[268]

Hinter dem Vaterbild unseres Märchens entdecken wir ebenfalls eine ambivalente Vorstellung vom Gott/Teufel. Der Teufel erscheint zunächst als wohlwollender alter Mann, der den Müller beschenkt. Erst später wird seine Teufelsseite sichtbar, die das Mädchen verstümmelt. Viele Christen tragen ein solch ambivalentes Gottesbild auch heute noch mit sich herum, und dieses Gottesbild ist schuld daran, daß so viele Christen mit ›abgehackten Hän-den‹ herumlaufen.[269]

Hände stehen als Pars pro toto für den ganzen handelnden Menschen. Wir haben viele Ausdrücke, die das erkennen lassen. Wir reden z. B. von einem ›*Handel*‹ oder einer ›*Handlung*‹, wir ›be*handeln*‹ etwas, wir sind ›*hand*lungs-fähig‹ usw. In der Bibel wird der *handelnde* Gott oft mit der ›Hand Gottes‹ bezeichnet, so z. B. ›negatives‹ *Handeln* Gottes: »Die Hand Gottes lag schwer auf ihnen«[270] oder

›positives‹ Handeln Gottes: »Die Hand Gottes war mit ihm«[271] oder allgemein: Alle Macht liegt in Gottes Hand.[272] Auch das *Hand*eln des Menschen wird manchmal durch die ›Hand‹ des Menschen ausgedrückt.[273]

Die Hand abhacken bedeutet somit, einen Menschen handlungsfähig zu machen, ihn in der Abhängigkeit halten. Und warum läßt das Mädchen sich das gefallen? In unserem Märchen fühlt sich das Mädchen – ähnlich wie die Tochter des Jephthah – unter Hintanstellung seiner eigenen Bedürfnisse offensichtlich verantwortlich für das Schicksal des Vaters. Wenn das Mädchen sich dem Wunsch des Vaters fügt und sich verstümmeln läßt, dann ist der Vater zufrieden und gütig. Wenn es dies jedoch nicht tut, wenn es seinen eigenen Willen durchsetzt, wenn es seine Hände behalten, also selber ›*hand*eln‹ will, dann wird dieser Vater ›fuchs*teufels*wild‹; d. h. es holt ihn der Teufel, er wird selber zum Teufel. Das Mädchen steht somit in einer Spannung, in der sich viele Kinder befinden, die wissen: Wenn ich tue, was der Vater will, dann bin ich ›brav‹ und dann ist auch der Vater brav, wenn ich dagegen tue, was ich eigentlich tun will, dann bin ich ›böse‹ und mache meinen Vater zum Teufel, und ich muß darunter leiden. Viele Kinder entscheiden sich in einem solchen Konflikt dann dafür, daß sie sich lieber die Hände abhacken lassen, als einen teuflischen Vater zu riskieren.[274]

Diese Haltung wird auch bei manchen sogenannten Christen sichtbar. Sie übergeben ihr Leben einem solchen ambivalenten Gott, von dem sie meinen: »Wenn ich brav bin, dann ist Gott gut, wenn ich bös bin, dann straft er mich.« Sie übergeben diesem Gott ihr Leben, weil sie Angst haben, daß sie sonst dem ›Teufel‹ verfallen. Sie sagen deshalb lieber zu ›Gott‹ (genau wie das Mädchen im Märchen): »Mach mit mir, was du willst.« Der Preis dafür ist häufig die Verstümmelung des Lebens.

Wir wollen uns aber auch den Müller recht plastisch vorstellen. Und zwar zunächst zu dem Zeitpunkt, als er noch nicht in Armut geraten ist. (Wie sieht er aus? Wie ist er angezogen? Wie verhält er sich?) Ich stelle mir einen behäbigen, gutaussehenden Mann vor mit einer von Mehlstaub weißen Schürze aus Sackleinen, der mit verschränkten Armen zufrieden vor seiner Mühle steht. Wir dürfen uns jedoch nicht von einer fremden Müller-Vorstellung beeinflussen lassen, sondern jeder muß *seinen* ›inneren Müller‹ vor Augen sehen. In der Zeit, in der unsere Märchen entstanden sind, wurden Müller bewundert und beargwöhnt. Müller und Mühle wurden auch immer wieder mit dem Teufel in Beziehung gebracht.[275] Dies läßt sich dadurch erklären, daß für die damaligen Menschen der Müller etwas mit Zauberei zu tun hatte, weil er die Kräfte der Natur für sich arbeiten läßt – das Wasser oder den Wind. Er braucht die Mühle nicht mit der Hand zu bewegen, sondern das Wasser und die Luft arbeiten für ihn. Der Müller hat aber außer der Mühle, die die technisierte Seite seines Lebens darstellt, noch einen Apfelbaum. Das ist das Lebendige, das, was mit dem Boden verwurzelt ist und seine Kraft aus dem Boden zieht.

Der Müller, der normalerweise als wohlhabend dargestellt wird, ist im Märchen arm geworden. Er hat sein ›Gesicht‹ verloren. Sein ›Image‹ stimmt nicht mehr. Versuchen wir nun, uns den armen Müller vorzustellen: Er muß in den Wald gehen, um Holz aufzulesen, und später muß er es hacken. Zunächst ist dies eine sehr vernünftige Tätigkeit, die der Müller hier ausübt. Er geht in den Wald. Der Wald ist Symbol für das Unbewußte. Er befaßt sich mit Holz, d. h. mit dem, was das Unbewußte produziert. Er bearbeitet es, so daß dadurch Wärme entstehen kann. Das ist eine sinnvolle Tätigkeit. Aber sie bringt weniger Ansehen als sein früherer Beruf, als er das Wasser (bzw. den Wind) für sich arbeiten ließ. Die Mühle hat damals für ihn Mehl und damit Geld produziert. Jetzt ist der Müller arm. In dieser Situation steigt als Gegenpol der Wunsch aus der Tiefe auf, wieder reich zu werden und wieder zu Ansehen zu kommen. Er will den Gesichtsverlust, den er erlitten hat, wieder ausgleichen. Die Persona des Müllers stimmt nicht mehr. Ein Müller hackt nicht Holz, sondern läßt die Mühle für sich arbeiten. Wie kann nun der Müller sein Gesicht wieder gewinnen? Der Teufel schlägt vor: das Lebendige opfern! Für den Müller ist das zunächst der Apfelbaum. Aus der Sicht des Müllers verlangt der Teufel also, daß er etwas Lebendiges für Geld, d. h. für etwas Lebloses, opfert. Der Müller muß sich also entscheiden zwischen seinem Ansehen, seinem ›Image‹ (psychologisch: zwischen seiner ›Persona‹), und seiner inneren Lebendigkeit. Er entscheidet sich für seine Persona. Das ist tragisch.

Daß wir Lebendiges für Unlebendiges opfern, ist die große Gefahr, von der heute unsere Welt bedroht ist. Wie viele Äcker und Bäume werden geopfert, damit Autobahnen, Flugplätze, Fabriken und Hochhäuser gebaut werden können. Wir merken nicht, daß wir damit ein Stück unserer Seele verkaufen. In unseren Großstädten sehen wir den Sternenhimmel nicht mehr vor lauter Beton und Lichtreklamen. Wir haben nicht mehr das Erlebnis eines Sonnenaufgangs, wir hören nicht mehr die Bäume rauschen, und wir hören nicht mehr die Vögel zwitschern. Wir verlieren das Gespür für saubere Luft, so wie es der Indianerhäuptling Seattle in seiner berühmten Rede schon vor über hundert Jahren beklagt hat, als er das Land seines Stammes für Geld verkaufen sollte.[276]

Es sind ja besonders die Indianer, die in einer unvorstellbaren Weise unter dem gelitten haben und auch heute noch leiden, was ihnen und ihrer Natur angetan wird. Bei den Indianern sind Mensch und Natur ganz eng miteinander verflochten. Natur und Mensch sind eins mit dem Schöpfer. Der Baum, das Tier, der Berg, die Sonne, der Mond sind alle Geschwister des Menschen, und zwar in einem ganz realen Sinn. Sicher könnten wir sagen, das ist noch eine Art archaischer Identität! Das mag sein, aber es ist auch etwas, was eine ganz tiefe Bedeutung hat, denn die Ehrfurcht vor der Schöpfung und die Gemeinschaft mit dem Schöpfer hängen viel enger zusammen, als wir das gemeinhin wahrhaben wollen. Gerade die Indianer haben ja die Zerstörung der Natur besonders grausam erfahren. Mehr als sechzig Millionen Indianer wurden seit ihrer sogenannten Entdeckung[277] ermordet (in Lateinamerika geht dieses Morden immer noch weiter!). Auch ihre Flora und Fauna wurde vom ›weißen Mann‹ rücksichtslos ausgerottet und zerstört. In Kanada nahm ich einmal an einer Veranstaltung teil, bei der Kanadier ihre Geschichte szenisch darstellten. Seither sind viele Jahre vergangen, aber noch immer gellt mir ein aus Urtiefen kommender Schrei in den Ohren, mit dem eine Indianerin die zerstörte Schöpfung beklagte.

Und was ist die Ursache der heutigen Umweltzerstörung? Die Bibel gibt darauf eine sehr einfache Antwort: »Die Wurzel allen Übels ist die Geldliebe.«[278] Und damit sind wir wieder beim Müller, der seinen Apfelbaum und damit seine Seele für Geld verkaufte. Wieso ›seine Seele‹? Hinter dem Apfelbaum steht das Mädchen, d. h. seine ›Anima‹. Geht es uns nicht auch manchmal so wie dem Müller, der nicht merkt, daß der Apfelbaum nicht ›nur‹ ein Baum ist, sondern ein Stück Lebendigkeit? Diese Lebendigkeit ist ein Stück unserer Seele. Schon Jesus hat gesagt: »Was nützt es dem Menschen, wenn er die ganze Welt gewinnt und dabei Schaden an seiner Seele nimmt?«[279]

Interessanterweise ist es die Mutter, die zuerst durchschaut, daß hinter dem großzügigen Geldgeschenk der Teufel steckt. Hätte der Müller sich zunächst mit der ›Mutter‹, d. h. mit der mütterlichen Seite in seiner Psyche, beraten, dann hätte er vermutlich anders gehandelt. Aber so hat er den Pakt mit dem Teufel geschlossen, ohne zuvor auf die Stimme der ›Mutter‹ zu hören, ohne in den mütterlichen Urgrund hinabzusteigen.

Ich hatte einmal ein Gespräch mit einem indianischen Medizinmann. Er erzählte mir: »Wenn ich vor einer schweren Entscheidung stehe, dann gehe ich bei Sonnenuntergang in die Sweatlodge. Dort bleibe ich die ganze Nacht über und gehe bei Sonnenaufgang wieder hinaus.« Die Sweatlodge ist ein kleiner igluähnlicher Rundbau, der den Mutterleib darstellt. In einer Sweatlodge ist es ganz dunkel und eng. In der Mitte befindet sich ein kreisförmiger Bezirk, in den glühende Steine gelegt werden, bis es in der Sweatlodge schrecklich heiß wird (viel heißer als in einer Sauna!). Auf diese Steine, die von einem Helfer von Zeit zu Zeit erneuert werden, wird gelegentlich Wasser gesprengt, das sofort verdampft und auf dem nackten Körper beißende Schmerzen verursacht. In der Sweatlodge kommt der Indianer mit dem mütterlichen Urgrund in Verbindung. Dort sucht die Seele des Indianers nach der rechten Antwort, und wenn er dann am Morgen aus der Sweatlodge herausgeht – er tut dies instinktiv bei Sonnenaufgang –, dann geht ihm auch innerlich die Sonne auf. Im mütterlichen Urgrund hat er die Kraft zu einer richtigen Entscheidung gefunden.

In der biblischen Tradition vertritt diesen mütterlichen Urgrund der Heilige Geist, der im Hebräischen (*ruach*) weiblich ist.[280] Man sollte deshalb vor Entscheidungen ›in sich‹ gehen und mit dem mütterlichen Urgrund in Verbindung treten. Der männliche Geist allein kann keine richtige Entscheidung fällen!

Das Wagnis des Aufbruchs

Sie antwortete aber: »Hier kann ich nicht bleiben, ich will fortgehen; mitleidige Menschen werden mir schon so viel geben, als ich brauche.« Darauf ließ sie sich die verstümmelten Arme auf den Rücken binden, und mit Sonnenaufgang machte sie sich auf den Weg und ging den ganzen Tag, bis es Nacht ward.

Da kam sie zu einem königlichen Garten, und beim Mondschimmer sah sie, daß Bäume voll schöner Früchte darin standen; aber sie konnte nicht hinein, denn es war ein Wasser darum. Und weil sie den ganzen Tag gegangen war und keinen Bissen genossen hatte und der Hunger sie quälte, so dachte sie: Ach, wäre ich darin, damit ich etwas von den Früchten äße, sonst muß ich verschmachten. Da kniete sie nieder, rief Gott den Herrn an und betete. Auf einmal kam ein Engel daher, der machte eine Schleuse in dem Wasser zu, so daß der Graben trocken ward und sie hindurchgehen konnte.

Nun ging sie in den Garten, und der Engel ging mit ihr. Sie sah einen Baum mit Obst, das waren schöne Birnen, aber sie waren alle gezählt. Da trat sie hinzu und aß eine mit dem Munde vom Baume ab, ihren Hunger zu stillen, aber nicht mehr. Der Gärtner sah es mit an; weil aber der Engel dabeistand, fürchtete er sich und meinte, das Mädchen wäre ein Geist, schwieg still und getraute nicht zu rufen oder den Geist anzureden. Als sie die Birne gegessen hatte, war sie gesättigt und ging und versteckte sich in das Gebüsch.

Der König, dem der Garten gehörte, kam am anderen Morgen herab; da zählte er und sah, daß eine der Birnen fehlte, und fragte den Gärtner, wo sie hingekommen wäre: Sie läge nicht unter dem Baume und wäre doch weg. Da antwortete der Gärtner: »Vorige Nacht kam ein Geist, der hatte keine Hände und aß eine mit dem Munde ab.« Der König sprach: »Wie ist der Geist über das Wasser herübergekommen? Und wo ist er hingegangen, nachdem er die Birne gegessen hatte?« Der Gärtner antwortete: »Es kam jemand in schneeweißem Kleide vom Himmel, der hat die Schleuse zugemacht und das Wasser gehemmt, damit der Geist durch den Graben gehen konnte. Und weil es ein Engel muß gewesen sein, so habe ich mich gefürchtet, nicht gefragt und nicht gerufen. Als der Geist die Birne gegessen hatte, ist er wieder zurückgegangen.« Der König sprach: »Verhält es sich, wie du sagst, so will ich diese Nacht bei dir wachen.«

Als es dunkel ward, kam der König in den Garten und brachte einen Priester mit, der sollte den Geist anreden. Alle drei setzten sich unter den Baum und gaben acht. Um Mitternacht kam das Mädchen aus dem Gebüsch gekrochen, trat zu dem Baum und aß wieder mit dem Munde eine Birne ab; neben ihr aber stand der Engel in weißem Kleide. Da ging der Priester hervor und sprach: »Bist du von Gott gekommen oder von der Welt? Bist du ein Geist oder ein Mensch?« Sie antwortete: »Ich bin kein Geist, sondern ein armer Mensch, von allen verlassen, nur von Gott nicht.« Der König sprach: »Wenn du von aller Welt verlassen bist, so will ich dich nicht verlassen.« Er nahm sie mit in sein königliches Schloß, und weil sie so schön und fromm war, liebte er sie von Herzen, ließ ihr silberne Hände machen und nahm sie zu seiner Gemahlin.

Nach der Ausgangssituation kommen wir jetzt zu einer zweiten Station auf dem Weg zur Ganzheit. Wir können sie überschreiben: ›Das Wagnis des Aufbruchs‹.

Zunächst wieder das Mädchen. Das Mädchen weiß: »So kann ich nicht weiterleben!« Das ist eine ganz wesentliche Erkenntnis, wenn ein Mensch merkt, daß er so nicht weiterleben kann, sondern daß er sich auf den Weg machen muß. Und so macht sich das Mädchen auf den Weg mit verstümmelten und gebundenen Händen.

Das Mädchen hat Illusionen bei diesem Aufbruch. Es meint, daß es seine ›verstümmelten Hände behalten‹ könne. Es kann sich das gar nicht anders vorstellen und sagt deshalb: »Andere werden mir schon helfen.« Das gibt es auch heute noch, daß Menschen ihre ›verstümmelten Hände behalten‹ wollen, um Hilfe von anderen Leuten in Anspruch zu nehmen. In unserem Märchen hat diese Illusion jedoch eine wichtige Funktion. Ohne sie hätte sich das Mädchen wahrscheinlich gar nicht auf den Weg gemacht. Auch wir würden ohne Illusionen wahrscheinlich nicht allzuoft aufbrechen und uns auf den Weg machen. Wenn wir wüßten, was auf dem neuen Weg alles auf uns zukommt oder auf uns zukommen kann, dann würden wir unseren Entschluß aufzubrechen wahrscheinlich nur selten verwirklichen. Es ist also ein Stück Aufbruchshilfe, daß wir zunächst unsere Illusion behalten können.

Es gilt aber auch das andere: Wenn ein Mensch sich auf den Weg macht, dann machen sich die Engel ebenfalls auf den Weg. Engel sind vor allem in Aufbruchssituationen da. Der Engel bahnt dem Mädchen einen Weg durchs Wasser. Wir kennen das aus der Bibel. Beim Aufbruch des Volkes Israel aus Ägypten bahnt der Engel einen Weg durchs Wasser.[281] Beim Einzug ins Gelobte Land wird ebenfalls der Weg durchs Wasser gebahnt. Auch in der Symbolik der Taufe geht es um diesen doppelten Weg durchs Wasser: Auszug aus dem alten Land – Einzug ins neue Land. Die Taufe ist ein Sakrament des Aufbruchs.

Der Auszug aus dem alten und der Einzug in das neue Land geht durchs Wasser hindurch. Engel sind innere Helfer, die wachgerufen werden in dem Augenblick, in dem wir Neuland betreten. Engel sind aber auch Boten Gottes; d. h., Gott selbst greift ein, wenn ein Mensch sich auf den Weg macht und einen ersten selbständigen Schritt wagt.[282]

Was bedeutet nun das Wasser? Wasser ist ein Symbol für das Unbewußte. Insbesondere geht es um den mütterlichen Urgrund der Seele. Wir haben in dieser Aufbruchsszene eine Häufung von mütterlichen und weiblichen Symbolen, z. B. die Nacht, der Mond, der Garten, die Birne (die Birne ist ein weibliches Symbol im Gegensatz zum Apfel, der die Ganzheit darstellt).

Weiterhin ist der Mund bedeutsam. Das Mädchen ißt eine Birne mit dem Mund. Das Mädchen geht also in den mütterlichen Urgrund zurück, und zwar steigt es in einen Bereich hinab, der vor seiner Verstümmelung liegt. Im ersten Abschnitt wird eine Situation erwähnt, in der das Mädchen bei seiner Mutter weilt, während der Vater abwesend ist. Dadurch wird angedeutet, daß der mütterliche Bereich vor der Verstümmelung und vor der Vaterproblematik liegt. Das war in der ›oralen‹ Phase, in der der Mund eine wesentliche Rolle spielte. Aus diesem mütterlichen Urgrund holt sich das Mädchen die Kraft für den weiteren Weg. Es handelt sich somit um eine ›progressive Regression‹, d. h. um einen Rückschritt, der im Dienste der Ganzwerdung steht.[283] Diese Regression schließt das Wagnis des Schuldigwerdens ein und ist somit ein Schritt nach vorn, eine Progression.

Die Birnen sind gezählt und geschützt. Es ist ein verbotener Baum, und trotzdem wagt das Mädchen, eine Birne zu essen, weil es jetzt darum geht, Leben zu erhalten. Es sagt:

»Ich verschmachte, wenn ich die Birne nicht esse.« Leben ist wichtiger als das Gebot. Das haben wir von Jesus gelernt. »Das Gebot ist um des Menschen willen da, und nicht der Mensch um des Gebotes willen.«[284] Es geht hier um den Mut, schuldig zu werden, weil das Nicht-schuldig-Werden Leben vernichten würde und weil dadurch eine schlimmere Schuld entstünde. Es ist also eine *felix culpa*, eine ›glückselige Schuld‹, weil sie den Weg zur Menschwerdung bahnt.

Die männliche Hauptgestalt im zweiten Abschnitt ist der König. Er erscheint als Gegenfigur zum Müller, ist aber im Grunde genommen kein anderer als der Müller. Es ist der ›innere Müller‹ in einer anderen Gestalt. Das geschieht häufig in unseren Träumen, daß in einem zweiten Traumteil die Thematik des ersten in anderer Gestalt aufgegriffen und interpretiert wird.[285] Der ›Müller‹ ist jetzt der König und bleibt es auch bis zum Schluß. Dieser König wird bestohlen. Er merkt plötzlich, daß ihm etwas fehlt. Das ist der Anfang seiner Entwicklung. Der Verlust hat etwas zu tun mit seiner weiblichen Seite. Es wurde ihm eine Birne gestohlen von einem Mädchen. Durch diesen Verlust, den er erleidet, wird er auf das Mädchen, d. h. auf seine Anima, aufmerksam. Offensichtlich hat er seiner Anima bisher nicht genügend Beachtung geschenkt.

Ein ›Dieb‹ personifiziert in der Traumsymbolik unbewußte Inhalte, die dem bewußten Leben Energie entziehen. Ein ›König‹ ist Symbol für das kollektiv Bewußte, d. h. für das, was *man* tut, für das, was üblich ist. Ihm wird nun vom Weiblichen in ihm Energie abgezogen. Es ist in ihm ein Komplex konstelliert, der Energien bindet, die dadurch dem Bewußtsein und dem Leben entzogen werden.[286] Es entsteht dann im Bewußtsein das Gefühl eines Verlustes an Lebendigkeit, ein Gefühl der Dürre und der

Unlebendigkeit. Die Anima regt sich, um den König zu zwingen, sich mit ihr zu befassen.[287] Das Mädchen treibt den König in die Unruhe hinein. Der König ist beunruhigt über den Verlust. Es ist jedoch eine vorübergehende Unruhe. Der König lebt noch zu stark in seinem Bewußtsein, das sich nicht so schnell beunruhigen und beeindrucken läßt.

Hier besteht ein deutlicher Kontrast zwischen dem König und dem Gärtner. Der Gärtner hat ein Gespür fürs Numinose. Er gleicht somit der Mutter im ersten Abschnitt. Wie die Mutter im ersten Abschnitt nicht nur den alten Mann sieht, der Geld verschenkt, sondern ahnt, daß etwas Teuflisches dahintersteckt, so spürt hier der Gärtner das Numinose, nämlich etwas Göttliches. Der Gärtner ist mit der Erde verbunden. Er ist dem Geheimnis nahe, weil er mit der Erde, mit dem Garten zu tun hat. Er fürchtet das Numinose und wagt nicht, täppisch dazwischenzutreten und ›vernünftige‹ Fragen zu stellen. Er ist vom Numinosen fasziniert. Der König hingegen, als ein Vertreter des Bewußtseins, fängt an zu zählen. Er zählt die Birnen und merkt, daß eine fehlt. Er schaut ins Gras, sie ist nicht vorhanden. Also, wo ist sie? Eine Birne geht nicht verloren. Irgendwo muß sie sein. Er fragt den Gärtner, glaubt ihm aber nicht so ohne weiteres, sondern holt sich einen Priester dazu, um den Fall genauer zu prüfen. (›Thron und Altar‹ waren in der Geschichte immer wieder eine beliebte Kombination. Anscheinend fühlen sich die Regierenden wohl, wenn die Kirche auf ihre Seite steht.)

Der König erscheint als sehr männlich. Jetzt macht sich seine weibliche Seite bemerkbar, und schließlich kommen die beiden zusammen: Der König und das Mädchen stehen einander gegenüber, aber nicht als gleichwertige Partner, sondern am Schluß des zweiten Abschnittes heißt es: »Der

König *nahm* sie mit«, und er »*nahm* sie zu seiner Gemahlin«. Hier ist keine Rede von Partnerschaft. Der König ist der Handelnde, der reiche, gesunde König erbarmt sich über das arme, behinderte Mädchen. Der König ist der Gebende und das Mädchen die Empfangende. Der König steht gönnerhaft über dem Mädchen und ›nimmt‹ sie einfach. Wir haben somit die gleiche Situation wie im ersten Abschnitt, das Mädchen bleibt in der Abhängigkeit. Es erlebt zwar im König ein positives Vaterbild und läßt sich gerne verwöhnen, aber es bleibt handlungsunfähig. Zwar erhält es silberne Hände, und dem Anschein nach ist jetzt alles wieder gut, aber es sind keine echten Hände. Das Mädchen kann nicht selbst handeln. Die Illusion scheint sich zu erfüllen: »Ich kann weiterleben, so wie ich bin, andere werden für mich sorgen.«

Die Auseinandersetzung mit dem Schatten

Nach einem Jahre mußte der König über Feld ziehen, da befahl er die junge Königin seiner Mutter und sprach: »Wenn sie ins Kindbett kommt, so haltet und pflegt sie wohl, und schreibt mir's gleich in einem Briefe.«
Nun gebar sie einen schönen Sohn. Da schrieb es die alte Mutter

eilig und meldete ihm die frohe Nachricht. Der Bote aber ruhte unterwegs an einem Bache, und da er von dem langen Wege ermüdet war, schlief er ein. Da kam der Teufel, welcher der frommen Königin immer zu schaden trachtete, und vertauschte den Brief mit einem andern, darin stand, daß die Königin einen Wechselbalg zur Welt gebracht hätte. Als der König den Brief las, erschrak er und betrübte sich sehr, doch schrieb er zur Antwort, sie sollten die Königin wohl halten und pflegen bis zu seiner Ankunft. Der Bote ging mit dem Brief zurück, ruhte an der nämlichen Stelle und schlief wieder ein. Da kam der Teufel abermals und legte ihm einen andern Brief in die Tasche, darin stand, sie sollten die Königin mit ihrem Kinde töten. Die alte Mutter erschrak heftig, als sie den Brief erhielt, konnte es nicht glauben und schrieb dem Könige noch einmal, aber sie bekam keine andere Antwort, weil der Teufel dem Boten jedesmal einen falschen Brief unterschob; und in dem letzten Briefe stand noch, sie sollten zum Wahrzeichen Zunge und Augen der Königin aufheben.

Aber die alte Mutter weinte, daß so unschuldiges Blut sollte vergossen werden, ließ in der Nacht eine Hirschkuh holen, schnitt ihr Zunge und Augen aus und hob sie auf. Dann sprach sie zu der Königin: »Ich kann dich nicht töten lassen, wie der König befiehlt, aber länger darfst du hier nicht bleiben; geh mit deinem Kinde in die weite Welt hinein, und komm nie wieder zurück.«

Das symbiotische Verhältnis hat seine Schattenseite. Es geht deshalb im dritten Abschnitt um die Auseinandersetzung mit dem Schatten. Der König zieht fort in den Krieg. Mit dem Versprechen »Ich will dich nicht verlassen« ist es anscheinend nicht so weit her. Nach einem Jahr verläßt er sie. Die räumliche Trennung ist ein Bild für die innere Distanz. Der äußere Krieg ist ein Bild für den inneren Konflikt. Im Märchen wird nicht gesagt, worin die Distanz beim Mädchen besteht. Wir können es jedoch erahnen. Wir haben gesehen, wie das Mädchen mit Wohltaten überschüttet wird, bis hin zu den silbernen Händen, und wie es in einer totalen Abhängigkeit vom Wohltäter lebt. Das muß ja zu einer inneren Reaktion führen! Da muß ja der Gedanke auftauchen: »Wann wird er meiner überdrüssig sein?« oder: »Das Wohlwollen kann ja auf die Dauer gar nicht echt sein – ich bin das doch gar nicht wert, ich bin ja verstümmelt, ich kann ja gar nichts selbst tun!« Die alten Schuldgefühle sind wieder da! Es ist also Mißtrauen, das von der Situation her in diesem Mädchen auftauchen muß. Mißtrauen schafft Distanz und führt zum Konflikt. Und dieses Mißtrauen wird ja schließlich gerechtfertigt. Sie wird ja vertrieben. Am Schluß heißt es: »Geh fort in die weite Welt, und komm nie wieder zurück!«

Und wie steht es nun um den König? Bei ihm ist es sehr viel komplizierter. Da kommt die Mutter noch dazu. Sie gehört auch zu ihm. Im Bewußtsein ist der König sehr besorgt um seine Frau. Er sagt zur Mutter: »Haltet und pflegt sie wohl«, und er schreibt dasselbe später noch einmal in einem Brief. Das Unbewußte aber sagt das Gegenteil. Der Teufel vertritt hier die Stimme des Unbewußten. Im vertauschten Brief kommt die andere Seite des Königs hoch. Bezeichnenderweise geschieht das Auftauchen dieser Stimme des Unbewußten an einem Bach. Als *Wasser* ist der Bach Symbol für das Unbewußte, als *fließendes* Wasser Symbol für die Veränderung. Der Teufel hat also etwas mit Veränderung zu tun. Durch den Teufelsbrief steigt die Schattenseite des Königs hoch. Dadurch kommt ein Geschehen in Gang, das zur Veränderung führt. Der Teufel steht also auch hier im Dienste der Progression, des Fortschritts. Er ist somit, wie letztlich immer, ein Diener Gottes.

Es kommt also etwas in Bewegung. Der König sagt im Bewußtsein: »Erhaltet und pflegt sie wohl«, im Unbewußten sagt er: »Ermordet sie!« Mehr noch: »Schneidet ihr auch Augen und Zunge aus.« Das heißt doch, daß der König voller Unmut ist und sagt: »Wenn sie schon verkrüppelt ist, dann soll sie gleich ein ganzer Krüppel sein!« Spüren wir die Emotionen, die aus der Tiefe hervorkommen? Je milder es oben ist, desto turbulenter und aufgewühlt geht es unten zu! Das Handeln dieses Königs erinnert an den biblischen König Herodes, der auch mit dem Munde sagt: »Ich will hingehen und das Kind anbeten«, im Herzen dagegen sagt er: »Ich will hingehen und es ermorden.«

Nun müssen wir noch ein wenig näher auf die Mutter des Königs eingehen. Zwischen Mutter und Sohn ist eine seltsame Verfilzung zu spüren. Das Unbewußte beider scheint ineinanderzufließen. Der König ist offensichtlich noch nicht von seiner Mutter abgenabelt. Natürlich haben wir auch eine massive Schwiegermutterproblematik. Für die Schwiegermutter ist es klar: »Wie kann *mein* Sohn ein Mädchen heiraten, das ihm so wenig ebenbürtig ist!« Im Bewußtsein freut sie sich zwar über das ›schöne‹ Kind, das geboren wird, im Unbewußten will sie aber, daß es ein ›Wechselbalg‹ ist, d. h. ein von Kobolden vertauschtes häßliches Kind,[288] das am besten gleich getötet und umgebracht wird, und zwar mitsamt seiner Mutter. Diesen Wunsch kann sich die Mutter natürlich nicht eingestehen, aber er ist so stark, daß er irgendwie Gestalt annehmen und ihr sichtbar vor Augen treten muß. Sie sieht ihn deshalb in der Projektion; d. h., der unbewußte Wunsch der Mutter tritt im angeblichen Wunsch des Sohnes sichtbar in Erscheinung. Der ›Sohn‹ sagt im vertauschten Brief: »Bringt sie um!« Das ist die Stimme des Unbewußten sowohl der Mutter als auch des Sohnes. Nun kann die Mut-

233

ter ihren eigenen unbewußten Wunsch in der Projektion verurteilen: »Wie kann mein Sohn so böse sein und so etwas fordern!« Sie selbst kann dagegen als die gute Schwiegermutter dastehen, die auf gar keinen Fall so etwas Böses wünscht oder tut, sondern statt dessen den Wunsch des ›Sohnes‹ abmildert und die junge Frau vertreibt: »Komm ja nicht wieder!« Doch damit erreicht sie genau das, was sie will, nämlich daß das Mädchen mitsamt seinem ›Wechselbalg‹ endgültig aus dem Hause geschafft wird. Ein raffiniertes Übers-Kreuz-Manöver! Aber so arbeitet das Unbewußte. Es offenbart unsere tiefsten Wünsche und Motive. Wir erfahren sie in der Regel jedoch nur indirekt, z. B. in der Projektion, weil wir sie direkt gar nicht ertragen würden. Nicht die Schwiegermutter ist jetzt die Böse, sondern der König sagt: »Bringe sie um.«[289] Die Schwiegermutter dagegen ist die Gute, die den Befehl des Königs ›abmildert‹.[290]

Der Weg zur Ganzheit

Sie band ihr das Kind auf den Rücken, und die arme Frau ging mit weiniglichen Augen fort. Sie kam in einen großen wilden Wald, da setzte sie sich auf ihre Knie und betete zu Gott, und der Engel des Herrn erschien ihr und führte sie zu einem kleinen Haus, daran war ein Schildchen mit den Worten: »Hier wohnt ein jeder frei.« Aus dem Häuschen kam eine schneeweiße Jungfrau, die sprach: »Willkommen, Frau Königin« und führte sie hinein. Da band sie ihr den kleinen Knaben von dem Rücken und hielt ihn an ihre Brust, damit er trank, und legte ihn dann auf ein schönes gemachtes Bettchen. Da sprach die arme Frau: »Woher weißt du, daß ich eine Königin war?« Die weiße Jungfrau antwortete: »Ich bin ein Engel, von Gott gesandt, dich und dein

Kind zu verpflegen.« Da blieb sie in dem Hause sieben Jahre und war wohl verpflegt, und durch Gottes Gnade wegen ihrer Frömmigkeit wuchsen ihr die abgehauenen Hände wieder.

Der König kam endlich aus dem Felde wieder nach Haus, und sein erstes war, daß er seine Frau mit dem Kinde sehen wollte. Da fing die alte Mutter an zu weinen und sprach: »Du böser Mann, was hast du mir geschrieben, daß ich zwei unschuldige Seelen ums Leben bringen sollte!« und zeigte ihm die beiden Briefe, die der Böse verfälscht hatte, und sprach weiter: »Ich habe getan, wie du befohlen hast« und wies ihm die Wahrzeichen, Zunge und Augen. Da fing der König an, noch viel bitterlicher zu weinen über seine arme Frau und sein Söhnlein, daß es die alte Mutter erbarmte und sie zu ihm sprach: »Gib dich zufrieden, sie lebt noch. Ich habe eine Hirschkuh heimlich schlachten lassen und von dieser die Wahrzeichen genommen, deiner Frau aber habe ich ihr Kind auf den Rücken gebunden und sie geheißen, in die weite Welt zu gehen, und sie hat versprechen müssen, nie wieder hierherzukommen, weil du so zornig über sie wärst.« Da sprach der König: »Ich will gehen, so weit der Himmel blau ist, und nicht essen und trinken, bis ich meine liebe Frau und mein Kind wiedergefunden habe, wenn sie nicht in der Zeit umgekommen oder Hungers gestorben sind.«

Darauf zog der König umher, an die sieben Jahre lang, und suchte sie in allen Steinklippen und Felsenhöhlen, aber er fand sie nicht und dachte, sie wäre verschmachtet. Er aß nicht und trank nicht während dieser ganzen Zeit, aber Gott erhielt ihn. Endlich kam er in einen großen Wald und fand darin das kleine Häuschen, daran das Schildchen war mit den Worten: »Hier wohnt jeder frei.« Da kam die weiße Jungfrau heraus, nahm ihn bei der Hand, führte ihn hinein und sprach: »Seid willkommen, Herr König« und fragte ihn, wo er herkäme. Er antwortete: »Ich bin bald sieben Jahre umhergezogen und suche meine Frau mit ihrem Kinde, ich kann sie aber nicht finden.« Der Engel bot ihm

Essen und Trinken an, er nahm es aber nicht und wollte nur ein wenig ruhen. Da legte er sich schlafen und deckte ein Tuch über sein Gesicht.

Darauf ging der Engel in die Kammer, wo die Königin mit ihrem Sohne saß, den sie gewöhnlich Schmerzenreich nannte, und sprach zu ihr: »Geh hinaus mitsamt deinem Kinde, dein Gemahl ist gekommen.« Da ging sie hin, wo er lag, und das Tuch fiel ihm

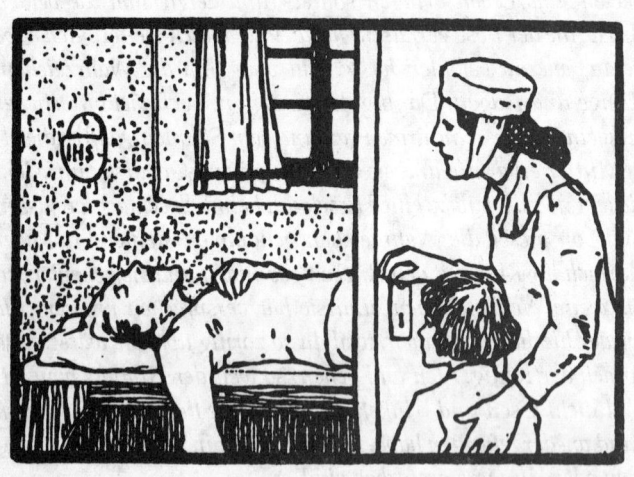

vom Angesicht. Da sprach sie: »Schmerzenreich, heb deinem Vater das Tuch auf und decke ihm sein Gesicht wieder zu.« Das Kind hob es auf und deckte es wieder über sein Gesicht. Das hörte der König im Schlummer und ließ das Tuch noch einmal gerne fallen. Da ward das Knäbchen ungeduldig und sagte: »Liebe Mutter, wie kann ich meinem Vater das Gesicht zudecken, ich habe ja keinen Vater auf der Welt? Ich habe das Beten gelernt: Unser Vater, der du bist im Himmel; da hast du gesagt, mein Vater wäre im Himmel und wäre der liebe Gott. Wie soll ich einen so wilden Mann kennen? Der ist mein Vater nicht.«

Wie der König das hörte, richtete er sich auf und fragte, wer sie *wäre. Da sagte sie: »Ich bin deine Frau, und das ist dein Sohn Schmerzenreich.« Und er sah ihre lebendigen Hände und sprach: »Meine Frau hatte silberne Hände.« Sie antwortete: »Die natürlichen Hände hat mir der gnädige Gott wieder wachsen lassen«; und der Engel ging in die Kammer, holte die silbernen Hände und zeigte sie ihm. Da sah er erst gewiß, daß es seine liebe Frau und sein liebes Kind war, und küßte sie und war froh und sagte: »Ein schwerer Stein ist von meinem Herzen gefallen.« Da speiste sie der Engel Gottes noch einmal zusammen, und dann gingen sie nach Haus zu seiner alten Mutter. Da war große Freude überall, und der König und die Königin hielten noch einmal Hochzeit, und sie lebten vergnügt bis an ihr seliges Ende.*

Das Mädchen macht sich jetzt zum zweitenmal auf den Weg. Diesmal ohne Illusion mit ›weiniglichen‹ Augen. Es kommt in einen großen wilden Wald; d. h., es steigt ganz tief hinab ins Unbewußte, dorthin, wo sie Gott begegnet, zu dem sie betet. Sie erwartet nicht mehr, daß Menschen ihr helfen. Sie hat nur noch Gott, dem sie sich jetzt anvertraut. Und so wird sie in das Haus geführt, das die Überschrift trägt: »Hier lebt jeder frei.« Das ist ein Haus der Gnade, ein ›Bethesda‹, in dem Kranke gesund werden.[291] In der Gnade leben heißt frei leben, nicht mehr unter dem alten kollektiven Gesetz (d. h. nicht mehr unter dem ›König‹) leben, nicht mehr versklavt sein unter einem äußeren Gesetz, sondern dem inneren Gesetz folgen, das frei macht, der inneren Bestimmung folgen. Aus einer solchen inneren Freiheit heraus wächst die Möglichkeit zu echtem, selbständigem Handeln, und so wachsen dem Mädchen neue Hände. In einer Variante unseres Märchens fällt das Kind an dieser Stelle ins Wasser. Dann kommt ein Mann hinzu (bezeichnenderweise ist es – wie am Anfang – ein ›alter‹ Mann!), der sagt: »Ziehe das Kind heraus!« Da sagt das Mädchen: »Ich kann das nicht, denn ich habe keine Hände!« Der Mann sagt aber noch einmal: »Hole das Kind heraus.« Da folgt das Mädchen den Worten des alten Mannes, und in dem Augenblick, als es seine Armstümpfe ausstreckt, wachsen ihm die Hände, und es holt das Kind heraus.[292]

Dazu ein modernes Beispiel: Eine 45jährige Frau hatte Mühe, eine ihr aufgetragene Arbeit zu leisten. Sie traute es sich nicht zu. In dieser Situation hatte sie folgenden Traum: »In einer Bahnhofshalle begegne ich einer weisen, älteren Frau. Ich strecke ihr meine Arme entgegen, an denen beide Hände abgeschnitten sind, und sage zu ihr: ›Jedesmal wenn ich anfangen will zu arbeiten, habe ich abgeschnittene Hände, so daß ich nichts anpacken kann – obwohl ich gerne arbeiten möchte.‹ Die ältere Frau antwortet mir: ›Ich weiß, daß du es schaffst!‹ Ich erwachte und konnte die Aufgabe anpacken – nach wochenlanger Blockade.«

Etwas tun, wozu uns unser ›wahres Selbst‹ ermuntert – obwohl wir es uns nicht zutrauen –, das ist ›charismatisches‹ Handeln. Charismatisches Handeln ist ein Handeln in Übereinstimmung mit dem inneren Gesetz. Wenn wir innerlich klar wissen, daß wir jetzt etwas anpacken müssen, und es auch tatsächlich tun, dann wachsen uns Hände, so daß wir es tun können. Wenn es im Neuen Testament heißt: »Wenn jemand redet, dann seien seine Worte Gottes Worte«,[293] dann müßten wir eigentlich sagen: Das ist ein unmöglicher Befehl, wir können keine Gottesworte reden! Wenn wir jedoch wagen, in dem Augenblick zu reden, in dem wir reden sollen, dann werden unsere Worte zu ›Gottes Wort‹, d. h. zu Worten, die heilende und helfende Wirkung haben. Und wenn es in der gleichen Stelle sinngemäß weiter heißt: Wer dient, der tue es in der Kraft, die Gott verleiht, dann bedeutet dies, daß uns in dem Augenblick Hände wachsen, in dem wir das tun, was Gott uns zu tun heißt.

Jetzt begegnen dem Mädchen zwei Engel. Der eine ist der leitende Engel, der sie zum Haus führt, der andere ist der beschützende Engel. Der leitende Engel bahnt den Weg im Sinne des Bibelworts: »Ich will einen Engel vor dir hersenden, der dir den Weg bahnt.«[294] Zum beschützenden Engel hat Max Hunziker ein schönes Bild gemalt, das in seiner Art einmalig ist: Ein großer Engel ohne Arme beschützt ein Liebespaar. Mir sagt dieses Bild: Menschen, die in innerer Freiheit handeln und lieben, sind die Arme und Hände des Engels; d. h. Gott *handel*t durch sie. Sie sind Gottes Arme und Hände. Gott handelt durch Menschen, die in innerer Freiheit das tun, wovon sie wissen, daß es für sie das Richtige und Notwendige ist. Es gilt aber auch das andere: Menschen, die in innerer Freiheit handeln, werden von Gottes Engel beschützt.

Und was bedeutet das Kind? Das Kind ist Ausdruck des Neuen, das in der Frau gewachsen ist. Das Kind hat keinen irdischen Vater erlebt. Es ist zunächst ganz an Gott gebunden. Es sagt: »Mein Vater ist im Himmel, es ist der liebe Gott, auf Erden habe ich keinen Vater.« Durch das Vaterbild, das ihm durch die Bindung an Gott vermittelt worden ist, kann eine neue freie Beziehung zum irdischen Vater entstehen. Ich kenne einen Mann, der hatte einen sehr harten Vater, dem er als Heranwachsender davonlief (bezeichnenderweise wurde er Soldat!). Er konnte niemals zu Gott ›Vater‹ sagen, weil er ein so schreckliches Vaterbild hatte. Er entwickelte deshalb eine eigenartige Jesus-Frömmigkeit, aber Gott als ›Vater‹ war für ihn ausgeblendet. Später hatte dieser Mann ein starkes religiöses Erlebnis. Er ist in einer neuen Weise mit dem Geist (d. h. mit der ›mütterlichen‹ Seite Gottes!) in Berührung gekommen. Dadurch wurde ihm eine neue Art des Betens geschenkt, ein Beten, das aus dem Innern hervorkommt und nicht vom Verstand produziert wird. Das erste Wort, das er dabei gesprochen hat, war das Wort *abba*, lieber Vater. Und von dieser neuen *Abba*-Gottesbeziehung konnte er dann auch eine neue Beziehung zu seinem inneren Vater[295] und zu Gott-Vater entwickeln.

So ergeht es der jungen Frau im Märchen. Das Neue, das in ihr gewachsen ist (= das ›Kind‹), ist zunächst an Gott gebunden und findet von da her eine neue Beziehung zum irdischen Vater. Der Vater ist für sie nun nicht mehr der ›König‹, sondern einfach ein Mensch. So gewinnt sie nicht nur eine neue innere Beziehung zum Vater, sondern auch zu ihrem Gatten. Das Kind in der Frau, also das Neue, das in ihr geboren worden ist, bedeckt das Gesicht des Königs mit einem Tuch; d. h., der König als Bild für das alte kollektive Bewußtsein wird abgedeckt. Die kollektiven Moralvorstellungen treten in den Hintergrund. Es erfolgt ein Durchdringen zur inneren Wahrheit. So grundsätzlich die kollektive Moral, das kollektive Bewußtsein richtig sein kann, so schädlich und lebenstötend kann es dem eigenen, speziellen Weg gegenüber sein.[296] Ein Vergleich soll dies verdeutlichen: Ein durchgezogener Strich auf der Straße ist grundsätzlich richtig. Er hat eine bestimmte, gute Funktion: Er soll entgegenkommende Fahrzeuge vor Gefährdung bewahren. Wenn jedoch ein Kind in die Fahrbahn läuft, dann muß ich den Strich überfahren und nicht das Kind. Leider gibt es viele Menschen, die überfahren lieber das Lebendige als den Strich, weil sie mehr auf Gebote und Verbote fixiert sind als auf das Lebendige.[297]

Das Kind heißt Schmerzenreich – d. h. das Neue, das wächst, wächst unter Schmerzen. Jeder Fortschritt wird mit Schmerzen erkauft. Deshalb auch die schmerzenreichen Initiationsriten bei Naturvölkern und die Schmerzen in der Sweatlodge der Indianer. Das Neue, das in uns geboren wird, wird unter Schmerzen geboren. Ich besitze seit vielen Jahren eine Metallikone des gekreuzigten Christus. Der Künstler hat dort sämtliche Schmerzstellen an Händen und Füßen, an der Seite und am Kopf in Silber gearbeitet, in dem Metall des Schmerzes und des Leidens. Dann hat er dieselben Stellen mit Feuer vergoldet, so daß die ehemaligen Silberstellen jetzt in Gold erglänzen. Damit hat der Künstler zum Ausdruck gebracht: Das Wertvollste ist dort, wo vorher das Leiden war. Das Neue, das geboren wird, wird unter Schmerzen geboren.

Nun noch ein Wort zum König. Auch er begibt sich auf die Suchwanderung. Auch er vertraut jetzt nicht mehr auf sein Äußeres, nicht mehr auf Reichtum, Macht und Ansehen, sondern er weint, er hungert und durstet. Er zieht durch Felsen und Höhlen und kommt schließlich ebenfalls an den Punkt, an dem er mit seiner Weisheit am Ende ist und die Suche aufgeben will, weil er meint, daß seine Frau und sein Kind verschmachtet seien und die ganze Suchwanderung somit umsonst wäre. Erst jetzt, da der König am ›Nullpunkt‹ angelangt ist, kommt er in den großen Wald und zur Hütte, wo jeder frei wohnt. Dort bedeckt er sein Gesicht mit einem Tuch. Was bedeutet das Tuch, vom König aus gesehen? Wir haben erfahren, was es für die Frau bedeutet. Es deckt das kollektive Bewußtsein ab. Aber was bedeutet es für den König? Kehren wir zum Anfang zurück. Dort ging es beim Müller um den Gesichtsverlust. Der Müller wollte auf keinen Fall sein Gesicht verlieren, sondern – koste es, was es wolle (und es kostete seine Seele) – unter allen Umständen bewahren. Der König dagegen nimmt jetzt freiwillig einen Gesichtsverlust auf sich. Er bedeckt sein Gesicht. Indem der König seine Persona abdeckt und sich somit ins Dunkle begibt, findet er zu Frau und Kind.

Und damit kommt es zum *hieros gamos*, zur heiligen Hochzeit, zwischen zwei ebenbürtigen Partnern. Jeder der beiden Partner, die Frau und der König, sind je ihren eigenen inneren Weg gegangen und haben das Haus der Gnade und damit sich selbst gefunden. Nur wer die Gnade findet, findet sich selbst. Jetzt sind sie gleichwertig. Die Frau vermählt sich nun nicht mehr mit einem über ihr stehenden ›König‹, sondern mit einem Menschen.

Der ›Schmerzenreich‹ ist jedoch nicht nur der Sohn der Frau, sondern auch der Sohn des Königs. Auch beim König wurde unter Schmerzen etwas Neues. Er hat Schmerzen in seiner Art durchlebt, in Felsen und Klüften, in Hunger und Durst. Auch er hat sich unter Schmerzen gewandelt. Und diese Gleichwertigkeit, die durch den inneren Weg der beiden zustande gekommen ist, führt nun auch zu einem inneren Gleichklang, zu einem Einswerden im Fühlen und Tun. Und dies findet seinen Ausdruck in der Tuchszene. Die Frau weiß, was der König jetzt braucht. Sie sorgt dafür, daß das Gesicht abgedeckt bleibt, daß sein starkes männliches Bewußtsein, das durch das Sonnenhafte des Gesichtes ausgedrückt wird, abgeblendet bleibt, damit das Weibliche hochkommen kann. Die Sonne wird abgedeckt, damit der Mond sichtbar wird. Sie spürt, daß nicht nur sie ihren inneren König abdecken muß, sondern daß auch der König diese Abdeckung braucht, und sagt deshalb zum Schmerzenreich: »Decke deinem Vater das Tuch vors Gesicht!« Sie tut damit gleichzeitig das, was sie selbst innerlich braucht, und das, was der Mann braucht, und beides geschieht durch das Kind.

Für den König ist die Frau nun nicht mehr das arme, hilfsbedürftige Mädchen, sondern die handlungsfähige Frau, die ihm neu als Partnerin begegnet und ihm etwas schenkt, nämlich das Kind. Dabei fällt dem König ein Stein vom Herzen. Ich deute diesen Stein als den Stein seiner bisherigen falschen Barmherzigkeit. Er hat sicherlich noch andere Bedeutungen, aber hier erscheint mir diese Bedeutung wichtig, denn es gibt nichts *Hart*herzigeres als unechte Barmherzigkeit! Durch seine frühere unechte Barmherzigkeit wurde sein Verhältnis zum Mädchen belastet und versteinert. Durch die neue Beziehung zu seiner Frau entsteht nun auch eine neue Beziehung zu seiner Mutter, zu der er jetzt zurückkehren kann mitsamt seiner Frau. Der äußere Ausdruck der neuen Einheit ist die vom Engel gereichte Mahlzeit, ein Gegenstück zu der mit dem Mund geraubten Birne. Der Engel speist die beiden zusammen, und es wird eine zweite Hochzeit gefeiert. Da heißt es nun nicht mehr, der König ›nahm‹ sie sich zur Frau, sondern es heißt: »Der König und die Königin hielten zusammen Hochzeit.« Unter Schmerzen ist eine neue, echte Ganzheit zustande gekommen.

Das Leben
geht weiter

Von dem Fischer und seiner Frau

Im Pißpott

Es waren einmal ein Fischer und seine Frau, die lebten zusammen in einem ›Pißpott‹, dicht an der See, und der Fischer ging alle Tage dorthin und angelte – und er angelte und angelte. So saß er wieder einmal bei seiner Angel und sah beständig in das klare Wasser hinein – und er saß und saß.

Da ging die Angel auf den Grund, tief nach unten, und als er sie heraufholte, zog er einen großen Butt heraus. Da sagte der Butt zu ihm: Hör mal, Fischer, ich bitte dich, laß mich leben. Ich bin kein richtiger Butt, ich bin ein verwünschter Prinz. Was hilft es dir, wenn du mich totmachst? Ich würde dir doch nicht recht

schmecken. Setz mich wieder in das Wasser und laß mich
schwimmen.
Na, sagte der Fischer, du brauchst nicht so viele Worte zu ma-
chen — einen Butt, der sprechen kann, hätte ich doch gewiß
schwimmen lassen. Damit setzte er ihn in das klare Wasser zu-
rück, da ging der Butt zu Grund und zog einen langen Streifen
Blut hinter sich her. Dann stand der Fischer auf und ging zu sei-
ner Frau in den Pißpott.
Mann, sagte die Frau, hast du heute nichts gefangen?
»Nein, sagte der Mann. Ich habe einen Butt gefangen, der sagte,
er wäre ein verwünschter Prinz. Da habe ich ihn wieder schwim-
men lassen.[298]

Wir sehen ihn vor uns, den Fischer. Er sitzt und sitzt und
angelt und angelt. Ein Mensch, der regelmäßig und monoton (›alle Tage‹ heißt es im Märchen) seiner Arbeit nach-
geht und nichts Besonderes vom Leben erwartet. Er wohnt
mit seiner Frau in einem ›Pißpott‹, ein deftiger Ausdruck
für eine ›beschissene‹ Wohnsituation. Die Fischersfrau
drückt das so aus: »Es ist übel, in einem Pißpott zu wohnen; das stinkt und ist so eklig.« Dieser Pißpott sagt etwas
aus über die Beziehung der beiden. Es ist eine viel zu enge
Beziehung[299], und es stinkt etwas in dieser Beziehung, es
ist etwas faul.
Wir haben hier ein Bild für die Lage nach dem Sündenfall.
Es ist eine ›verfluchte‹ Situation[300], in der auch die Beziehung fault. Und in diesem Zustand träumt der Fischer einen Traum. Man kann dieses Märchen wie jedes Märchen
auf verschiedenen Ebenen deuten, aber von der Phanta-
stik der Bilder her, dünkt es mich, sei es ein Märchen, das
einem Traum sehr nahe steht. Ich möchte es deshalb als einen Traum des Fischers verstehen. Und zwar sieht er sich
im Traum bei seiner normalen Alltagstätigkeit: Er sitzt

und sitzt und angelt und angelt und starrt ins Wasser hinein. Doch plötzlich sieht er, wie seine Angel nach unten
gezogen wird bis an den Grund des Meeres. So weit reicht
keine Angelschnur! Aber im Traum ist alles möglich. Beim
Herausziehen der Angel hängt ein Butt am Haken, der
sich vorstellt und sagt, er sei ein verwünschter Prinz. Mitten in der monotonen, langweiligen, ›beschissenen‹ All-
tagssituation ist plötzlich ein verwunschener Prinz an der
Angel!

Zur Welt, aus der ein Prinz kommt, gehört im Märchen in
der Regel das Umfeld eines Königreiches und eines
Schlosses – Symbole der Ganzheit. Aus dem Unbewußten
des Fischers taucht also ein Traumbild auf, eine Erinnerung an das verlorene Paradies, an den ›verwünschten‹
Bereich. Wenn im Märchen etwas ›verwünscht‹ ist, heißt
dies, daß es nicht ohne weiteres zugänglich ist, sondern
daß es erlöst werden muß. Alles, was verwünscht ist, die
Prinzen, Prinzessinnen und die Schlösser, all das muß erlöst werden. Es gibt keinen direkten Zugang. Das Paradies
ist verwünscht und nicht ohne weiteres zugänglich. Wenn
wir das träumten, würden wir natürlich fragen: »Wie kann
der Prinz erlöst werden?« Aber eine solche Frage stellt der
Fischer nicht. Der Gedanke kommt ihm gar nicht. Er fragt
nicht, wie der Prinz erlöst werden könnte (und damit er
selbst!), sondern er läßt den Fisch wieder schwimmen. Das
ist tragisch! Es kommt etwas aus dem Unbewußten hoch,
etwas, das eine geheimnisvolle Welt offenbart, und der Fischer läßt die Chance wieder schwimmen. Vielleicht erinnern wir uns an Situationen in unserem Leben, in denen
Chancen aufgetaucht sind, und wir haben sie nicht ge-
nutzt; ich kenne Menschen, denen es so ergangen ist und
die zeitlebens diesen Chancen nachtrauern.

Wenn wir einen solchen Traum träumten, dann wäre das

ein Warnzeichen und ein Aufruf, unsere Einstellung dem Leben gegenüber zu ändern und zu erwarten, daß es nicht so monoton und nicht so langweilig weitergehen muß, vor allem nicht so ›beschissen‹ wie bisher, sondern daß etwas Neues aufbrechen kann. Es ist so, wie wenn wir von der Geburt eines Kindes träumten und uns bewußt würde, daß in unserem Leben etwas Neues aufbrechen will. Es bricht aber nur auf, wenn wir es nicht sofort wieder schwimmen lassen, sondern wenn wir es festhalten und das Bild in unserem Herzen bewegen. Wir müßten also diesen Fisch aus der Tiefe fragen: »Wer bist du? Wie kannst du erlöst werden? Wie kann ich dir dabei helfen?« Der Fischer hat diesen Aufruf nicht gehört. Er setzt den Fisch ins Wasser zurück und mit ihm die Chance zur Erlösung des Prinzen und zur Veränderung seiner ›Pißpott-Situation‹!

Nun ist es interessant, daß es im Märchen heißt: »Da ging der Butt zu Grund [was auch immer das ›Zugrundegehen‹ bedeutet] und zog einen langen Streifen Blut hinter sich her:« Der Fisch ist verletzt, nicht nur von der Angel des Fischers, sondern mehr noch durch das unsensible Verhalten des Fischers. Der Fisch ist Symbol unseres wahren Selbst (des ›Christus in uns‹), und die ›Verletzung‹ des Fisches erinnert an das Wort des Johannes: »Er kam in sein Eigentum; und die Seinen nahmen ihn nicht auf.«[301] Das ist die ›Verletzung‹: Der Fisch aus der Tiefe (unser wahres Selbst, unsere Gott-Ebenbildlichkeit) zeigt sich, und wir lassen ihn wieder schwimmen. Das Rot des Blutes erinnert an das Rot des Wurzelchakra[302], an die unerlöste Tiefe. Dorthin kehrt der Fisch zurück; d. h., ein Inhalt aus der tiefsten Tiefe, der einmal aufgetaucht ist und nicht angenommen wird, zieht sich wieder zurück. Eine Chance ist vertan.

Ein Epos, das mich seit frühester Jugend begleitet, ist das Parzival-Epos: Parzival kommt zur Gralsburg, zur Erfüllung seiner tiefsten Sehnsucht. Er sieht dort den verletzten Gralskönig mit der blutenden Wunde, und er fragt nicht, wie der König erlöst werden kann. Und so entschwindet die Gralsburg seinen Augen.[303]

Das ist jedoch kein endgültiges Versinken: Sowohl die Erzählung vom Parzival als auch die Bibel sagen uns, daß das nicht das Ende ist, sondern daß der Christus in uns, unser wahres Selbst, nicht nur einmal zu uns kommt, sondern ständig auf uns wartet![304] Aber wenn wir ihn immer wieder schwimmen lassen, dann riskieren wir, daß wir die Chance unseres Lebens endgültig verpassen.

Warum fragt der Fischer nicht nach der Erlösung des Prinzen? Nun, wenn wir das Märchen weiterlesen, wird deutlich, daß der Fischer ein Mensch ist, der keinerlei Veränderung will. Er ist zufrieden mit der Situation, in der er gerade lebt. Das ist das Verhalten vieler Menschen: Die alte, schlechte, aber bekannte Situation ist weniger bedrohlich als die neue, bessere (der Fischer würde natürlich sagen ›vielleicht bessere‹), aber unbekannte Situation. »Frau, jetzt wollen wir aber zufrieden sein« ist seine Devise bei jeder Stufe der folgenden Eskalation. Der Fischer will keine Veränderung.

Ganz anders die Frau. Sie lebt das Gegenteil von dem, was der Mann lebt. In der Partnerschaftsbeziehung nennt man das ein Kollusionsmodell, ein Modell, bei dem der eine Partner den einen Teil lebt, der andere den andern.

Das Wünschen beginnt

Hast du dir denn nichts gewünscht? fragte die Frau. Nein, sagte der Mann. Was sollte ich mir wünschen? Ach! sagte die Frau. Das ist doch übel, hier immerzu in einem Pißpott zu wohnen, es stinkt und ist so eklig. Du hättest uns doch eine kleine Hütte wünschen können. Geh rasch hin und ruf ihn. Sag ihm, wir wollten eine kleine Hütte haben. Er tut das gewiß.

Ach, sagte der Mann, wozu sollte ich da noch hingehen?

Jii, sagte die Frau, du hast ihn doch gefangen und hast ihn wieder schwimmen lassen. Er tut das gewiß, geh gleich hin!

Der Mann wollte erst nicht recht, mochte aber auch nicht seiner Frau entgegen sein und ging an die See.

Als er da ankam, war das Meer ganz grün und gelb und gar nicht mehr so klar. Er stellte sich hin und sagte:

> *Manntje, Manntje, Timpe Te*
> *Buttje, Buttje in der See,*
> *Meine Frau, die Ilsebill,*
> *will nicht so, wie ich wohl will.*

Da kam der Butt angeschwommen und fragte: Na, was will sie denn?

Ach, sagte der Mann, ich hatte dich doch gefangen. Nun sagt meine Frau, ich hätte mir etwas wünschen sollen. Sie mag nicht mehr in dem Pißpott wohnen, sie hätte gern eine Hütte.

Geh nur nach Hause, sagte der Butt, sie hat sie schon.

Da ging der Mann nach Hause, und seine Frau saß nicht mehr im Pißpott, sondern da stand eine kleine Hütte, und seine Frau saß auf einer Bank vor der Tür. Dann nahm seine Frau ihn bei der Hand und sagte: Komm bloß erst herein. Siehst du! Nun ist es doch viel schöner. Da gingen sie hinein, und in der Hütte war ein kleiner Vorplatz und eine kleine prachtvolle Stube mit einer

Kammer, wo ihrer beider Bett stand, und eine kleine Küche mit
Speisekammer, alles auf das beste bestellt, die Gerätschaften auf
das prächtigste aufgeputzt, Zinnzeug und Messing, alles, was
dazugehört. Und hinten war noch ein kleiner Hof mit Hühnern
und Enten, dazu ein kleiner Garten mit Gemüse und Obstbäu-
men. Siehst du, sagte die Frau, ist das nicht hübsch?
Ja, sagte der Mann, so soll es bleiben. Nun wollen wir recht zu-
frieden leben!
Das wollen wir uns überlegen, sagte die Frau. Dann aßen sie
und gingen zu Bett.

An dieser Stelle wird deutlich, wer hier ›die Hosen anhat‹,
und wer das Sagen hat! Der Mann will nicht gehen, und er
geht doch. Er hat keine Wünsche, will aber seiner Frau
›nicht entgegen sein‹. Er hat Angst, sie zu vergrämen, und
so geht er schließlich an die See.
Betrachten wir wieder die Situation so, als hätte der Fischer sie geträumt. Bei der Traumdeutung gilt es zu unterscheiden zwischen einer Deutung auf der Objektstufe und
auf der Subjektstufe. Man kann bei jedem Traum, in dem
irgendwelche bekannten Gestalten vorkommen, fragen:
Hat das etwas mit diesen realen Gestalten zu tun, oder
sind es Gestalten in mir? Dabei lautet die Regel: Je bekannter eine Gestalt ist (z. B. Ehepartner, Kinder, nahe Ver-
wandte oder Freunde), desto wahrscheinlicher ist es, daß
die Deutung auf der Objektstufe wichtig ist, und je unbe-
kannter die Gestalten sind, desto eher hat der Traum etwas mit unserem eigenen Inneren zu tun. Aber auch wenn
wir auf der Objektstufe deuten, ist die betreffende Gestalt
oft zugleich ein Aspekt in uns!
Wenn wir unser Märchen als Traum deuten, dann erkennt
der Fischer (bei der Deutung auf der Objektstufe) seine
Frau als seinen Gegenpol, er ist ja wunschlos (›wunschlos

glücklich‹ wäre zuviel gesagt!), die Frau dagegen ist geradezu wunschbesessen. Sie ist mit nichts zufrieden, sondern will ständig Veränderung. Während der Fischer die
Chance nicht erkennt, die in der Begegnung mit dem verwünschten Prinzen liegt, erkennt sie die Frau sofort. Wir
sehen also: Die Frau ist eine gute Ergänzung für den
Mann. Die Frau rüttelt den Fischer aus seiner langweiligen
Zufriedenheit auf und bringt ihn schließlich dazu, für die
Veränderung der Situation etwas zu tun, wenn auch widerwillig. Daß der Fischer seiner Frau ›nicht entgegen
sein‹ will, zeigt, daß er ein aggressionsgehemmter Mensch
ist. Er ist seiner Frau – wenn auch widerwillig – untertan.
Er knurrt vor sich hin und macht dann doch, was sie sagt.
Indem der Fischer seiner Frau zu Willen ist, bewirkt er tatsächlich die Veränderung der Situation. Das ist gut so!
Aber er will, daß das eine Ausnahme bleibt: »So soll es
bleiben, nun wollen wir recht zufrieden sein.« Das ist die
Devise des Fischers.
Objektstufig gedeutet, erkennt der Fischer: »Meine Frau
hat Wünsche, sie will Veränderung – ich nicht. Es ist deshalb bis zu einem gewissen Grade gut, das zu tun, was die
Frau sagt.« Auf der Subjektstufe gedeutet, hieße dies, daß
die Frau eine innere Figur des Fischers ist, seine ›Anima‹,
der weibliche Persönlichkeitsanteil beim Mann. Jeder
Mensch ist seiner Uranlage nach männlich *und* weiblich.
Bei den Männern ist jedoch in der Regel der männliche Pol
etwas stärker ausgeprägt, bei den Frauen dagegen der
weibliche Pol. Es gehört zu den Aufgaben des Lebens, den
jeweils anderen Pol so weit wie möglich ›hereinzuholen‹,
zu ›integrieren‹. Der männliche Persönlichkeitsanteil hat
etwas mit Denken, Unterscheiden und Handeln zu tun,
der weibliche dagegen mit Fühlen, Verbinden und Bewahren. Das sind psychologische Begriffe – keine biologi-

schen! So gibt es Frauen, die haben mehr ›männliche‹ Eigenschaften als manche Männer, und es gibt Männer, die
haben mehr ›weibliche‹ Eigenschaften als manche Frauen.
›Weiblich‹ und ›männlich‹ sind zwei Pole, die zusammengehören. In unserem Kulturkreis wird erwartet, daß der
Mann etwas mehr ›männliche‹ Eigenschaften haben sollte
und die Frau etwas mehr ›weibliche‹, aber das ist keine
unumstößliche Regel! Es kann auch anders sein. Als Gottes Ebenbild ist der Mensch ein männlich-weibliches Wesen.[305]

Subjektstufig ist die ›Frau‹ eine innere Figur des Fischers.
Es ist die Seite, die er nicht lebt. Im Bewußtsein ist er be-
scheiden, zufrieden und aggressionsgehemmt, aber in der
Tiefe seiner Seele ist er machtgierig, unzufrieden und ag-
gressiv. Das macht der Fortgang des Märchens deutlich.

Wenn wir nun diesen ›Traum‹ geträumt hätten, dann wäre naheliegend, daß wir uns (und unsere Mitmenschen!)
fragen, wie wir nach außen hin wirken. Oft erkennen Au-
ßenstehende unseren nicht gelebten Gegenpol besser als
wir selbst. Dieser Gegenpol regt sich jetzt im ›Traum‹ des
Fischers. Daß im Fischer etwas vorgeht, wird deutlich am
Meer. Das Meer ist ein Symbol für das Unbewußte. Es
fängt an, sich zu verändern. Es kommt jetzt etwas aus der
Tiefe hoch – grün und gelb. Grün und Gelb sind Farben,
die tiefe Emotionen ausdrücken können.[306]

Das Wünschen geht weiter

So ging das an die acht oder vierzehn Tage, dann sagte die Frau:
Mann, hör. Die Hütte ist ganz und gar zu eng, und Hof und
Garten sind so klein. Der Butt hätte uns gut und gern ein größe-
res Haus schenken können. Ich wollte, ich lebte in einem großen
Schloß aus Stein. Geh hin zum Butt, er soll uns ein Schloß
schenken.

Ach, Frau, sagte der Mann, die Hütte ist doch gut genug, wozu
sollen wir in einem Schloß wohnen!

Unsinn! sagte die Frau. Geh du nur hin, der Butt kann das leicht
machen.

Nein, Frau, sagte der Mann. Der Butt hat uns schon die Hütte
gegeben, nun mag ich nicht schon wieder ankommen. Es könnte
den Butt verdrießen.

Nun geh doch, sagte die Frau, er kann das ganz gut und tut es
gern, geh du nur hin!

Dem Mann war das Herz ganz schwer, und er wollte nicht. Er
sagte bei sich selbst: Es ist nicht recht. Er ging aber doch hin.

Als er an die See kam, war das ganze Wasser violett und dunkelblau und grau und schlammig, gar nicht mehr so grün und gelb,
aber es lag noch still. Er stellte sich hin und sagte:

> Manntje, Manntje, Timpe Te
> Buttje, Buttje in der See,
> meine Frau, die Ilsebill,
> will nicht so, wie ich wohl will.

Na, was will sie denn? fragte der Butt.

Ach, sagte der Mann ziemlich betrübt, sie will in einem großen
Schloß aus Stein wohnen.

Geh nur hin, sagte der Butt, sie steht vor der Tür.

Da ging der Mann zurück und meinte, er käme nach Hause. Als

er aber anlangte, stand da ein großer steinerner Palast, und seine Frau stand gerade auf der Treppe und wollte hineingehen. Sie nahm ihn bei der Hand und sagte: Komm nur herein! So trat er mit ihr ein, und in dem Schloß war eine große Halle mit Marmorfliesen, und eine Menge Bediente, die rissen die hohen Türen auf, und die Wände glänzten und waren mit prächtigen Tapeten behangen, und in den Räumen standen lauter goldene Stühle und Tische, und kristallene Kronleuchter hingen an der Decke, und so war es in all den Stuben und Kammern, mit Teppichen auf dem Boden, und auf den Tischen stand Essen und der allerbeste Wein, als sollten sie gleich zusammenbrechen. Und hinter dem Haus war noch ein großer Hof mit Pferde- und Kuhställen und den prächtigsten Kutschen. Dazu gab es da einen großen wunderbaren Garten mit den schönsten Blumen und erlesenen Obstbäumen, und einen Park von wenigstens einer halben Meile Länge, darin waren Hirsche und Rehe und Hasen und alles, was der Mensch sich nur wünschen kann. Na, sagte die Frau, ist das nun nicht schön?

Ach ja, sagte der Mann, und so soll es auch bleiben. In diesem schönen Schloß wollen wir denn wohnen, damit wollen wir zufrieden sein.

Das wollen wir uns überlegen, sagte die Frau, das wollen wir uns beschlafen. Damit gingen sie zu Bett.

Am anderen Morgen wachte die Frau als erste auf. Es war eben Tag, und von ihrem Bett sah sie das schöne Land vor sich liegen. Der Mann reckte sich noch, als sie ihn mit dem Ellbogen in die Rippen stieß und sagte: Mann, steh auf und sieh mal aus dem Fenster. Hör mal, können wir nicht König werden über all dies Land? Geh zum Butt, wir wollen König sein!

Ach, Frau, sagte der Mann, wozu wollten wir König sein? Ich mag nicht König sein.

Gut, sagte die Frau. Willst du nicht König sein, so will ich König sein. Geh zum Butt, ich will König sein.

Ach, Frau, sagte der Mann, wozu wolltest du König sein? Das mag ich ihm nicht sagen.

Warum nicht? sagte die Frau. Geh auf der Stelle hin, ich muß König sein. Danach ging der Mann los und war ganz betrübt, daß seine Frau König werden wollte, es ist nicht recht, es ist nicht recht, dachte er. Er wollte nicht hingehen und ging dennoch.

Und als er an die See kam, war sie ganz dunkelgrau und schwarz und schlammig, und das Wasser gärte stark aus der Tiefe, dazu roch es ganz verfault. Da stellte er sich hin und sagte:

> *Manntje, Manntje, Timpe Te*
> *Buttje, Buttje in der See,*
> *meine Frau, die Ilsebill,*
> *will nicht so, wie ich wohl will.*

Na, was will sie denn? sagte der Butt.

Ach, sagte der Mann, sie will König werden.

Geh nur hin, sagte er Butt, sie ist es schon. Da ging der Mann zurück, und als er bei dem Palast ankam, war das Schloß viel größer geworden und hatte einen großen Turm mit prachtvollen Verzierungen, und Wachtposten standen vor dem Tor, und da waren Soldaten und Pauken und Trompeten in Mengen. Und als er in das Haus trat, war darin alles aus reinem Marmor und Gold, da hingen Samtdecken und dicke goldene Quasten. Dann öffneten sich die Türen des Saales, darin war der ganze Hofstaat, und seine Frau saß auf einem hohen Thron aus Gold und Diamanten, und sie trug eine große goldene Krone, und in der Hand hatte sie das Zepter aus purem Gold und Edelsteinen, und zu ihren beiden Seiten standen sechs Jungfrauen aufgereiht, eine immer um einen Kopf kleiner als die andere.

Da trat er vor und fragte: Ach, Frau, bist du jetzt König?

Ja, sagte die Frau, jetzt bin ich König. Da stand er und sah sie

an, und als er sie so eine ganze Weile angesehen hatte, sagte er:
Ach, Frau! Wie gut steht es dir, König zu sein! Nun wollen wir
uns auch nichts mehr wünschen.
Nein, Mann, sagte die Frau und war ganz unruhig, die Zeit

wird mir zu lang, ich kann das nicht mehr aushalten. Geh zum
Butt, Ich bin König, nun muß ich auch Kaiser werden!
Ach, Frau! sagte der Mann. Wozu möchtest du Kaiser werden?
Mann, sagte sie, geh zum Butt, ich will Kaiser sein.
Ach, Frau, sagte der Mann, Kaiser kann er nicht machen. Ich
mag das dem Butt nicht sagen; einen Kaiser gibt es nur einmal
im Reich. Kaiser kann der Butt doch nicht machen; das kann und
kann er nicht.
Was? sagte die Frau. Ich bin König, und du bist bloß mein
Mann, willst du wohl gleich hingehen? Geh auf der Stelle los!
Kann er einen König machen, kann er auch Kaiser machen. Ich
will und will Kaiser sein; geh auf der Stelle hin!
Da mußte er gehen. Aber unterwegs war ihm sehr bange zumu-
te, und er dachte bei sich: Dies geht und geht nicht gut aus. Kai-
ser, das ist zu unverschämt, am Ende wird der Butt es leid.
Damit kam er an die See. Da war sie ganz schwarz und dick und
fing schon an, aus der Tiefe zu gären, daß sie Blasen warf, und
ein Wirbelwind ging über sie hin, daß das Wasser sich drehte,
und den Mann kam ein Grauen an. Er stellte sich hin und sagte:

> *Manntje, Manntje, Timpe Te*
> *Buttje, Buttje in der See,*
> *meine Frau, die Ilsebill,*
> *will nicht so, wie ich wohl will.*

Na, was will sie denn? fragte der Butt.
Ach, Butt, sagte er, meine Frau will Kaiser werden.
Geh nur hin, sagte der Butt, sie ist es schon. Da ging der Mann
zurück, und als er ankam, war das ganze Schloß aus poliertem
Marmor und hatte alabasterne Statuen und goldene Verzierun-
gen. Vor dem Tor marschierten die Soldaten, die bliesen Trompe-
ten und paukten und trommelten; aber drinnen im Hause gin-
gen die Barone und Grafen und Herzöge schlicht als Bedienstete

umher, die machten ihm die Türen auf, die waren ganz und gar aus Gold. Und als er hereinkam, saß seine Frau auf einem Thron, der war aus einem einzigen Stück Gold und an die zwei Meilen hoch, und sie trug eine große goldene Krone, die war drei Ellen hoch und besetzt mit Brillanten und Karfunkelsteinen. In der einen Hand hielt sie das Zepter und in der anderen den Reichsapfel, und zu ihren beiden Seiten standen die Trabanten in zwei Reihen, einer immer kleiner als der andere, vom allergrößten Riesen, der zwei Meilen lang war, bis zu dem allerwinzigsten Zwerg, der war nur so lang wie mein kleiner Finger, und vor ihr standen viele Fürsten und Herzöge.

Der Mann stellte sich zwischen sie und fragte: Frau, bist du jetzt Kaiser? Ja, sagte sie, ich bin Kaiser. Er stand da und besah sie sich ausgiebig, und als er sie eine lange Weile angesehen hatte, sagte er: Ach, Frau! Wie gut steht es dir, Kaiser zu sein!

Mann, sagte sie, was soll das, daß du da stehst? Ich bin jetzt Kaiser, nun will ich aber auch Papst werden, geh zum Butt.

Ach, Frau! sagte der Mann. Was gibt es denn, das du nicht willst? Papst kannst du nicht werden, einen Papst gibt es nur einmal in der Christenwelt, zum Papst kann er dich niemals machen.

Mann, sagte sie, ich will Papst werden, geh sofort hin, ich muß heute noch Papst werden.

Nein, Frau, sagte der Mann, das mag ich ihm nicht sagen. Das geht nicht gut aus, das ist ein zu starkes Stück, zum Papst kann der Butt dich nicht machen.

Mann, was für ein Geschwätz! sagte die Frau. Kann er Kaiser machen, kann er auch einen Papst machen. Geh sogleich hin. Ich bin Kaiser, und du bist bloß mein Mann, willst du wohl hingehen?

Da wurde ihm angst, und er ging los. Aber er fühlte sich ganz schwach, und er zitterte und bebte, und seine Waden schlotterten. Ein mächtiger Wind strich über das Land, und die Wolken flogen, als es gegen Abend dunkel wurde, die Blätter wurden von den Bäumen geweht, und das Wasser toste und brauste wie kochend und stürzte sich an das Ufer. In der Ferne sah er die Schiffe, die schossen Notsignale und tanzten und sprangen auf den Wellen. Zwar war in der Mitte des Himmels noch ein kleiner blauer Fleck, aber an den Seiten zog es so rot herauf wie ein schweres Gewitter. Das stellte er sich recht verzagt auf in seiner Angst und sagte:

> Manntje, Manntje, Timpe Te
> Buttje, Buttje in der See,
> meine Frau, die Ilsebill,
> will nicht so, wie ich wohl will.

Na, was will sie denn? sagte der Butt.
Ach, sagte der Mann, sie will Papst werden.
Geh nur hin, sagte der Butt, sie ist es schon.
Da ging der Mann zurück, und als er ankam, sah es aus wie eine mächtige Kirche, von nichts als Palästen umgeben. Er drängt sich durch das Volk, aber drinnen war alles mit tausend und aber tausend Kerzen erleuchtet, und seine Frau war in lauteres Gold gekleidet und saß auf einem noch viel höheren Thron und hatte drei große goldene Kronen auf dem Kopf. Und um sie wimmelte es von geistlichen Würdenträgern, und links wie rechts von ihr standen zwei Reihen Kerzen, die größte so dick und groß wie der allerhöchste Turm, bis zur allerkleinsten Küchenkerze, und alle die Kaiser und Könige lagen vor ihr auf den Knien und küßten ihr den Pantoffel.
Frau, sagte der Mann und sah sie eindringlich an, bist du jetzt Papst?
Ja, sagte sie, ich bin Papst.
Er stand da und sah sie genau an; das war, als sähe er in die helle Sonne. Als er sie lange betrachtet hatte, sagte er: Ach, Frau! Wie gut steht es dir, Papst zu sein!

Sie saß aber so steif wie ein Stück Holz, sie rührte und regte sich nicht.

Frau, sagte er, nun sei zufrieden. Nun bist du Papst. Mehr kannst du nicht werden.

Das will ich mir überlegen, sagte die Frau. Damit gingen sie zu

Bett, aber sie war nicht zufrieden, und die Gier ließ sie nicht schlafen; sie dachte immer darüber nach, was sie noch werden wollte.

Objektstufig haben wir in diesem Teil ein Kollusionsmodell, das immer deutlicher wird. Es zeigt einen gemeinsamen Grundkonflikt. Beide sind sehr bequem. Der Mann ist zu bequem, um sich etwas zu wünschen, und delegiert deshalb die Wünsche an seine Frau. Die Frau ist zu bequem, um selbst zu handeln. Sie delegiert deshalb das Handeln an ihren Mann. Jeder erwartet vom anderen, daß er die ›Erlösung‹ bringt. Sie realisieren nicht, daß die Erlösung nur aus ihrem eigenen Selbst, aus der Mitte ihrer Persönlichkeit kommen kann. Während der Mann am liebsten gar nichts tun möchte, geht die Frau auf einen ›Ego-Trip‹. Ein ›Ego-Trip‹ ist das Gegenteil von Selbstverwirklichung. Selbstverwirklichung bedeutet, daß Gottes Ebenbild in uns verwirklicht wird, daß der ›Christus in uns‹ (= unser wahres SELBST) Gestalt gewinnt und wir dadurch umgestaltet werden in das ›Bild Christi‹. Der ›Ego-Trip‹ dagegen verwirklicht keine Herzenswünsche, er hat nichts zu tun mit unserem wahren Selbst, sondern nur mit unserem ungeläuterten Unbewußten.

Subjektstufig erlebt der Fischer, daß die Pole in ihm immer weiter auseinanderklaffen. Je stärker er den einen Pol lebt, desto dramatischer entfernt sich der andere Pol. Je mehr seine Anima einer Inflation entgegentreibt – in Richtung Größenwahn –, desto mehr versucht das Traum-Ich, dem entgegenzusteuern. Es ist jedoch zu schwach und müht sich vergeblich. Der Fischer sagt zwar immer: »Das ist gar nicht recht, ich will das nicht tun, das geht nicht gut aus«, aber er kommt gegen seine wildgewordene Anima nicht auf. Es erfolgt eine Eskalation nach der anderen.

Wir können sieben Stufen in unserem Märchen-›Traum‹ unterscheiden. Dabei verändern sich die Frau, der Mann und das Meer. Der Butt dagegen bleibt immer gleich. Wir wollen diese sieben Stufen betrachten:

1. Stufe: Die *Frau* sitzt im ›Pißpott‹. Der *Mann* geht ohne Einwände ans Meer. Das *Meer* ist klar. Es ist eine langweilige, monotone Situation.

2. Stufe: Die *Frau* will eine Hütte. Der *Mann* will nicht so recht ans Meer gehen, aber er geht. Das *Meer* ist grün und gelb und nicht mehr so klar. Es bewegt sich etwas.

3. Stufe: Die *Frau* will ein Schloß. Dem *Mann* wird das Herz ganz schwer. Er will nicht gehen und sagt bei sich selbst: »Es ist nicht recht«, aber er geht doch. Das *Meer* ist jetzt violett, dunkelblau, grau und schlammig. Die Situation wirkt bedrohlich.

4. Stufe: Die *Frau* will König werden. Der *Mann* wird ganz betrübt. Er denkt: »Das ist nicht recht, das ist nicht recht«, und er will nicht hingehen und geht dennoch hin. Das *Meer* gärt stark aus der Tiefe, es riecht ganz verfault. Die Katastrophe kündigt sich an.

5. Stufe: Die *Frau* will Kaiser werden. Dem *Mann* ist sehr bange zumute, und er denkt bei sich: »Das geht nicht gut.« Aber jetzt muß er gehen. Die Frau Königin schickt ihn. Da kommt ihn das Grauen an. Das *Meer* ist ganz schwarz, und es fängt an, aus der Tiefe zu gären. Blasen steigen auf, und Wirbelstürme jagen über das Meer hin. Wir spüren: Jetzt hat der Mann keine Kontrolle mehr über die Mächte des Unbewußten.

6. Stufe: Die *Frau* will Papst werden. Der *Mann* hat Angst, er fühlt sich ganz schwach, er zittert und bebt in seinen Waden und schlottert, aber er muß gehen. Und dann steht er ganz verzagt am Meer und ruft seinen Spruch voller

Angst. Das *Meer* tobt und braust und kocht und stürzt ans Ufer, ein mächtiger Wind drückt es ans Land, die Wolken fliegen, und es zieht ein schweres Gewitter heran. Das Bewußtsein wird von den Wellen des Unbewußten überspült. Die Psychose bricht aus und macht sich auch in körperlichen Symptomen bemerkbar.

Die 7. *Stufe* folgt dann im letzten ›Traumteil‹:

Die Grenze des Wünschens

Der Mann schlief gut und tief, er war am Tag viel auf den Beinen gewesen. Aber die Frau konnte überhaupt nicht einschlafen und warf sich die ganze Nacht lang von einer Seite auf die andere und dachte in einem fort darüber nach, was sie denn noch, was sie denn noch werden könnte, und nichts Größeres wollte ihr einfallen. Als die Sonne eben aufgehen wollte und sie das Morgenrot sah, setzte sie sich auf im Bett und starrte hinein, und als sie im Fenster die Sonne heraufkommen sah, dachte sie: Ha! Könnte ich nicht auch die Sonne und den Mond aufgehen lassen?

Mann, sagte sie und stieß ihn mit dem Ellenbogen in die Rippen, wach auf, geh hin zum Butt. Ich will werden wie der liebe Gott!

Der Mann war noch tief im Schlaf, aber er erschrak so, daß er aus dem Bett fiel. Er meinte, er hätte sich verhört, rieb sich die Augen und sagte: Ach, Frau! Was hast du gesagt?

Mann, sagte sie, wenn ich nicht die Sonne und den Mond aufgehen lassen kann und es ansehen muß, wie die Sonne und der Mond aufgehen – ich kann das nicht aushalten. Ich habe keine ruhige Stunde mehr, wenn ich sie nicht selbst aufgehen lassen kann – dabei sah sie ihn so schrecklich an, daß ihn ein Schauer überlief –, geh sofort hin, ich will werden wie der liebe Gott.

Ach, Frau! sagte der Mann und fiel vor ihr auf die Knie. Das kann der Butt nicht. Er kann den Kaiser und den Papst machen, aber ich bitte dich, geh in dich und bleibe Papst!

Da kam die Bosheit über sie, die Haare flogen ihr wild um den Kopf, sie riß sich das Leibchen auf, sie stieß mit dem Fuß nach ihm und schrie: Ich halte das nicht aus, ich halte das nicht länger aus, willst du wohl hingehen? Da zog er sich die Hosen an und lief weg wie ein Wahnsinniger. Draußen aber tobte und brauste der Sturm, daß er sich kaum auf den Beinen halten konnte. Die Häuser und die Bäume wurden umgeweht, und die Berge bebten, und die Felsbrocken stürzten in die See, und der ganze Himmel wurde pechschwarz, und es donnerte und blitzte, und die See warf schwarze Wellen so hoch wie Kirchtürme und Gebirge, die hatten alle eine weiße Schaumkrone obenauf – da schrie er und konnte sein eigenes Wort nicht hören:

> *Manntje, Manntje, Timpe Te*
> *Buttje, Buttje in der See,*
> *meine Frau, die Ilsebill,*
> *will nicht so, wie ich wohl will.*

Na, was will sie denn? fragte der Butt.
Ach, sagte er – sie will werden wie der liebe Gott.
Geh nur hin, sie ist schon wieder im Pißpott.
Darin sitzen sie noch heute, bis auf diesen Tag.

Der letzte Traumteil beginnt ganz friedlich. Der Mann schläft gut und tief. Er war am Tag viel auf den Beinen gewesen. Verlassen wir einen Augenblick lang die Traumebene, und stellen uns das in der Realität vor. Der Fischer ist zum erstenmal in seinem Leben in Rom. (Wo denn sonst, wenn seine Frau Papst ist?) Ich erinnere mich noch gut an meinen ersten Romaufenthalt und kann deshalb gut verstehen, daß der Fischer am Tag ›viel auf den Beinen‹ gewesen ist. Auch ich habe damals gedacht, ich müsse ganz Rom an einem Tag anschauen. Überall gab es etwas zu entdecken. Der Fischer, von dem es am Anfang hieß, daß er ›saß und saß‹, ist jetzt viel auf den Beinen. – Leider nur äußerlich. Er schläft gut und tief und ist beruhigt, daß seine Frau nicht noch mehr wünschen kann. Denn jetzt ist sie Papst – mehr kann sie nicht werden. Jetzt hat er endlich seine Ruhe. Doch kehren wir zum ›Traum‹ zurück.

7. Stufe: Die *Frau* will werden wie der liebe Gott. Vom *Mann* heißt es jetzt nur noch: »Er lief weg wie ein Wahnsinniger.« Die dramatische Beschreibung des Wahnsinns der Frau ist – subjektstufig – die Beschreibung des Wahnsinns des Fischers. Der Mann ist jetzt völlig getrieben, er hat keinen eigenen Willen mehr. Das *Meer* türmt schwarze Wellen auf, so hoch wie Kirchtürme und Gebirge. Es tobt ein urgewaltiger Sturm, Häuser werden umgerissen, Felsen stürzen ins Meer – ein apokalyptisches Bild, wie wir es aus dem Neuen Testament kennen.[307]

Der ›Traum‹ sagt jetzt dem Fischer überdeutlich: »Wenn du so weiterlebst wie bisher, so angepaßt und so aggressionsgehemmt, und wenn du nicht wagst, nach den Wünschen deines Herzens zu fragen, und wenn du die Chance deines Lebens nicht wahrnimmst, dann wird es dir so ergehen wie der Päpstin im Traum!«

Da wacht der Fischer auf, er sitzt wieder im Pißpott, zusammen mit seiner Frau. Es hat sich nichts geändert. Aber es könnte sich etwas ändern, wenn er den Traum ernst nähme!

Auf der Realitätsebene zeigt uns das Märchen erschreckend deutlich, wie es *nicht* geht: Immer nur äußerlich Karriere machen, ohne daß sich innerlich etwas verändert –

das kann nicht gutgehen. Daß der anscheinend so bescheidene Fischer trotz seiner anfänglichen Bedenken nichts gegen die Karriere seiner Frau und gegen den wachsenden Lebensstandard einzuwenden hat (auch er profitiert von diesem Lebensstandard; als die Frau Kaiser ist, heißt es, daß die Barone, Grafen und Herzöge dem Fischer die Türen aufmachten!), wird deutlich an den jeweiligen Betrachtungen, die der Fischer hinterher anstellt. Nachdem alles gutgegangen ist, findet er die Veränderungen gar nicht so übel. So sagt er von der Hütte: »Die ist hübsch.« Und vom Schloß sagte er: »In diesem schönen Schloß wollen wir denn wohnen.« Als seine Frau König, Kaiser und Papst wird, meint er: »Ach, Frau, wie gut steht es dir, König zu sein, Kaiser zu sein, Papst zu sein.« Und wenn der letzte Wunsch auch noch in Erfüllung gegangen wäre, dann hätte er wohl auch da noch zugestimmt, genau wie Adam, der gerne von der Frucht aß, die seine Frau ihm reichte, und durch die beide werden wollten ›wie der liebe Gott‹.[308] Dadurch wird deutlich, daß die Wünsche der Frau auch seine eigenen, nicht eingestandenen Wünsche sind und letztlich auch in ihm der Wunsch steckt, zu sein wie der liebe Gott. Und dieser Wunsch steckt ebenso in uns – denn Adam und Eva sind unser Urbild. Der Adam-Eva-Geist steckt in uns allen.

Das Märchen sagt: So geht es nicht. Karriere und Lebensstandard sind ein *äußerer* Höhenflug, der zu nichts führt. Bei der Menschwerdung geht es nicht um einen Höhenflug, sondern um den Gang in die Tiefe. Die Gott-Ebenbildlichkeit ist in der Tiefe der Seele verborgen. Der Fisch geht auf den Grund des Meeres und will dort gefunden und erlöst werden.

Das hat auch eine Bedeutung für die Beziehung von Mann und Frau. Wenn eine Beziehung neu werden soll, dann kann dies nur von innen her geschehen, indem jeder den verwünschten Prinzen oder die verwünschte Prinzessin in der Tiefe seiner eigenen Seele entdeckt und erlöst und dadurch selber erlöst wird. Der Prinz, in der Gestalt des Fisches verborgen, ist der Christus in uns. Erlösung bedeutet, daß der Christus in uns leben darf und daß sein Weg zum Urbild unseres Weges wird. Der Weg des Christus ist eine Gegenbewegung zum Weg des Fischers und seiner Frau.

Im Christus-Hymnus des Philipperbriefes (2,5 ff.) heißt es von Christus:

> »Er war in göttlicher Gestalt;
> doch nicht bewegt ihn Raffgeist,
> gleich zu sein wie Gott,

> Sondern Er gab sich hin,
> nahm an die Knechtsgestalt
> und ward den Menschen gleich.

Auch im Verhalten ward Er Mensch.
So niedrig wurde Er!
Er folgte bis zum Tod –
ja bis zum Tod am Kreuz.

Deshalb erhöht Ihn Gott
und schenkt Ihm einen Namen,
der über allen Namen ist ...«

Wenn uns das Märchen *Von dem Fischer und seiner Frau* dazu motiviert, unseren *eigenen* Weg zu gehen, dann erlösen
wir den Fisch in der Tiefe unserer Seele, dann gestatten
wir dem Christus in uns (d. h. unserem wahren SELBST),
daß er zum Leitbild und Motor unseres Lebens wird und
uns so zum wahren Menschsein und damit zur Gott-Ebenbildlichkeit befreit.

Die Nixe im Teich

Die Nixe taucht auf

Es war einmal ein Müller, der führte mit seiner Frau ein vergnügtes Leben. Sie hatten Geld und Gut, und ihr Wohlstand nahm von Jahr zu Jahr noch zu. Aber Unglück kommt über Nacht: Wie ihr Reichtum gewachsen war, so schwand er von Jahr zu Jahr wieder hin, und zuletzt konnte der Müller kaum noch die Mühle, in der er saß, sein Eigentum nennen. Er war voll Kummer, und wenn er sich nach der Arbeit des Tages nie-

derlegte, so fand er keine Ruhe, sondern wälzte sich voll Sorgen in seinem Bett.

Eines Morgens stand er schon vor Tagesanbruch auf, ging hinaus ins Freie und dachte, es sollte ihm leichter ums Herz werden. Als er über dem Mühldamm dahinschritt, brach eben der erste Sonnenstrahl hervor, und er hörte in dem Weiher etwas rauschen. Er wendete sich um und erblickte ein schönes Weib, das sich langsam aus dem Wasser erhob. Ihre langen Haare, die sie über den Schultern mit ihren zarten Händen gefaßt hatte, flossen an beiden Seiten herab und bedeckten ihren weißen Leib. Er sah wohl, daß es die Nixe des Teichs war, und wußte vor Furcht nicht, ob er davongehen oder stehenbleiben sollte. Aber die Nixe ließ ihre sanfte Stimme hören, nannte ihn beim Namen und fragte, warum er so traurig wäre. Der Müller war anfangs verstummt, als er sie aber so freundlich sprechen hörte, faßte er sich ein Herz und erzählte ihr, daß er sonst in Glück und Reichtum gelebt hätte, aber jetzt so arm wäre, daß er sich nicht zu raten wüßte.

»Sei ruhig«, antwortete die Nixe, »ich will dich reicher und glücklicher machen, als du je gewesen bist, nur mußt du mir versprechen, daß du mir geben willst, was eben in deinem Haus jung geworden ist.« – »Was kann das anders sein«, dachte der Müller, »als ein junger Hund oder ein junges Kätzchen?« und sagte ihr zu, was sie verlangte. Die Nixe stieg wieder in das Wasser hinab, und er eilte getröstet und guten Mutes nach seiner Mühle. Noch hatte er sie nicht erreicht, da trat die Magd aus der Haustüre und rief ihm zu, er sollte sich freuen, seine Frau hätte ihm einen kleinen Knaben geboren.

Der Müller stand wie vom Blitz gerührt, er sah wohl, daß die tückische Nixe das gewußt und ihn betrogen hatte. Mit gesenktem Haupt trat er zu dem Bett seiner Frau, und als sie ihn fragte: »Warum freust du dich nicht über den schönen Knaben?«, so erzählte er ihr, was ihm begegnet war und was für ein Versprechen

er der Nixe gegeben hatte. »Was hilft mir Glück und Reichtum«,
fügte er hinzu, »wenn ich mein Kind verlieren soll? Aber was
kann ich tun?« Auch die Verwandten, die herbeigekommen wa-
ren, Glück zu wünschen, wußten keinen Rat.

Dieses Märchen schildert eine Situation, die auch heute
auf viele Menschen in der westlichen Welt zutrifft. Der
Müller und seine Frau haben Geld und Gut, und sie leben
in wachsendem Wohlstand. Sie führen zusammen ein vergnügtes Leben. Die Verwendung des Worts ›vergnügt‹
läßt jedoch erahnen, daß die Beziehung der beiden keinen
allzu großen Tiefgang hatte, denn es bedeutete in der Zeit,
in der dieses Märchen aufgezeichnet wurde, bereits ›ober-
flächlich‹ oder ›äußere Lust betonend‹.[309]
Offensichtlich spielen Geld und Gut die entscheidende
Rolle. Doch dann bricht – wie in so manchen Märchen –
das Unglück herein. Geld und Gut schwinden dahin. Dadurch wird der bisherige Fluß des Lebens empfindlich gestört, der Müller ist plötzlich arm geworden. Er ist jetzt
voller ›Kummer, Sorgen und Ruhelosigkeit‹. Auch die Beziehung zu seiner Frau scheint gestört zu sein, denn sein
Geldverlust bewegt ihn mehr als die Schwangerschaft seiner Frau und die bevorstehende Geburt eines Kindes. So
realisiert er offenbar gar nicht, daß demnächst eine Geburt
erfolgen soll. Daß darüber hinaus auch sein Verhältnis
zum Weiblichen insgesamt gestört ist, wird durch die starken ›männlichen‹ Attribute des ersten Abschnittes deutlich. Dies fällt besonders auf, wenn man den ersten Abschnitt mit den stark weiblich geprägten späteren
Abschnitten vergleicht. Während die späteren Abschnitte
vom *Mond* beeinflußt sind, ist der erste Abschnitt von der
Sonne dominiert. Es ist vom ›Tagesanbruch‹ und vom ›ersten Sonnenstrahl‹ die Rede, und eine männliche Figur,

nämlich der Müller, ist die Hauptperson in diesem ersten Abschnitt. Morgen, Tagesanbruch und Sonne sind Symbole für die Welt des Bewußtseins, während Abend, Nacht und Mond Symbole des Unbewußten sind.

Es ist verständlich, daß in diesem ersten Abschnitt, der so stark von der Welt des Bewußtseins, vom Männlichen und vom Äußeren geprägt ist, als Gegenpol eine geheimnisvolle Gestalt aus der Tiefe aufsteigt: eine Nixe. Sie kommt aus dem Teich, ja, sie ist geradezu identisch mit dem Teich. Die Nixe *ist* der Teich, er ist ihr Reich, in dem sie lebt. In der Symbolsprache der Tiefenpsychologie gilt Wasser als Ausdruck des Unbewußten, und zwar des kollektiven Unbewußten, während der Wald eher Ausdruck des persönlichen Unbewußten ist. Die Gestalten des Wassers sind uns fremder als die Gestalten des Waldes.[310]

Der allzu männliche Müller, der allzusehr im Bewußtsein lebt, begegnet jetzt seinem unbewußten weiblichen Gegenpol, seiner Anima.[311] Er begegnet ihr in einer stark idealisierten Gestalt, wie das ja häufig bei Menschen der Fall ist, die ›unbewußt‹ leben, für die also nur die Vordergründigkeit der sie umgebenden Realität wichtig ist.[312] Wer nur in der Vordergründigen Welt lebt, der muß damit rechnen, daß ihn die Kräfte des Unbewußten überfallen können, z. B. in Fehlleistungen oder sonstigen unvorhersehbaren Ereignissen. So geschieht es auch dem Müller: Aus dem *Wasser* steigt eine *Nixe* auf als Gegenpol zur männlichen, bewußten Welt. Diese Nixe wird eindrücklich beschrieben. »Er erblickte ein schönes Weib, das sich langsam aus dem Wasser erhob, ihre langen Haare, die sie über den Schultern mit ihren zarten Händen gefaßt hatte, flossen an beiden Seiten herab und bedeckten ihren weißen Leib.« Diese Nixe läßt nun ihre ›sanfte Stimme‹ hören. Sie spricht ›freundlich‹ und nennt ihn beim Namen. Ganz offensichtlich möchte diese verführerische Nixe mit dem Müller, der so stark im männlichen Tagesbewußtsein lebt, in Beziehung treten. Aber der Müller hat dafür kein Gespür. Zu dieser betörenden Frau aus der Tiefe hat er keine Beziehung, sondern er schwafelt nur von Glück und Reichtum. Selbst im Anblick einer so faszinierenden Gestalt aus der Tiefe ist sein Denken ganz auf das oberflächliche Leben konzentriert!

Wir merken, was dem Müller *fehlt*: Ihm fehlt die Beziehung zum Weiblichen. Dadurch, daß der Müller nichts weiter will als Glück und Reichtum, verpaßt er eine große Chance, denn die Nixe wollte ihm das geben, was er *eigentlich* braucht. Die Nixe geht zwar auf die Wünsche des Müllers ein, aber sie ist damit nicht zufrieden. Sie will mehr. Und was ihr der Alte nicht geben will, das soll ihr der Junge geben. Sie delegiert ihren Wunsch nach Menschwerdung und nach Begegnung mit ihrem männlichen Gegenpol. Sie hat Zeit, sie ist eine Ewigkeitsfigur. Sie sagt gleichsam zum Müller: »Gut, wenn du weiter nichts willst als Glück und Reichtum, das kannst du haben. Aber ich will mehr.« Da der Müller dieses ›Mehr‹ nicht geben kann (oder nicht geben will), richtet sich ihr Verlangen auf den Sohn des Müllers. Ohne zu ahnen, worum es geht, verspricht der Müller der Nixe das, was in seinem Haus soeben ›jung geworden‹ ist.

Hier begegnet uns eine Problematik, auf die wir ständig im Leben stoßen, daß nämlich Kinder sich mit Problemen auseinandersetzen müssen, die ihre Eltern nicht gelöst haben. Wenn wir das Märchen jedoch als Symbol für innerseelische Prozesse verstehen, dann könnte das, was ›jung geworden‹ ist, auch eine Seite in der Psyche des Müllers bedeuten, die während der Zeit, in der es ihm schlechtging, gewachsen ist. Es geschieht ja oft, daß in Zeiten, in denen es uns äußerlich nicht so gut geht und wir keinen Erfolg haben, etwas innerlich reift, was für unser Leben viel wesentlicher ist als das Äußere, das unserem Bewußtsein so wichtig erscheint. Die Beschäftigung mit der äußeren realen Welt des Bewußtseins ist kennzeichnend für die erste Lebenshälfte. Die Notlage des Müllers könnte also andeuten, daß er in der Lebensmitte steht und jetzt der Gegenpol nach Integration verlangt. Der Müller, der noch ganz in den Werten der ersten Lebenshälfte lebt, realisiert dies jedoch nicht. Er hat das Neue, das soeben ›jung geworden‹ ist, noch nicht im Griff. Man kann sich fragen: Was wäre geschehen, wenn der Müller sich in diesem Zustand auf die Nixe eingelassen hätte? Vermutlich wäre er von den Emotionen, die aus der Tiefe auftauchten, verschlungen worden – ähnlich wie Professor Unrat im gleichnamigen Buch von Heinrich Mann.[313]

Doch kehren wir zurück zur Objektstufe und damit zum Text des Märchens. Der Müller merkt nicht, daß hier etwas ganz Starkes, Urwüchsiges zum Leben kommen will. Er merkt auch nicht, daß in ihm etwas ›jung geworden‹ ist, was zu ihm gehört, sondern er denkt an einen Hund oder an eine Katze, die möglicherweise in seinem Haus geboren ist. Aber auch Hund und Katze interessieren ihn nicht letztlich und nicht emotional, sondern nur insoweit sie ein geeignetes Tauschobjekt für Glück und Reichtum sind. Der Müller hat also keine Beziehung zum Lebendigen, sondern er ist nur auf Geld und Gut ausgerichtet. Ein solcher Mensch kann nicht einmal von einer Nixe verführt werden, sondern er ist ›getröstet und guten Mutes‹, weil er wieder in Glück und Reichtum leben kann.

Aber dann kommt es, wie es kommen muß: Der Preis für den erneuten Wohlstand ist doch anders, als er es sich gedacht hat, und er merkt, daß doch etwas von der Begegnung mit der Nixe an ihm hängengeblieben ist. Die Nixe läßt ihn nicht so einfach los, sondern er muß ihr ein Stück von sich selbst, nämlich sein eigen Fleisch und Blut, geben. Es hilft auch nicht, daß er dieses Problem mit seinen Verwandten bespricht. Diesmal kann er der ihn bedrängenden geheimnisvollen Frau aus der Tiefe nicht entkommen.

Vermeiden und Einüben

Indessen kehrte das Glück in das Haus des Müllers wieder ein. Was er unternahm, gelang; es war, als ob Kisten und Kasten von selbst sich füllten und das Geld im Schrank über Nacht sich mehrte. Es dauerte nicht lange, so war sein Reichtum größer als je zuvor. Aber er konnte sich nicht ungestört darüber freuen: Die Zusage, die er der Nixe getan hatte, quälte sein Herz. Sooft er an dem Teich vorbeikam, fürchtete er, sie möchte auftauchen und ihn an seine Schuld mahnen. Den Knaben selbst ließ er nicht in die Nähe des Wassers: »Hüte dich«, sagte er zu ihm, »wenn du das Wasser berührst, so kommt eine Hand heraus, hascht dich und zieht dich hinab.« Doch als Jahr auf Jahr verging und die Nixe sich nicht wieder zeigte, so fing der Müller an, sich zu beruhigen.

Der Knabe wuchs zum Jüngling heran und kam bei einem Jäger in die Lehre. Als er ausgelernt hatte und ein tüchtiger Jäger geworden war, nahm in der Herr des Dorfes in seine Dienste. In dem Dorf war ein schönes und treues Mädchen, das gefiel dem Jäger, und als sein Herr das bemerkte, schenkte er ihm ein kleines Haus; die beiden hielten Hochzeit, leben ruhig und glücklich und liebten sich von Herzen.

Einstmals verfolgte der Jäger ein Reh. Als das Tier aus dem Wald in das freie Feld ausbog, setzte er ihm nach und streckte es endlich mit einem Schuß nieder. Er bemerkte nicht, daß er sich in

der Nähe des gefährlichen Weihers befand, und ging, nachdem er
das Tier ausgeweidet hatte, zu dem Wasser, um seine mit Blut
befleckten Hände zu waschen. Kaum aber hatte er sie hineinge-
taucht, als die Nixe emporstieg, lachend mit ihren nassen Armen
ihn umschlang und so schnell hinabzog, daß die Wellen über
ihm zusammenschlugen.

Sosehr auch Glück und Geld sich im Hause des Müllers
mehren, den Gedanken an die Nixe kann er nicht loswerden. Das ist ganz typisch: Wenn wir einmal mit den Kräften des Unbewußten in Berührung gekommen sind, dann
ist etwas Beunruhigendes in unser Leben eingetreten, und
wir können nicht so ohne weiteres zurück zu der Wirklichkeit, in der wir vorher gelebt haben. Wir können nicht
mehr nur ›unbewußt‹ leben, sondern irgend etwas Stören-
des ist eingebrochen, ein Wissen darum, daß es noch etwas ganz anderes gibt. Wem die Kräfte des Unbewußten
so intensiv und eindrücklich begegnet sind, der wird den
Gedanken an eine solche Begegnung nicht mehr los.[314]
Diese Nixe ist eine Bedrohung. Der Müller hat immer ein
schlechtes Gewissen, wenn er an sie denkt. Er warnt seinen Sohn davor, in die Nähe des Wassers zu gehen. Das ist
verständlich, denn die Nixe ist nicht eine harmlose Frau,
sondern hinter ihr verbirgt sich eine urtümliche Göttin,
nämlich die ›Große Mutter‹, in der alles zusammengefaßt
ist, was es überhaupt nur an Weiblichem gibt. In der Antike wurden sowohl die Große Mutter als auch ihre verschiedenen weiblichen Ausprägungen zu Göttergestalten,
die C. G. Jung ›Archetypen‹ nennt. Er meint damit innerseelische Urbilder, die das ›kollektive Unbewußte‹ unseres gesamten Kulturkreises prägen. So wurde z. B. im antiken Ephesus die Große Mutter mit der jungfräulichen
›Artemis‹ identifiziert.[315]

Die Sehnsucht nach der Nixe, die verbunden ist mit der Furcht, von ihr verschlungen zu werden, bedeutet also letztlich eine Sehnsucht nach dem Göttlichen, nach einem Leben, das nicht nur vordergründig ist.

Der von seinem Vater gewarnte Jüngling befolgt diese Warnung. Er hat offensichtlich auch Angst vor der Nixe. Er hütet sich, in die Nähe des Teiches zu gehen, und wird deshalb Jäger, er befaßt sich also mit den Tieren des Waldes. Innerseelisch bedeutet dies, daß er sich auch dort mit Gestalten des Unbewußten auseinandersetzt, es sind jedoch Gestalten, die weniger bedrohlich sind als die Gestalten in dem von der Nixe beherrschten Bereich.[316] In Analysestunden kommt es immer wieder vor, daß Klienten auf ein Problem stoßen, dem sie sich nicht gewachsen fühlen und dem sie deshalb ausweichen. Sie merken, daß da etwas ganz tief und bedrohlich in ihnen sitzt, das sie zu überwältigen droht. Im allgemeinen haben wir ein Gespür für Probleme, mit denen wir uns auseinandersetzen können, und für solche, mit denen wir es nicht können. Es ist deshalb nicht ungefährlich, wenn in einer Analyse zu sehr ›gebohrt‹ wird oder wenn mit allerlei Methoden (z. B. mit Hypnose) versucht wird, Inhalte des Unbewußten ans Tageslicht zu zerren, die sich normalerweise nicht oder nur verschlüsselt (z. B. in Träumen) zeigen würden. Mir steht jetzt ein 53jähriger Analysand vor Augen, bei dem es mehr als ein Jahr gedauert hat, bis er es wagte, sich mit einem traumatischen Ereignis aus seiner Kindheit zu befassen. Er spürte zwar, daß da noch etwas Bedrohliches in der Tiefe seines Unbewußten sitzt, aber er wußte nicht, was es war, und er wagte es nicht, in seine Nähe zu kommen, sondern befaßte sich statt dessen lieber mit anderen, weniger traumatischen Erlebnissen. Bei dieser ›Vermeidungsstrategie‹ mußte ich immer wieder an unser Märchen denken und an den Jäger, der sich statt mit der Nixe mit den Tieren des Waldes befaßt.

Das Märchen erzählt weiter, daß der Jüngling ein tüchtiger Jäger war, der sein Handwerk verstand. Er lernte ein schönes und treues Mädchen kennen und lieben. Die beiden halten Hochzeit und leben in einem kleinen Häuschen. So könnte das Märchen enden, wenn nicht im Untergrund noch die Nixe wäre. In der Tiefe des Unbewußten sitzt noch etwas, was noch nicht im Leben integriert ist, und wir ahnen: Das kleine Häuschen und die idyllische Ehe können nicht alles sein, sondern es gilt, noch etwas zu bewältigen. Es ist auch nicht klar, ob das schöne Mädchen nur konventionell ›treu‹ war oder sich selber treu, d. h., ob sie bereit war, den Weg zu gehen, der ihr vorgezeichnet war, oder nur danach strebte, dieses Leben und die Ehejahre möglichst angenehm zu verbringen. Wie dem auch sei, das ›Etwas‹, das noch nicht erledigt ist, wartet auf seine Zeit, es wartet auf eine günstige Gelegenheit. Und diese Gelegenheit kommt: Der Jäger merkt nicht, daß er bei seiner ganz normalen Berufsausübung in die Nähe des Weihers gekommen ist und sogar mit seinen Händen das Wasser berührt (wovor ihn doch der Vater ausdrücklich gewarnt hatte!). Und dann kommt es, wie es kommen muß: Die Nixe steigt empor, umschlingt ihn und zieht ihn lachend zu sich in den Teich herab, und die Wellen schlagen über ihnen zusammen.

Es sieht so aus, als habe die Nixe das alles ›arrangiert‹. Aber letztlich steht hinter der Nixe auch hier wieder die Große Mutter. Sie begegnet dem Jäger zunächst in der Gestalt der Artemis, der großen Jägerin. Sie ist es, die die Rehjagd inszeniert und es so lenkt, daß das Reh in die Nähe des Teiches läuft. Sie ist es auch, die im Jäger eine solche Jagdleidenschaft weckt, daß er nicht mehr auf die Umge-

bung achtet, sondern das erlegte Reh in der Nähe des Weihers aufbricht und ausweidet und dann sogar seine Hände
in das Wasser des Teiches streckt, um sie vom Blut zu rei-
nigen. Im selben Augenblick begegnet ihm die Große Mutter als verschlingende Nixe, die ihn zu sich hinab in ihren
Bereich zieht. Diese Szene erinnert an Goethes Gedicht
vom Fischer, in dem es heißt:

>»Und wie er sitzt und wie er lauscht,
> teilt sich die Flut empor:
> aus dem bewegten Wasser rauscht
> ein feuchtes Weib hervor …
>
> Das Wasser rauscht, das Wasser schwoll,
> netzt ihm den nackten Fuß;
> sein Herz wuchs ihm so sehnsuchtsvoll,
> wie bei der Liebsten Gruß.
>
> Sie sprach zu ihm, sie sang zu ihm,
> da war's um ihn geschehn:
> halb zog sie ihn, halb sank er hin
> und ward nicht mehr gesehn.«

So geht es, wenn in unserem Leben eine Aufgabe bewäl-
tigt werden muß. Es ist ein Zusammenspiel zwischen uns
und dem, was uns aus der Tiefe bedroht. Wenn etwas zu
uns will, das zu uns gehört, dann ist dies auf der einen Seite ein Sog, der uns in eine bestimmte Richtung zieht, auf
der anderen Seite befindet sich aber etwas in unserer Seele,
das sich diese Begegnung inszeniert und uns diesem Sog
folgen läßt.

Auf der Suche nach dem Verlorenen

Als es Abend war und der Jäger nicht nach Haus kam, so geriet seine Frau in Angst. Sie ging aus, ihn zu suchen, und da er ihr oft erzählt hatte, daß er sich vor den Nachstellungen der Nixe in acht nehmen müßte und nicht in die Nähe des Weihers sich wagen dürfte, so ahnte sie schon, was geschehen war. Sie eilte zu dem Wasser, und als sie am Ufer seine Jägertasche liegen fand, da konnte sie nicht länger an dem Unglück zweifeln. Wehklagend und händeringend rief sie ihren Liebsten mit Namen, aber vergeblich; sie eilte hinüber auf die andere Seite des Weihers und rief ihn aufs neue; sie schalt die Nixe mit harten Worten, aber keine Antwort erfolgte. Der Spiegel des Wassers blieb ruhig, nur das halbe Gesicht des Mondes blickte unbeweglich zu ihr herauf.

Die arme Frau verließ den Teich nicht. Mit schnellen Schritten, ohne Rast und Ruhe, umkreiste sie ihn immer von neuem, manchmal still, manchmal einen heftigen Schrei ausstoßend, manchmal in leisem Wimmern. Endlich waren ihre Kräfte zu Ende: Sie sank zur Erde nieder und verfiel in einen tiefen Schlaf. Bald überkam sie ein Traum.

Sie stieg zwischen großen Felsblöcken angstvoll aufwärts; Dornen und Ranken hakten sich an ihre Füße, der Regen schlug ihr ins Gesicht, und der Wind zauste ihr langes Haar. Als sie die Anhöhe erreicht hatte, bot sich ein ganz anderer Anblick dar. Der Himmel war blau, die Luft mild, der Boden senkte sich sanft hinab, und auf einer grünen, bunt beblühten Wiese stand eine reinliche Hütte. Sie ging darauf zu und öffnete die Türe, da saß ein Alte mit weißen Haaren, die ihr freundlich winkte. In dem Augenblick erwachte die arme Frau. Der Tag war schon angebrochen, und sie entschloß sich gleich, dem Traume Folge zu leisten. Sie stieg mühsam den Berg hinauf, und es war alles so, wie sie es in der Nacht gesehen hatte. Die Alte empfing sie freundlich *und zeigte ihr einen Stuhl, auf dem sie sich setzen sollte. »Du muß ein Unglück erlebt haben«, sagte sie, »weil du meine einsame Hütte aufsuchst.« Die Frau erzählte ihr unter Tränen, was ihr begegnet war.*

Das Märchen wechselt jetzt vom *Mann* zur *Frau*. Äußerlich wird das sichtbar durch den Wechsel von der männlichen *Sonnen*symbolik zur weiblichen *Mond*symbolik. Im Unterschied zum männlichen Anfang, der gekennzeichnet war von Morgen, Tagesanbruch, Sonnenstrahlen, begegnen uns jetzt die weiblichen Symbole: Abend, Nacht, Mond. Nach antiker Vorstellung war die Erschaffung des Menschen ein Zusammenspiel von Erde, Mond und Sonne. Die *Erde* hat dem Menschen den Körper gegeben, der *Mond* die Seele und die *Sonne* den Geist. Der Mond steht also in Verbindung zur Seele. Die Seele ist nach antikem Verständnis eine Mischung zwischen dem oberen und unteren Bereich. Sie gehört auf der einen Seite zur Erde, auf der anderen Seite hat sie Anteil am Himmel. Der Mond als Urbild der Seele steht ebenfalls zwischen Himmel und Erde. Er hat sein Licht von der Sonne, er ist aber ein Trabant der Erde.[317]
Der Wechsel von der Sonne zum Mond bedeutet einen Wechsel vom Märchenhelden hin zur Märchenheldin.[318]
Die Frau tut zunächst das, was ihr möglich ist. Sie klagt, sie ringt die Hände, sie ruft ihren Liebsten beim Namen, sie schilt die Nixe mit harten Worten, sie umkreist den Teich, sie schreit, und sie wimmert die ganze Nacht hindurch. Schließlich ist sie erschöpft von diesem vergeblichen Tun. Eine solche Erschöpfung hat oft eine wichtige Funktion: Sie bewirkt ein Absinken der Bewußtseinsschwelle, so daß die Kräfte und Bilder des Unbewußten hervortreten können. Es ist eine häufige Erfahrung, daß

nach Zeiten des Abmühens eine solche Erschöpfung kommt und daß dann, wenn wir mit unserer Kraft am Ende sind, die eigentliche Hilfe eintritt. So haben wir z. B. im Märchen *Der goldene Vogel* gesehen, daß sich der Märchenheld sieben Tage lang vergeblich abgemüht hat, einen Berg wegzuschaufeln. Als er dann völlig erschöpft vor dieser nicht zu bewältigenden Aufgabe steht, kommt der Fuchs und mit ihm die entscheidende Hilfe. In unserem Märchen kommt die Hilfe durch einen Traum. Das Traumgeschehen ist symbolisch ausgedrückt durch das Spiegelbild des halben Mondes auf der Oberfläche des Teiches. Der halbe Mond erinnert an den Vers von Matthias Claudius: »Seht ihr den Mond dort stehen, er ist nur halb zu sehen und ist doch rund und schön.«[319] Zur runden und schönen Ganzheit des Mondes gehört auch die Seite, die wir nicht sehen, und diese Seite taucht jetzt im Traum auf. Wenn jene Frau den Traum erzählt oder wenn sie ihn aufgeschrieben hätte, dann würde er etwa so lauten: »Ich steige zwischen großen Felsblöcken angstvoll aufwärts. Dornen und Ranken haken sich an meine Füße. Der Regen schlägt mir ins Gesicht, und der Wind zerzaust mein langes Haar. Dann erreiche ich die Höhe. Da bietet sich mir ein ganz anderer Anblick: Der Himmel ist blau, und die Luft ist mild, der Boden senkt sich sanft hinab, und auf einer grünen bunt beblümten Wiese steht eine reinliche Hütte. Ich gehe darauf zu und öffne die Tür. Da sitzt eine Alte mit weißen Haaren, die mir freundlich winkt.«
Die Frau nimmt diesen Traum ernst und befolgt ihn. Es ist manchmal eine gute Sache, wenn wir einen Traum ausprobieren. Ich habe verschiedentlich Träume ausprobiert mit interessanten, zum Teil verblüffenden Erfahrungen. Auch im Märchen werden Träume gelegentlich ausprobiert.[320] Wenn wir den Traum der Jägersfrau als einen

ganz normalen Traum betrachteten und deuteten, dann wäre z. B. folgende Auslegung möglich: Der Aufstieg mit Felsblöcken, Dornen,[321] Ranken, Regen und Wind könnte ein Bild für die Situation sein, in der sich die Jägersfrau jetzt befindet. Ihr ganzer Körper vom Kopf bis zu den Füßen ist in eine Zerreißprobe hineingenommen. (Die Ranken behindern ihre *Füße,* und der Regen schlägt ihr ins *Gesicht.*) Das mühsame und hoffnungslose Umkreisen des Teiches könnte als sogenannter ›Tagesrest‹[322] in den Traum eingeflossen sein, aber es ist doch ein Unterschied zum vorherigen Erleben: Während sie vorher den Teich ständig umkreiste, also ständig im Kreis lief, geht es jetzt aufwärts. Die zerzausten Haare könnten bedeuten, daß auch ihr Denken dabei völlig durcheinandergeraten ist, daß sie keinen klaren Gedanken mehr fassen kann.

Im zweiten Traumteil wechselt dann die Szene. Ein blauer Himmel, milde Luft, eine blühende Wiese, ein sanftes Schreiten, alles ist ganz anders als der erste Traumteil. Der zweite Traumteil zeigt den Gegenpol, der in der Realität noch nicht wahrgenommen werden kann.[323] Daß der Jägersfrau im Traum ›die alte Weise‹ begegnet, zeigt, daß sich in unserer Seele eine solche mütterliche, wohlwollende Gestalt befindet, die freundlich Anteil nimmt an dem, was uns bewegt. (Das ist *auch* eine Seite der Großen Mutter!) Wenn man einen solchen Traum ›prophetisch‹ deutete, dann könnte man sagen, daß auf eine schwierige Wegstrecke eine Zeit der Entspannung folgt[324] und daß eine solche das Werk einer inneren Helferin ist.

Die Frau probiert nun diesen Traum aus – mit Erfolg: Sie findet die Alte so, wie sie es im Traum gesehen hat. Die Alte bietet ihr einen Stuhl an.[325] Die Jägersfrau setzt sich auf diesen Stuhl und beginnt zu weinen. Vorher konnte sie nur wimmern. Weinen bedeutet, daß in ihrer Seele sich etwas zu lösen beginnt – ein wichtiger Schritt in jedem Heilungsprozeß.[326]

Der ordnende Gegenpol

»Tröste dich«, sagte die Alte, »ich will dir helfen; da hast du einen goldenen Kamm. Harre, bis der Vollmond aufgestiegen ist, dann geh zu dem Weiher, setze dich am Rand nieder, und strähle dein langes schwarzes Haar mit diesem Kamm. Wenn du aber fertig bist, so lege ihn am Ufer nieder, und du wirst sehen, was geschieht.«
Die Frau kehrte zurück, aber die Zeit bis zum Vollmond verstrich ihr langsam. Endlich erschien die leuchtende Scheibe am Himmel, da ging sie hinaus an den Weiher, setzte sich nieder und kämmte ihre langen schwarzen Haare mit dem goldenen Kamm, und als sie fertig war, legte sie ihn an den Rand des Wassers nieder. Nicht lange, so brauste es aus der Tiefe, eine Welle erhob sich, rollte an das Ufer und führte den Kamm mit sich fort. Es dauerte nicht länger, als der Kamm nötig hatte, auf den Grund zu sinken, so teilte sich der Wasserspiegel, und der Kopf des Jägers stieg in die Höhe. Er sprach nicht, schaute aber seine Frau mit traurigen Blicken an. In demselben Augenblick kam eine zweite Welle herangerauscht und bedeckte das Haupt des Mannes. Alles war verschwunden, der Weiher lag so ruhig wie zuvor, und nur das Gesicht des Vollmondes glänzte darauf.
Trostlos kehrte die Frau zurück, doch der Traum zeigte ihr die Hütte der Alten. Abermals machte sie sich am nächsten Morgen auf den Weg und klagte der weisen Frau ihr Leid. Die Alte gab ihr eine goldene Flöte und sprach: »Harre, bis der Vollmond wiederkommt, dann nimm diese Flöte, setze dich an das Ufer, blas ein schönes Lied darauf, und wenn du damit fertig bist, so lege sie auf den Sand; du wirst sehen, was geschieht.«

Die Frau tat, wie die Alte gesagt hatte. Kaum lag die Flöte auf dem Sand, so brauste es aus der Tiefe; eine Welle erhob sich, zog heran und führte die Flöte mit sich fort. Bald darauf teilte sich das Wasser, und nicht bloß der Kopf, auch der Mann bis zur Hälfte des Leibes stieg hervor. Er breitete voll Verlangen seine Arme nach ihr aus, aber eine zweite Welle rauschte heran, bedeckte ihn und zog ihn wieder hinab.

»Ach, was hilft es mir«, sagte die Unglückliche, »daß ich meinen Liebsten nur erblicke, um ihn wieder zu verlieren.« Der Gram erfüllte aufs neue ihr Herz, aber der Traum führte sie zum drittenmal in das Haus der Alten. Sie machte sich auf den Weg, und die weise Frau gab ihr ein goldenes Spinnrad, tröstete sie und sprach: »Es ist noch nicht alles vollbracht, harre, bis der Vollmond kommt, dann nimm das Spinnrad, setze dich an das Ufer, und spinn die Spule voll, und wenn du fertig bist, so stelle das Spinnrad nahe an das Wasser, und du wirst sehen, was geschieht.«

Die Frau befolgte alles genau. Sobald der Vollmond sich zeigte, trug sie das goldene Spinnrad an das Ufer und spann emsig, bis der Flachs zu Ende und die Spule mit dem Faden ganz angefüllt war. Kaum aber stand das Rad am Ufer, so brauste es noch heftiger als sonst in der Tiefe des Wassers, eine mächtige Welle eilte herbei und trug das Rad mit sich fort. Alsbald stieg mit einem Wasserstrahl der Kopf und der ganze Leib des Mannes in die Höhe. Schnell sprang er ans Ufer, faßte seine Frau an der Hand und entfloh. Aber kaum hatten sie sich eine kleine Strecke entfernt, so erhob sich mit entsetzlichem Brausen der ganze Weiher und strömte mit reißender Gewalt in das weite Feld hinein. Schon sahen die Fliehenden ihren Tod vor Augen, da rief die Frau in ihrer Angst die Hilfe der Alten an, und in dem Augenblick waren sie verwandelt, sie in eine Kröte, er in einen Frosch. Die Flut, die sie erreicht hatte, konnte sie nicht töten, aber sie riß sie beide voneinander und führte sie weit weg.

Die alte Weise gibt der jungen Frau drei Gaben. Dabei sagt sie jedesmal, daß diese Gaben nur bei Vollmond gebraucht werden dürfen. Die Jägersfrau solle *harren*, bis der Vollmond aufgestiegen ist. Das altertümliche Wort ›harren‹ ist ein sehr gefülltes Wort. Es bedeutet: hart an etwas dranbleiben, nicht aufgeben, mit gespannter Aufmerksamkeit etwas erwarten. Das heißt also, daß die Jägersfrau mit gespannter Aufmerksamkeit dem Vollmond entgegengefiebert hat.[327]

Die Nixe gehört zur chaotischen Tiefe, zum Tohuwabohu. Sie ist eine noch nicht vollständige Frau,[328] eine unerlöste Frau, die noch teilweise zum Chaos gehört. Das Chaos fiebert einerseits dem Kosmos entgegen und sehnt sich nach Erlösung,[329] andererseits versucht das Chaos immer wieder, den Kosmos zu verschlingen.[330]

Chaos und Kosmos sind Gegensätze. Das Chaos ist das Ungeordnete, der Kosmos ist das Geordnete. Die drei Gaben der alten Weisen sind *ordnende* Gaben. Mit dem Kamm werden die Haare geordnet. (Die junge Frau hat vermutlich bei der Alten zuerst ihre eigenen vom Winde zerzausten Haare gekämmt!) Mit der Flöte werden die Töne geordnet, sie werden in eine Melodie eingebunden. Mit der Spindel wird der Faden geordnet: Aus dem ungeordneten Flachs wird der geordnete Faden. Symbolisch haben Haare etwas mit dem Denken zu tun. Der Kamm steht also für das Ordnen des Denkens. Töne haben etwas mit dem Gefühl zu tun, die Flöte steht also für das Ordnen der Gefühle. Das Spinnen hat etwas mit dem Gestalten des Lebens, also mit dem Handeln zu tun. Das Spinnrad steht damit für das Ordnen des Handelns. Die mit dem Chaos verbundene Nixe hat demnach Verlangen nach dem Kosmos, nach der Ordnung, und zwar auf diesen drei Gebieten. Das Ordnen beginnt mit dem Teil, der der Nixe am leichtesten zugänglich ist. Das Kämmen des Haares entspricht der langhaarigen Nixe am meisten. So heißt es in Heinrich Heines Lied von der Nixe Lorelei:

> »Die schöne Jungfrau sitzet
> dort oben wunderbar;
> ihr gold'nes Geschmeide blitzet,
> *sie kämmt ihr goldenes Haar.*
> *Sie kämmt es mit goldenem Kamme*
> und singt ein Lied dabei;
> das hat eine wundersame,
> gewaltige Melodei.«[331]

Auch die Flöte ist in Verbindung mit einer Nixe noch denkbar. So könnte Lorelei die ›gewaltige Melodei‹ auch auf einer Flöte spielen! Aber die Spindel ist ganz und gar nicht nixenhaft. Es handelt sich um etwas, was der Nixe geradezu entgegengesetzt zu sein scheint. Eine spinnende Nixe wäre keine Nixe mehr, sondern sie wäre bereits zur Frau erlöst. Die Nixe grapscht nach diesen Dingen. Sie hat also ein gieriges Verlangen nach dem, was ihr fehlt. Die Nixe will menschliches Denken, menschliches Fühlen, menschliches (insbesondere weibliches) Handeln sich einverleiben, weil sie sich danach sehnt.

Auch das Auftauchen des Mannes entspricht diesen drei Symbolen. Beim *Denken* taucht der Kopf auf, beim *Fühlen* taucht der Mann bis zum Sonnengeflecht, dem Sitz der Gefühle, auf, beim *Handeln* taucht der ganze Mann auf, stellt sich auf seine Füße und ›handelt‹ (er faßt seine Frau an der *Hand*).

Eine Frau im mittleren Alter erzählte in einem Märchenseminar, in dem wir das Märchen *Die Nixe im Teich* betrachteten, folgendes: »Mein Mann, ein 56jähriger, bisher äu-

ßerst korrekter Oberstudienrat, wurde vor einigen Monaten von einer ›Nixe‹ überwältigt, und jetzt erlebe ich, was
die Jägersfrau mitgemacht hat und was unzählige Frauen
mitmachen. Die Jägersfrau ist in ihrem Leid und in ihrem
Kampf für mich ein großes Leitbild. Unzählige Male bin
ich verzweifelt um den Nixenteich herumgerannt – vergeblich! Doch jetzt erlebe ich gelegentlich, wie mein Mann
bis zur Leibesmitte aus dem Nixenteich auftaucht und wie
bei ihm erste Anzeichen von Trauer erkennbar sind. In
kurzen Augenblicken komme ich meinem Mann nahe –
näher, als es früher jemals der Fall war. Jetzt schaue ich ein
Stück weit in seine Seele und erahne seine Gefühle. Es ist
deshalb für mich um so schwerer, wenn er wieder zur Nixe abtaucht. Immer wieder muß ich den See umkreisen,
und immer wieder muß ich ›harren‹, bis mein Mann wieder bis zur Leibesmitte auftaucht – weiter schafft er es
noch nicht. Meine Seele sehnt sich jedoch nach dem Augenblick, in dem er *ganz* auftaucht und die Nixe ihn nicht
mehr im Griff hat. Das Märchen gibt mir Zuversicht, daß
dieser Augenblick kommen wird.«
Durch die drei Tätigkeiten, die die junge Frau am Rande
des Nixenbereiches ausübt, nimmt sie zu ihrer Nixenseite
Kontakt auf. Dadurch entreißt sie den Mann Stück für
Stück der Faszination und der Gewalt der Nixe. Es handelt
sich also hier um einen Selbstwerdungsprozeß der Frau.
Indem die Frau ihre Nixenseite entfaltet, erlöst sie gleichzeitig, was in ihr unerlöst ist, und verbindet dies mit ihrer
Gesamtpersönlichkeit.
Mir steht jetzt eine hübsche 35jährige Frau vor Augen, die
in einem streng christlichen Elternhaus aufgewachsen
war, in dem es viele Verbote gab, die ihr bisheriges Leben
eingeengt hatten. Jene Frau hatte eine unendlich langweilige, fast schläfrige Ausstrahlung. Es ergab sich jedoch,

daß sie einmal ihre Ferien mit einer nixenhaften Frau verbrachte, die sie so faszinierte, daß sie sich von ihr anstekken ließ und innerhalb der wenigen Ferienwochen völlig verwandelt wurde. Sie hat ihre nixenhafte Seite entdeckt und unglaublich schnell entfaltet. Offensichtlich hatte diese Seite nur darauf gewartet, geweckt zu werden. Als jene Frau aus den Ferien zurückkam, erkannte ich sie fast nicht wieder. Sie hatte wache, blitzende Augen und sprühte von einem inneren Feuer. Sie wurde jedoch nicht zu einem ›Vamp‹, sondern sie verband die entfaltete Nixenseite mit ihrer bisherigen Weiblichkeit, was zu einer wunderbaren Ganzheit führte. Sie machte offensichtlich eine ähnliche Entwicklung durch wie die Jägersfrau im Märchen.[332]

Und was hat der Mann erlebt? Auf der Beziehungsebene ist er offensichtlich mit Haut und Haaren der ›fremden‹ Frau verfallen. Die Beziehung zu seiner eigenen Frau war abgebrochen. Und dennoch haben wir den Eindruck, daß er bei der Nixe keine volle Lebenserfüllung fand, denn er schaut beim ersten Auftauchen seine Frau mit ›traurigen Blicken‹ an, und beim zweiten Auftauchen ›breitete er voll Verlangen seine Arme nach ihr aus‹.

Das erneute Überflutetwerden nach dem dritten Auftauchen und die damit verbundene Flucht könnte bedeuten, daß sich die Noch-Nixen-Seite des Mannes mit der Schon-Nixen-Seite der Frau verbindet und daß es in ihrer beider Leben zu einer Phase der chaotischen Überschwemmung kommt, der sie nur dadurch entrinnen können, daß sie einen Teil dieser Chaosmacht integrieren. Frosch und Kröte gehören zur selben Tiergattung, nämlich zur Gattung der Froschlurche, deren weiblicher Pol die Kröte und deren männlicher Pol der Frosch ist. Die beiden stehen jetzt auf der gleichen Stufe. Frosch und Kröte sind Land-Wasser-

Tiere. Der Jäger und seine Frau tauchten auf aus einer tiefen Regression. Es gilt nun, das in der Tiefe Erlebte in der jeweiligen menschlichen Persönlichkeit zu integrieren. Dazu bedarf es eines je einsamen Weges der beiden. Unser Märchen sagt deshalb, daß die Flut die beiden voneinanderriß und weit wegführte.

Begegnen und Erkennen

Als das Wasser sich verlaufen hatte und beide wieder den trocknen Boden berührten, so kam ihre menschliche Gestalt zurück. Aber keiner wußte, wo das andere geblieben war; sie befanden sich unter fremden Menschen, die ihre Heimat nicht kannten. Hohe Berge und tiefe Täler lagen zwischen ihnen. Um sich das Leben zu erhalten, mußten beide die Schafe hüten. Sie trieben lange Jahre ihre Herden durch Feld und Wald und waren voll Trauer und Sehnsucht.

Als wieder einmal der Frühling aus der Erde hervorgebrochen war, zogen beide an einem Tag mit ihren Herden aus, und der Zufall wollte, daß sie einander entgegenzogen. Er erblickte an einem fernen Bergesabhang eine Herde und trieb seine Schafe nach der Gegend hin. Sie kamen in einem Tal zusammen, aber sie erkannten sich nicht, doch freuten sie sich, daß sie nicht mehr so einsam waren. Von nun an trieben sie jeden Tag ihre Herde nebeneinander; sie sprachen nicht viel, aber sie fühlten sich getröstet. Eines Abends, als der Vollmond am Himmel schien und die Schafe schon ruhten, holte der Schäfer die Flöte aus seiner Tasche und blies ein schönes, aber trauriges Lied. Als er fertig war, bemerkte er, daß die Schäferin bitterlich weinte. »Warum weinst du?« fragte er. »Ach«, antwortete sie, »so schien auch der Vollmond, als ich zum letztenmal dieses Lied auf der Flöte blies und das Haupt meines Liebsten aus dem Wasser hervorkam.« Er sah

sie an, und es war ihm, als fiele eine Decke von den Augen, er er-
kannte seine liebste Frau; und als sie ihn anschaute und der
Mond auf sein Gesicht schien, erkannte sie ihn auch. Sie umarm-
ten und küßten sich, und ob sie glückselig waren, braucht keiner
zu fragen.

»Keiner wußte, wo das andere geblieben war ... hohe Berge und tiefe Täler lagen zwischen ihnen.« Das ist der Zustand von Menschen, die einander fremd geworden sind,
weil jeder seinen Weg geht, den Weg, der ihnen innerlich
vorgezeichnet ist.[333]
Schafehüten ist »eine Arbeit der Konzentration, des Zu-
sammenhaltens, die sowohl äußerlich als auch innerlich
zur Sammlung führt – im Gegensatz zur entgrenzenden
Emotionalität, die durch die Nixe ausgelöst wird«.[334] Die
jahrelange gleichförmige Arbeit des Schafehütens, die von
den Emotionen ›Trauer und Sehnsucht‹ begleitet ist,[335] erinnert auch an den alchemistischen Prozeß, in dem das
Gekochtwerden in einem hermetischen Gefäß eine wesentliche Rolle spielt.[336] Dieser Prozeß ist ein Symbol der
innerseelischen Umwandlung, bei der die Gegensätze zu
einer spannungsvollen Einheit zusammengeschmolzen
werden. Bei der Chakrenmeditation entspricht das Schafehüten der Meditation des Sonnengeflechts, die eine Vereinigung der Gegensätze symbolisiert.[337]
Beide, Schäferin und Schäfer, begeben sich auf die innere
Reise. Jeder geht *seinen* Weg, den der andere nicht nach-
vollziehen kann – obwohl es äußerlich derselbe Weg zu
sein scheint. Beide hüten Schafe – aber wenn zwei dasselbe
tun, ist es noch lange nicht dasselbe! Daß jeder *seinen* Weg
geht, bedeutet, jeder geht einen *anderen* Weg. Schafehüten
heißt auch, daß jeder die Einsamkeit aushält und sich auf
seine Weise mit den ›inneren Tieren‹ befaßt. Erst dann

folgt – ganz allmählich – eine neue Begegnung der beiden und schließlich das Erkennen.

Die beiden begegnen sich in einem *Tal*. Beide waren auf einem Berg und sind dann ins Tal hinabgezogen. Der *Berg* bedeutetet Einsamkeit,[338] das *Tal* Begegnung.[339]

Auf dem Hintergrund der Chakrensymbolik[340] haben beide den Weg vom Wurzel-Chakra bis zum Herz-Chakra durchschritten: Sie haben zunächst das *Wurzel*-Chakra erfahren. Der Mann lebt als Jäger seine männlich-aktive Seite, während sein weiblicher Pol in der Tiefe des Teiches lauert. Die Frau dagegen lebt als treue Ehefrau ihre weiblich-passive Seite, während ihr männlicher Pol unentfaltet bleibt. Dann folgt die Erfahrung des *Polaritäts*-Chakras: Der Jäger wird von seinem weiblichen Gegenpol eingeholt und verschlungen. Die Frau wird zur aktiv Handelnden und entwickelt dabei ihren männlichen Gegenpol. Beim Schafehüten befinden sich beide – je allein – im *Sonnengeflecht*-Chakra: Die beiden Pole werden durch die männlich-weibliche Tätigkeit des Schafehütens und des Trauerns zu einer dynamischen Ganzheit vereinigt. Im *Herz*-Chakra begegnen sich die beiden dann auch äußerlich, und zwar ›erkennt‹ die Frau ihren Mann an dessen *weiblicher* Seite: an der Flötenmelodie, die *sie* vorher geblasen hatte,[341] und am *Mond*schein in seinem Gesicht! Der Mann dagegen erkennt seine Frau an den Worten, die ihm ihre aktiv-männliche Befreiungsaktion in Erinnerung rufen.

Im Alter

Die Bremer Stadtmusikanten

Vier Weggefährten

Es hatte ein Mann einen Esel, der schon lange Jahre die Säcke unverdrossen zur Mühle getragen hatte, dessen Kräfte aber nun zu Ende gingen, so daß er zur Arbeit immer untauglicher ward. Da dachte der Herr daran, ihn aus dem Futter zu schaffen, aber der Esel merkte, daß kein guter Wind wehte, lief fort und machte sich auf den Weg nach Bremen; dort, meinte er, könnte er ja Stadtmusikant werden.

Als er ein Weilchen fortgegangen war, fand er einen Jagdhund auf dem Wege liegen, der jappte wie einer, der sich müde gelaufen hat. »Nun, was jappst du so, Packan?« fragte der Esel. – »Ach«, sagte der Hund, »weil ich alt bin und jeden Tag schwächer werde, auch auf der Jagd nicht mehr fortkann, hat mich mein Herr wollen totschlagen, da hab' ich Reißaus genommen; aber womit soll ich nun mein Brot verdienen?« – »Weißt du, was?« sprach der Esel. »Ich gehe nach Bremen und werde dort Stadtmusikant, geh mit und laß dich auch bei der Musik annehmen. Ich spiele die Laute, und du schlägst die Pauken.« Der Hund war's zufrieden, und sie gingen weiter.

Es dauerte nicht lange, so saß da eine Katze an dem Weg und machte ein Gesicht wie drei Tage Regenwetter. »Nun, was ist dir in die Quere gekommen, alter Bartputzer?« sprach der Esel. – »Wer kann da lustig sein, wenn's einem an den Kragen geht«, antwortete die Katze, »weil ich nun zu Jahren komme, meine

Zähne stumpf werden und ich lieber hinter dem Ofen sitze und
spinne als nach Mäusen herumjage, hat mich meine Frau ersäu-
fen wollen; ich habe mich zwar noch fortgemacht, aber nun ist
guter Rat teuer: Wo soll ich hin?« – »Geh mit uns nach Bremen,
du verstehst dich doch auf die Nachtmusik, da kannst du ein
Stadtmusikant werden.« Die Katze hielt das für gut und ging
mit.

Darauf kamen die drei Landesflüchtigen an einem Hof vorbei; da
saß auf dem Tor der Haushahn und schrie aus Leibeskräften.
»Du schreist einem durch Mark und Bein«, sprach der Esel,
»was hast du vor?« – »Da hab' ich gut Wetter prophezeit«,
sprach der Hahn, »weil unserer lieben Frauen Tag ist, wo sie
dem Christkindlein die Hemdchen gewaschen hat und sie trock-
nen will; aber weil morgen zum Sonntag Gäste kommen, so hat
die Hausfrau doch kein Erbarmen und hat der Köchin gesagt, sie
wollte mich morgen in der Suppe essen, und da soll ich mir heut
abend den Kopf abschneiden lassen. Nun schrei' ich aus vollem
Hals, solang ich noch kann.« – »Ei was, du Rotkopf«, sagte der
Esel, »zieh lieber mit uns fort, wir gehen nach Bremen, etwas
Besseres als den Tod findest du überall; du hast eine gute Stim-
me, und wenn wir zusammen musizieren, so muß es eine Art ha-
ben.« Der Hahn ließ sich den Vorschlag gefallen, und sie gingen
alle viere zusammen fort.

Vordergründig mag es so scheinen, als ginge es in diesem
Märchen um ›Rentnerprobleme‹, d. h. um eine nicht gere-
gelte Altersvorsorge und eine daraus resultierende ›Hausbesetzung‹ durch ein ›Rentnerkollektiv‹.[342] Wie gesagt, so
mag es vordergründig erscheinen. Hintergründig jedoch
reicht das Märchen in die Anfänge der Menschheitsge-
schichte zurück. Hinter den vier Tiergestalten, die sich wie
Menschen verhalten, erkennen wir Tiergottheiten als Per-
sonifikationen des menschlichen Instinktverhaltens, das

die ursprüngliche Basis unseres gesamten Seelenlebens ist. »Diese Figuren sind gleichsam die geistige Innenansicht unserer animalischen Instinkte, die Jung als Archetypen bezeichnet.«[343] Die Art und Weise, wie die Herren und ›Herrinnen‹ in unserem Märchen mit den Tieren umgehen, offenbart etwas über unseren Umgang mit der instinkthaft animalischen Seite unserer Psyche. Es ist ein Verbrechen gegen die menschliche Natur, wenn wir die in uns lebenden ›Tiere‹ mißachten und unterdrücken. Tierträume weisen oft eindeutig auf dieses Vergehen hin!

So erinnere ich mich an einen erfolgreichen Geschäftsmann in den besten Jahren, der immer wieder von Tieren träumte, die in viel zu engen Käfigen eingeschlossen waren und die nicht oder völlig unzureichend gefüttert wurden. Es war für jenen Mann ein heilsamer Schock, als er erkannte, daß es seine eigenen ›inneren Tiere‹ sind, die er so vernachlässigt und eingeschlossen hat.

Im Märchen begegnen uns vier Tiere. Die Vier ist eine bedeutsame Zahl. Innerseelisch bedeutet sie vor allem den viergeteilten Kreis als Ausdruck der ›Ganzheit des Seelengrundes‹.[344] Der viergeteilte Kreis als Urform des Mandala ist auch der Hintergrund der vier Bewußtseinsfunktionen Denken, Fühlen, Empfinden (= Wahrnehmen der äußeren Wirklichkeit) und Intuition (= Wahrnehmen der inneren Wirklichkeit; siehe Abbildung nächste Seite).

Wir können also sagen: Die vier Tiere unseres Märchens sind der archetypische Hintergrund der vier Bewußtseinsfunktionen.[345]

Um die Frage beantworten zu können, welches Tier wir mit welcher der vier Bewußtseinsfunktionen in Beziehung setzen sollen, müssen wir uns ein wenig eingehender mit diesen vier Tieren befassen. Der *Esel* ist das am stärksten mit der Erde verbundene Tier. Franz von Assisi bezeichnet

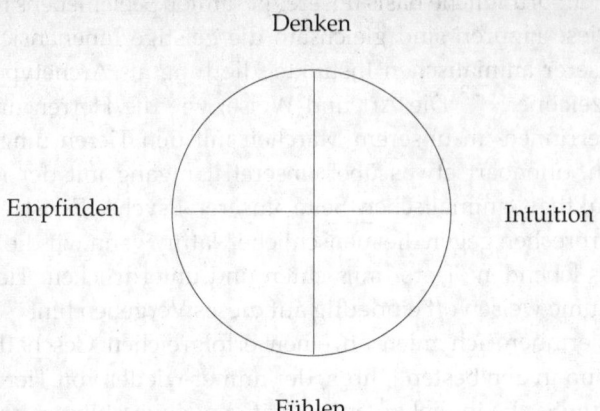

Denken

Empfinden — Intuition

Fühlen

deshalb seinen Leib als ›Bruder Esel‹. In der Antike war
der Esel u. a. mit der Sexualität assoziiert.[346]
Er war das Reittier des Dionysos.[347] Astrologisch ist die
durch den Esel symbolisierte Starrheit und Sturheit der Erde dem Planeten Saturn zugeordnet. Es verwundert deshalb nicht, daß sich dieses Märchen am Tag des Saturn
(=Samstag; vgl. engl. *Satur*day) ereignet. Der Saturn war
auch der Planet der Juden. Er war Symbol für die jüdische
Gesetzesreligion, deren Gesetze in Stein (in Erde!) gegra-
ben waren.[348]
Weil aber der Saturn mit dem Esel verbunden war, wurde
der alttestamentliche Gott von Nichtjuden ebenfalls als
Esel verspottet. Und da die Christen in der Antike zunächst als eine Sekte des Judentums galten, wurde der Esel
auch mit dem Gott der Christen verbunden. Davon zeugt
z. B. das antike Spottbild, auf dem der gekreuzigte Christus mit einem Eselskopf dargestellt ist (siehe Abbildung).
In diesem Spottkruzifixus ist der Esel Symbol des festge-

nagelten (zur Unbeweglichkeit verdammten) irdischen (= erdigen) Gottes![349] Auch in der Erzählung vom Einzug Jesu in Jerusalem begegnet uns der auf einem Esel reitende Christus.[350] Im Märchen ist der Esel der Praktiker, der mit der irdischen Realität vertraut ist und sich und anderen zu helfen weiß. Der Esel ist somit Archetyp der mit der äußeren Wirklichkeit verbundenen Empfindungsfunktion.

Als zweites Tier begegnet uns der *Hund,* der in der Mythologie oft mit der Welt des Irrationalen verbunden wird. In vielen Religionen wird er als Begleiter der Toten beschrieben. Als Cerberus ist er der Wächter der Hölle.[351]

Der Hund steht aber auch in Verbindung mit dem Heilgott Asklepios,[352] und in der ägyptischen Mythologie ist es der hundeköpfige Anubis, der seinen Vater Osiris von den Toten auferweckt.[353] Mit seinem feinen Witterungsvermögen kommt der Hund Dingen auf die Spur, die von den anderen Bewußtseinsfunktionen nicht wahrgenommen werden. Der Hund in unserem Märchen ist somit Archetyp der Intuition, der mit dem ›Ahnungsvermögen des Unbewußten‹[354] die innere Realität wahrnimmt. Esel und Hund bilden als Archetypen der ›Empfindung‹ und ›Intuition‹ die beiden Pole der sogenannten Wahrnehmungsachse.

| Esel
(Empfinden) | WAHRNEHMEN | Hund
(Intuition) |

Und nun zur *Katze*. Katzengottheiten spielen in den Mythologien vieler Völker eine bedeutende Rolle. Sie sind in der Regel mit weiblichen Gottheiten verbunden.[355] In unserem Kulturkreis gilt die Katze – insbesondere die schwarze – als ›Attribut‹ der Hexe. Die auffallendsten Merkmale der Katze sind ihre Zärtlichkeit (›Schmusekatze‹) und ihr autonomer Freiheitsdrang. Katzen werden aber auch als ›falsch‹ bezeichnet, weil sie nicht nur zärtlich sein, sondern plötzlich auch ihre Krallen zeigen können. Dieses katzenhafte Verhalten kennen wir aus dem Bereich der Gefühle, die ebenfalls plötzlich umschlagen können. Auch Gefühle lassen sich nicht steuern und regeln, sondern sie sind katzenhaft autonom. Die Katze in unserem Märchen ist somit Archetyp der Gefühlsfunktion.

Und schließlich der *Hahn*. Er ist der Künder des neuen Tages. Er begleitet den Aufgang des Sonnenlichts. In der Bibel erinnert das Krähen des Hahns den Petrus an sein Versagen.[356] In der griechischen Mythologie ist der Hahn der aus dem *Kopf* des Zeus geborenen Athene zugeordnet.

Hahn
(Denken)

U
R
T
E
I
L
E
N

Auch in unserem Märchen befindet sich der Hahn – genau wie der Kopf – jeweils *oben* (oben auf dem Tor, oben auf dem Baum, oben auf den Tieren, oben auf dem Hahnenbalken). Vom Räuber wird der Hahn als ›Richter‹ bezeichnet; d. h., er beurteilt, was ›recht und richtig‹ ist.[357] Der Hahn ist in unserem Märchen somit Archetyp der Denkfunktion. Katze und Hahn bilden als Archetypen des Denkens und Fühlens die beiden Pole der Urteilsachse.

Katze
(Fühlen)

Die vier Tiere gemeinsam bilden das Mandala der vier Bewußtseinsfunktionen Denken, Fühlen, Empfinden und Intuition (siehe Abbildung). Daß die vier Tiere (mit Hilfe des praktisch veranlagten Esels) zueinander gefunden haben und miteinander musizieren wollen, macht deutlich, wie diese vier zueinander gehören. Beim Musizieren leistet jedes Tier den Beitrag, der ihm entspricht: Der Esel spielt die Laute,[358] der Hund schlägt die Pauke, die Katze macht Nachtmusik, und der Hahn ist der Sänger.

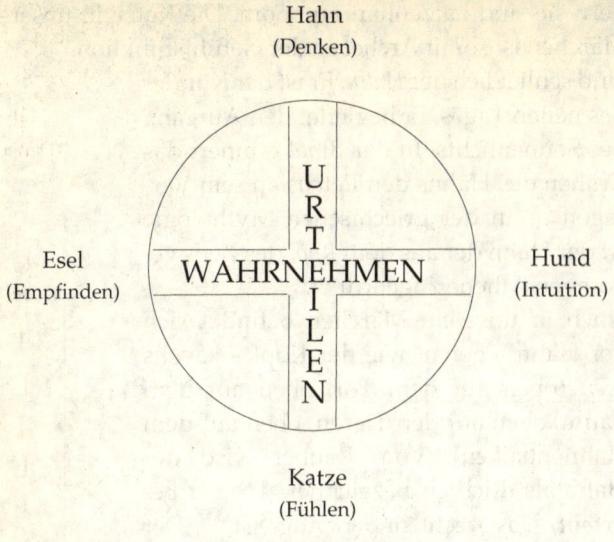

Hahn
(Denken)

Esel
(Empfinden)

U R T E I L E N

WAHRNEHMEN

Hund
(Intuition)

Katze
(Fühlen)

Musik vertreibt Räuber

Sie konnten aber die Stadt Bremen in einem Tag nicht erreichen und kamen abends in einen Wald, wo sie übernachten wollten. Der Esel und der Hund legten sich unter einen großen Baum, die Katze und der Hahn machten sich in die Äste, der Hahn aber flog bis in die Spitze, wo es am sichersten für ihn war. Ehe er einschlief, sah er sich noch einmal nach allen vier Winden um; da deuchte ihn, er sähe in der Ferne ein Fünkchen brennen, und rief seinen Gesellen zu, es müßte nicht gar weit ein Haus sein; denn es scheine ein Licht.

Sprach der Esel: »So müssen wir uns aufmachen und noch hingehen; denn hier ist die Herberge schlecht.« Der Hund meinte, ein paar Knochen und etwas Fleisch dran täten ihm auch gut. Also machten sie sich auf den Weg nach der Gegend, wo das

Licht war, und sahen es bald heller schimmern, und es ward immer größer, bis sie vor ein hell erleuchtetes Räuberhaus kamen. Der Esel, als der Größte, näherte sich dem Fenster und schaute hinein. »Was siehst du, Grauschimmel?« fragte der Hahn. »Was ich sehe?« antwortete der Esel. »Einen gedeckten Tisch mit schönem Essen und Trinken, und Räuber sitzen daran

und lassen's sich wohl sein.« – *»Das wäre was für uns«, sprach der Hahn. »Ja, ja, ach, wären wir da!« sagte der Esel.*
Da ratschlagten die Tiere, wie sie es anfangen müßten, um die Räuber hinauszujagen, und fanden endlich ein Mittel. Der Esel mußte sich mit den Vorderfüßen auf das Fenster stellen, der Hund auf des Esels Rücken springen, die Katze auf den Hund

klettern, und endlich flog der Hahn hinauf und setzte sich der
Katze auf den Kopf. Wie das geschen war, fingen sie auf ein Zei-
chen insgesamt an, ihre Musik zu machen: Der Esel schrie, der
Hund bellte, die Katze miaute, und der Hahn krähte; dann stürz-
ten sie durch das Fenster in die Stube hinein, daß die Scheiben
klirrten. Die Räuber fuhren bei dem entsetzlichen Geschrei in die
Höhe, meinten nicht anders, als ein Gespenst käme herein, und
flohen in größter Furcht in den Wald hinaus.
Nun setzten sich die vier Gesellen an den Tisch, nahmen mit
dem vorlieb, was übriggeblieben war, und aßen, als wenn sie vier
Wochen hungern sollten.
Wie die vier Spielleute fertig waren, löschten sie das Licht aus
und suchten sich eine Schlafstätte, jeder nach seiner Natur und
Bequemlichkeit. Der Esel legte sich auf den Mist, der Hund hin-
ter die Türe, die Katze auf den Herd bei die warme Asche, und
der Hahn setzte sich auf den Hahnenbalken; und weil sie müde
waren von ihrem langen Weg, schliefen sie auch bald ein.

Die vier Tiere, die sich zur Ruhe begeben, sind ein bildhafter Ausdruck der beiden Grundrichtungen der Bewußt-
seinsfunktionen: Esel und Hund liegen auf dem Boden –
also in der Waagrechten –, während Katze und Hahn ihr
Quartier auf dem Baum suchen – also in der Senkrechten.
Der dem Licht verbundene Hahn, der auf der Spitze des
Baumes sitzt, sieht in der Ferne ein Licht und kombiniert
logisch (Denkfunktion!): Wo ein Licht ist, da muß auch ein
Haus sein.
Die Zusammengehörigkeit der vier Tiere wird deutlich an
der Tatsache, daß sie miteinander ›ratschlagen‹, wie sie die
Räuber vertreiben könnten. Um ein so schwieriges Unter-
nehmen erfolgreich durchzuführen, bedarf es des Zusam-
menspiels aller vier Bewußtseinsfunktionen. Und so finden sie schließlich ein ›Mittel‹, nämlich eine Kombination

von einer optischen und einer akustischen Attacke. Sie bilden eine gespensterhafte Tierpyramide, brechen gewaltsam durchs Fenster in die Stube ein und erheben dabei ein so entsetzliches Geschrei, daß die Räuber in die Flucht gejagt werden.

Obwohl diese Szene humorvoll geschildert wird, steckt hinter ihr eine tiefe Wahrheit, nämlich die Erfahrung, daß Musik die Kraft hat, böse Geister zu vertreiben. Schon in der Bibel wird berichtet, daß der ›böse Geist‹, der periodisch über den König Saul kam, durch das Harfenspiel des David vertrieben wurde.[359] Auch im alten China war die apotropische (= Unheilgeister vertreibende) Wirkung der Musik bekannt. So wird z. B. im altchinesischen Weisheitsbuch *I Ging* die Musik mit einem die Spannung lösenden Gewitter verglichen: »Ähnlich [wie das Gewitter] besitzt die Musik die Macht, die Spannung im Herzen, der dunklen Gefühle Gewalt zu lösen.«[360] Von der befreienden Wirkung der Musik erzählen ebenso die Mythen um Apoll, Dionysos und Orpheus. Auch in Mozarts *Zauberflöte* hat die Musik Gewalt über wilde Tiere und bedrohliche Elemente.

Ich erinnere mich an eine therapeutische Gruppe, an der ein äußerst disziplinierter hoher Offizier teilnahm. Er hatte sich so sehr im Griff, daß sein Körperpanzer durch keine noch so heftigen verbalen Attacken aufzubrechen war. Doch dann setzte der Therapeut in einer der Sitzungen einen großen Gong ein. Die tiefen Schwingungen des Gongs wühlten jenen disziplinierten Mann in der Tiefe seiner Seele so auf, daß er in Tränen ausbrach. Der Bann war gebrochen, die ›Räuber‹, die seine Gefühle geraubt und festgehalten hatten, waren verjagt.

Bekannt ist auch, daß Kinder singen, wenn sie in dunkle Räume (z. B. in den Keller) gehen, um die Angst zu verjagen.[361] Gewiß, in unserem Märchen machen die Tiere keine liebliche Musik, sondern ein ›entsetzliches Geschrei‹, und doch ist es rechte Musik. Jeder trägt auf seine Art zum Konzert bei: Der Esel schreit, der Hund bellt, die Katze miaut, und der Hahn kräht. Es ist also eine ›Symphonie‹ eigener Art – eine eigenartige Symphonie (wie sie auch heute noch zuweilen in manchen Konzertsälen zu hören ist!).

Und dann legen sich die vier Tiere zum Schlaf nieder, und so endet jener bedeutsame Samstag, Tag des Saturn, der an den Karsamstag erinnert, an dem Jesus ins Totenreich eingedrungen ist und die Mächte der Finsternis besiegt und vertrieben hat.

Flucht vor der Projektion

Als Mitternacht vorbei war und die Räuber von weitem sahen, daß kein Licht mehr im Haus brannte, auch alles ruhig schien, sprach der Hauptmann: »Wir hätten uns doch nicht sollen ins Bockshorn jagen lassen« und hieß einen hineingehen und das Haus untersuchen. Der Abgeschickte fand alles still, ging in die Küche, ein Licht anzuzünden, und weil er die glühenden, feurigen Augen der Katze für lebendige Kohlen ansah, hielt er ein Schwefelhölzchen daran, daß es Feuer fangen sollte. Aber die Katze verstand keinen Spaß, sprang ihm ins Gesicht, spie und kratzte. Da erschrak er gewaltig, lief und wollte zur Hintertüre hinaus, aber der Hund, der da lag, sprang auf und biß ihn ins Bein; und als er über den Hof an dem Mist vorbeirannte, gab ihm der Esel noch einen tüchtigen Schlag mit dem Hinterfuß; der Hahn aber, der vom Lärmen aus dem Schlaf geweckt und munter geworden war, rief vom Balken herab: »Kikeriki!«

Da lief der Räuber, was er konnte, zu seinem Hauptmann zurück und sprach: »Ach, in dem Haus sitzt eine greuliche Hexe,

*die hat mich angehaucht und mit ihren langen Fingern mir das
Gesicht zerkratzt; und vor der Türe steht ein Mann mit einem
Messer, der hat mich ins Bein gestochen; und auf dem Hof liegt
ein schwarzes Ungetüm, das hat mit einer Holzkeule auf mich
losgeschlagen; und oben auf dem Dache, da sitzt der Richter, der
rief: ›Bringt mir den Schelm her!‹ Da machte ich, daß ich fortkam.«*

*Von nun an getrauten sich die Räuber nicht weiter an das Haus,
den vier Bremer Musikanten gefiel's aber so wohl darin, daß sie
nicht wieder herauswollten. Und der das zuletzt erzählt hat, dem
ist der Mund noch warm.*

Die Räuber sind aus dem Haus vertrieben. Sie sind im
Wald und überlegen, wie sie wieder zurückkehren können.[362]

Wer sind die Räuber? Die Räuber sehen die Tiere nicht als
Haustiere, sondern ›als ein Gespenst‹. Die Katze ist für
den Abgesandten der Räuber ›eine greuliche Hexe‹, der
Hund ›ein Mann mit einem Messer‹, der Esel ein ›schwar-
zes Ungetüm‹ und der Hahn ein den Schelm verfolgender
›Richter‹.

Solche verzerrten Wahrnehmungen begegnen uns inner-
psychisch in der sogenannten Projektion. Wir projizieren
unsere Räubereigenschaften auf andere Menschen und sehen dann in ihnen, was wir selber sind.[363] Die Räuber begegnen uns am Anfang des Märchens als Müller, als Jäger
und als Hausfrau, also als Menschen, die den Dienst der
Tiere in Anspruch genommen haben, ihnen jedoch ihren
wohlverdienten Lohn nicht geben wollen. Als Eigentüme-
rinnen und Eigentümer der Tiere halten sie das für ihr gutes Recht. Sie wären sicherlich – wie manche ehrbaren Bür-
gerinnen und Bürger heute! – empört, wenn jemand
behauptete, sie seien ›Räuber‹! Bei *Tage* wären sie empört

gewesen, aber nicht bei Nacht. Da tauchen nämlich die Gestalten, die sie unterdrücken, riesengroß aus der Tiefe ihrer Seele auf und machen ein entsetzliches Geschrei. Die Räuber reißen also ›vor ihrer eigenen projizierten Bosheit‹[364] aus!

Es ist ihr eigenes Haus, in das die vier Tiere einziehen. Sie wurden von den Räubern gewaltsam unterdrückt und vertrieben und rächen sich jetzt an ihren Unterdrückern – und zwar jedes auf seine Art: die Katze durch Kratzen, der Hund durch Beißen, der Esel durch einen Tritt mit dem Huf und der Hahn durch sein Geschrei. Daß der Hahnenschrei das Gewissen weckt – wie bei Petrus! –, so daß sich der Räuber als ›Schelm‹ erkennt und den ›Richter‹ fürchtet, ist möglicherweise ein versteckter Hinweis darauf, daß auch für diese Räuber (genau wie für Petrus!) Hoffnung besteht, daß auch sie noch zur Besinnung kommen und dann zusammen mit den Tieren das Haus bewohnen.

Es sind unsere unterdrückten Persönlichkeitsanteile, die uns in unseren Träumen als Menschen oder als Tiere verfolgen, die uns als Räuber begegnen und uns dadurch unsere Räuberseite spiegeln. Somit gewährt uns auch das Märchen von den Bremer Stadtmusikanten Einblick in unsere eigene Seele. Es zeigt uns, daß uns in den scheinbar altersschwachen und verachteten Tieren ›dunkle, aber heilbringende Götter der Seelentiefe‹[365] begegnen, deren Hilfe wir brauchen, um uns in dieser Welt zurechtzufinden und die Räuber zu vertreiben, die uns um das Erbe unserer Arbeit bringen möchten.

Nun noch ein Wort zu ›Bremen‹. Dieses Reiseziel begegnet uns schon am Anfang des Märchens, und am Schluß werden die vier immer noch ›Bremer Musikanten‹ genannt, obwohl sie nie in diese Stadt gekommen sind. Sie muß also eine verborgene Bedeutung haben.[366] *Eine* Möglichkeit, einem verborgenen Sinn auf die Spur zu kommen, ist der Zahlenwert eines Wortes. In manchen Sprachen sind die Buchstaben zugleich Zahlen.[367] Für unser Alphabet trifft dies jedoch nur für einige wenige Buchstaben zu,[368] aber alle Buchstaben haben einen bestimmten Stellenwert innerhalb des Alphabetes.[369] Wenn wir nun den Stellenwert der Buchstaben des Wortes ›Bremen‹ zusammenzählen, dann ergibt dies die Quersumme zwölf[370] – und das ist natürlich eine bedeutsame Zahl.[371] Es ist die Zahl des himmlischen Jerusalem, das auf zwölf Grundsteinen erbaut ist und zwölf Tore hat.[372] Hinter der Stadt Bremen steht also eine andere Stadt, nämlich die Stadt, nach der wir alle unterwegs sind: die Stadt, in der es keine Räuber mehr gibt,[373] in der reichlich für unser äußeres und inneres Wohl gesorgt ist[374] und in der jeder nach seiner Begabung einstimmen kann in das Lied, das die Erde singt.[375] ›Bremen‹ steht somit für die Ganzheit, nach der sich unsere Seele sehnt.

Wie können wir Märchen verstehen und deuten?

Zunächst besteht die Möglichkeit, Märchenbilder als Bilder für *Naturvorgänge* zu verstehen. So begegnen uns z. B. im Märchen *Das Mädchen ohne Hände* vier Phasen: Das Mädchen hat Hände, es hat keine Hände, das Mädchen hat silberne (halbe) Hände, und es hat wieder ganze Hände. Diese vier Phasen werden als bildhafter Ausdruck der Mondphasen gedeutet: Voll-, Neu-, Halb- und Vollmond.

Das Märchen vom *Rotkäppchen* kann gedeutet werden als Sonnenuntergang (vom Wolf verschlungen werden) und Sonnenaufgang (wieder herauskommen aus dem Wolfsbauch). Besonders eindrücklich ist diese Symbolik, wenn die Sonne blutigrot untergeht, so daß am Horizont zunächst nur noch ein ›rotes Käppchen‹ bleibt, und wenn sie blutigrot aufgeht, so daß bei Sonnenaufgang ebenfalls zuerst ein ›rotes Käppchen‹ erscheint.

Ein Märchen wie z. B. *Das Erdmännchen* kann als bildhafte Darstellung der ursprünglichen Dreiheit der Jahreszeiten[376] verstanden werden: Sommer (reife Äpfel), Winter (in der Tiefe der Erde) und Frühling (Auferstehung aus der Erde).

Eine andere Möglichkeit ist die *historisch-kritische* Märchendeutung. Sie geht davon aus, daß Märchengestalten und -szenen einen historischen Kern haben, den es aufzuspüren gilt. So hat man z. B. entdeckt, daß im Mittelalter im Spessart eine Frau lebte, die in einem kleinen Häuschen mitten im Wald Lebkuchen backte und aus Konkurrenzneid von einem Mann namens Hans und seiner Frau Grete umgebracht worden ist. Das Märchen *Hänsel und Gretel* sei somit eine verharmlosende Erinnerung an diese Mordtat. Die historisch-kritische Deutung fragt nach den Quellen der Märchen und versucht, eine Urfassung zu rekonstruieren. Sie fragt aber auch nach der Bedeutung der späteren Zusätze und nach den Absichten des End-Redaktors. Für die historisch-kritische Erforschung sind zeitgeschichtliche und geographische Bedingungen wichtig. So wird z. B. gefragt: Gibt es Gegenstände oder Vorgänge, die auf eine bestimmte Zeit hinweisen? (So deutet z. B. eine Taufe auf die Zeit nach der Christianisierung hin.) Wenn ein ›Gewehr‹ vorkommt, dann ist das Märchen frühestens im 14. Jahrhundert entstanden (*falls* nicht vorher eine Armbrust im Märchen erwähnt war, die dann später in ein Gewehr umgewandelt worden ist). Diese Deutung fragt auch nach versteckten geographischen Angaben (z. B. ob die ›sieben Berge‹ identisch mit dem ›Siebengebirge‹ sind).

Eine weitere Möglichkeit, Märchen zu verstehen, ist die *sozialkritische* Deutung. Sie sieht in den Märchen versteckte Hinweise auf soziale Probleme. So mache z. B. das Märchen *Vom Fischer und seiner Frau* auf die miserablen Wohnverhältnisse des einfachen Volkes aufmerksam, und *Die Bremer Stadtmusikanten* seien die erste gelungene Hausbesetzung durch ein Rentnerkollektiv,[377] während in *Hänsel und Gretel* das »Knusper, knusper, kneischen, wer knupert an meinem Häuschen?« das Mißtrauen der grundbesitzenden Klasse gegenüber dem Versuch einer sozialpolitischen Umschichtung der Besitzverhältnisse zum Ausdruck bringe.[378]

Diese verschiedenen Deutungsmöglichkeiten haben ihre Berechtigung, und man kann damit manches Interessante zutage fördern. Aber das eigentliche Geheimnis der Märchen erschließen diese Methoden nicht, sondern sie zeigen nur die Bausteine, aus denen Märchen gebaut sind. Diese Bausteine gleichen den Tagesresten in unseren Träumen, in denen uns auch bestimmte Menschen oder Ereignisse, die uns mehr oder weniger vertraut sind, begegnen. Das ist interessant, aber nicht das Eigentliche eines Traumes, sondern das Eigentliche und Wesentliche ist das, was aus diesen Bausteinen gebaut wird. Im vorliegenden Buch haben wir deshalb die Märchen in der Regel wie Träume gedeutet; d. h., es ging uns um die Deutung der Symbole. Diese *tiefenpsychologische* Deutung sieht in den Märchenfiguren archetypische Gestalten aus dem kollektiven Unbewußten. Märchen werden als Träume der Menschheit verstanden und können deshalb auch wie Träume gedeutet werden. Sie sind Bilder unserer Seele. Zu diesen Bildern haben Kinder einen ganz natürlichen Zugang und brauchen deshalb keine Deutung. Sie verstehen die Märchen unmittelbar. Erwachsene dagegen verstehen in der Regel Märchen erst dann, wenn ihnen Deutungshilfen gegeben werden bzw. wenn sie es lernen, sie selbst zu deuten. Erwachsene brauchen deshalb nicht nur Märchen, sondern in der Regel auch deren Deutung.

Die symbolische Deutung ist eine tiefenpsychologische Interpretation, die besonders in der Schule C. G. Jungs entwickelt wurde[379] und der auch ich mich verpflichtet weiß.

Tiefenpsychologische Märchendeutung hat das *ganze* Märchen im Auge (so wie in der analytischen Psychologie die Traumdeutung den *ganzen* Traum berücksichtigt). Sie ist nur dann ›richtig‹, wenn sich die Einzelinterpretationen organisch ins Ganze der Märchendeutung einfügen. Wenn dies nicht der Fall ist, dann muß eine noch so schöne Einzeldeutung wieder aufgegeben werden.

Märchentypen

Bei den Typen unterscheiden wir zwischen Kunst- und Volksmärchen. Kunstmärchen haben einen bestimmten Verfasser (z. B. Andersen oder Goethe), Volksmärchen sind im Volk entstanden. (Wir haben uns in der vorliegenden Arbeit nur mit Volksmärchen befaßt.) Bei letzteren unterscheiden wir zwischen Schwank- und Zaubermärchen.

Schwankmärchen

Schwankmärchen spielen sich auf der Realebene ab. Was in ihnen geschieht, ist auch im Alltag möglich, wenn auch nicht immer wahrscheinlich.[380] Auch bei den Schwankmärchen gibt es interessante tiefenpsychologische Deutungsmöglichkeiten. Dazu ein Beispiel:

Es war einmal ein Mädchen, das war schön, aber faul und nachlässig. Wenn es spinnen sollte, so war es so verdrießlich, daß, wenn ein kleiner Knoten im Flachs war, es gleich einen ganzen Haufen mit herausriß und neben sich zur Erde schlickerte. Nun hatte es ein Dienstmädchen, das war arbeitsam, suchte den weggeworfenen Flachs zusammen, reinigte ihn, spann ihn fein und ließ sich ein hübsches Kleid daraus weben. Ein junger Mann hatte um das faule Mädchen geworben, und die Hochzeit sollte gehalten werden. Auf dem Polterabend tanzte das fleißige in seinem schönen Kleide lustig herum; da sprach die Braut:

> *»Ach, wat kann das Mäken springen*
> *In minen Schlickerlingen!«*

Das hörte der Bräutigam und fragte die Braut, was sie damit sagen wollte. Da erzählte sie ihm, daß das Mädchen ein Kleid von

dem Flachs trüge, den sie weggeworfen hätte. Wie der Bräuti-
gam das hörte und ihre Faulheit bemerkte und den Fleiß des ar-
men Mädchens, so ließ er sie stehen, ging zu jener und wählte sie
zu seiner Frau.[381]

Dieses Märchen kann z. B. von den vier Bewußtseinsfunktionen her gedeutet werden. Das ›schöne‹ Mädchen wäre
dann die Hauptfunktion (›schön‹ = hell = voll im Bewußtsein), die es leicht hat im Leben. Die verachteten und weggeworfenen ›Schlickerlinge‹ wären dann die ›minderwertige‹ Funktion, die in Märchen und Träumen manchmal
durch ein ›Es‹ dargestellt wird.[382] Der Zugang zur minderwertigen Funktion ist nur durch eine Hilfsfunktion
(›Dienstmädchen‹) möglich. Die ›Hochzeit‹ (Vereinigung
der Gegensätze) kann ohne die minderwertige Funktion
nicht zustande kommen.

Zaubermärchen

Zaubermärchen spielen sich auf der inneren Ebene ab. Von
ihnen gilt, was Kierkegaard vom Mythos sagte: »Der Mythos läßt das Innerliche äußerlich erscheinen.«[383]
Während Schwankmärchen *Erfahrungen* der Menschen
wiedergeben, sind Zaubermärchen *Träume* der Menschheit. Bei ihnen geht es um die *innere* Realität. Wenn z. B.
das arme Mädchen Königin wird, dann geht es nicht um
einen sozialen Aufstieg, sondern um einen inneren Prozeß, bei dem das wahre Wesen in Erscheinung tritt.
In der Regel sind Zaubermärchen nach folgendem Schema
aufgebaut: Ausgangssituation, Entwicklungsweg, neue Situation.
Die *Ausgangssituation* zeigt meistens ein Problem auf, etwas, das den Fortgang des Lebens hemmt, z. B. Armut,[384]
Tod der Mutter und Auftauchen einer Stiefmutter,[385] ein

Verbot,[386] ein leichtsinniges Versprechen,[387] ein kranker König[388] usw.

Der *Entwicklungsweg,* der in der Regel aus der problematischen Situation herausführt, bedeutet für die Märchenheldin oder den -helden einen Wandlungsprozeß, der oft in die ›Tiefe‹ führt, z. B. in einen tiefen Wald,[389] in ein Gefängnis,[390] in ein Brunnenloch,[391] unter die Erde.[392] Aus der Tiefe wird dann die Märchenheldin oder der -held auf meist wunderbare Weise errettet und in eine neue Lebenssituation geführt.

Die *neue Situation* besteht in der Regel darin, daß die Märchenfiguren neu gruppiert werden. Die Figuren selbst können sich nicht wandeln – sie sind unveränderliche Archetypen. Es gilt deshalb im Märchen keine Reue und keine Charakterverwandlung, nur die Situation kann sich ändern. Ausdruck der veränderten Situation ist die Neugruppierung der Märchengestalten. Dabei werden die ›negativen‹ Figuren (= einseitige oder destruktive Verhaltensweisen) in der Regel ausgeschaltet, oder sie zerstören sich selbst.

Manchmal folgt am Ende eines Märchens ein *Abgangsvers (Rite de sortie),* der die Funktion hat, den Märchenleser oder -hörer aus der Traumwelt des Märchens durch einen kleinen Schock wieder in die Alltagswelt zurückzuholen. Solche ›Weckverse‹ sind z. B.: »Mein Märchen ist aus, dort läuft eine Maus, und wer sie fängt, darf sich eine große, große Pelzkappe daraus machen.«[393] Oder: »Da zog ich ein Paar gläserne Schuhe an, und da stieß ich an einen Stein. Da machten sie ›klick!‹ und waren entzwei.«[394]

Wie können wir
Märchen erleben?

Märchen kann man nicht nur mit dem Verstand ›verstehen‹ und deuten, sondern auch mit dem Leib und mit der Seele ›erleben‹ – z. B. durch Spielen, Malen und Tanzen.

Märchen ›spielen‹

Märchen spielen können wir auf verschiedene Art und Weise. *Eine* Möglichkeit besteht darin, daß wir uns in einer Gruppe (ideale Größe: ca. 12 bis 15 Teilnehmer) in die Märchengestalten hineinversetzen und dann die Gestalt, die uns am meisten anspricht, ›spielen‹ (z. B. das Rotkäppchen). In einer zweiten Runde können wir dann die Gestalt spielen, die uns am wenigsten anspricht (z. B. den Wolf oder die Großmutter). Bei solchen Märchenspielen ist es wichtig, daß Frauen auch einmal eine Männerrolle übernehmen und Männer eine Frauenrolle und daß wir auch Tiere (und eventuell sogar Pflanzen) spielen. Falls wir uns dabei ›komisch‹ vorkommen oder den Eindruck haben, daß wir uns blamieren, dann kann dies ein Hinweis auf Bereiche unserer Seele sein, die der Beachtung und Entfaltung bedürfen.[395]

Eine andere Art des Märchenspielens ist das traditionelle ›Theaterspiel‹ aufgrund eines vorgegebenen Textes. Hilfreich ist es jedoch, wenn wir einen solchen Text selbst schreiben oder einen vorgegebenen Text entsprechend abändern bzw. weiterführen. Eine Anregung dazu soll der folgende Text von Silja Walter geben.[396]

Die junge Frau Königin sitzt an der Wiege ihres Kindes. Durchs Fenster fällt ein grüner Mondenschein. Und – da ist eine seltsame Wiegefrau mit ihrem großen Schatten an der Wand. Sie trägt einen Leuchter in der Hand. Drunten vor dem Fenster am Teich hat der Rosenstrauch eine Rose getrieben.

| Königin: | O, wie ich nur selig bin – – |
| | Laßt mich hier alleine! |

| Wiegefrau: | Gute Nacht, Frau Königin. |

Königin:	Rose, meine kleine!
	Sieben Jahre sind dahin – –
	Geht in eure Kammer!

| Wiegefrau: | Gute Nacht, Frau Königin. |

Königin:	Sieben Jahr voll Jammer!
	Vor der neuen Dienerin
	Möcht' mir beinah bangen!

| Wiegefrau: | Gute Nacht, Frau Königin. |

Königin:	Gut, daß sie gegangen!
	– – – – – –
	Sieben Jahre schlief mein Herz,
	Mocht' nicht mehr erwachen.
	Aber, eines Tags im März,
	Tat's auf einmal lachen!
	Weiß nicht mehr, wie mir geschah,
	Und ich will nicht wissen,
	Und ich weiß nur, du bist da,
	Und ich darf dich küssen!
	Und ich sing' dir: Rose fein …
	Singe immer wieder,
	Du bist da und du bist mein!
	Sing dir Wiegenlieder!
	Heute kommen viele Gäst'!
	Frau'n voll Macht und Gnaden!
	Haben dir zum Wiegenfest
	Weise Frau'n geladen.
	Weise Frauen sind gar gut!

Milde, wie Narzissen!
Nur, mir sitzt solch' Angst im Blut!
Komm! Ich muß dich küssen!
(Frau Königin horcht.)
Brennt denn heut' der Mond so heiß?
Mir ist gar beklommen!
(Sie erhebt sich, schiebt den Goldbehang am
Fenster zur Seite und sieht in die Nacht. Und ihr
ist, hinter ihr sei wer hereingetreten. Die Wiege-
frau ist's. Sie aber kann sich nicht rühren und
nicht herumwenden.)
Irgendwer …, ich fühl's …, ich weiß,
Ist hereingekommen.
Irgendwer …, mein Herz bleibt stehn …
Scheint sich nicht zu scheuen
Auf die Wiege zuzugehn …
Und ich kann nicht schreien!
Dreht … mir wer … den Atem … zu?!
— — — — — —

Laß das Kind!! Laß liegen!
Wiegefrau? Du bist es? Du?
Geh! Ich will es wiegen!
(Frau Königin hat das Kind aus der Wiege an
sich gerissen.)
O, wie ich heut' furchtsam bin.

Wiegefrau:	*Ei, ich möcht nur sagen,*
	Sie sind da, Frau Königin!
Königin:	*Wer?*
Wiegefrau:	*Zwölf weiße Wagen!*
Königin:	*Dreizehn sind es, seht nur hin.*
	Ob's nicht dreizehn waren?

| Wiegefrau: | Mit Verlaub, Frau Königin, |
| | Zwölf sind vorgefahren. |

Frau Königin:	(zum Kind)
	Sitzen dreizehn Frau'n darin,
	Die von dir vernommen.

| Wiegefrau: | Mit Verlaub, Frau Königin, |
| | Zwölf sind angekommen. |

| Königin: | Nächtlings kann verschlaf'ner Sinn |
| | Wiegefrau sich trügen! |

| Wiegefrau: | Mit Verlaub, Frau Königin, |
| | Zwölf sind ausgestiegen. |

Königin:	Ach, nun holt man mich zum Mahl –
	Röselein, mein Kindchen!
	Später, wenn man tanzt im Saal,
	Komm ich auf ein Stündchen!
	Später, wenn es keiner sieht …
	– – – – – –
	Schrein am Teich die Pfauen?
	Ach, Frau Amme, im Gemüt
	Trag' ich solch ein Grauen!

Wiegefrau:	Ei, das kommt vom grünen Mond.
	Mondlicht macht befangen.
	(tritt zur Wiege)
	Seht, wie lieblich, süß und blond …

Königin:	Laßt die Spitzen hangen.
	Schiebt ihn vor, den Spitzentüll.
	Muß zu meinen Gästen.
	Weint es, nun da singt ihr still …
	Nicht zu laut am besten.

(Frau Königin geht. Die Wiegefrau setzt sich an die Wiege. Da kehrt die Königin zurück und spricht hastig.)
Daß ich so vergeßlich bin …
Bleibt beim Kinde sitzen.

Wiegefrau: *Ei, gewiß, Frau Königin!*

Königin: *Wollt es wohl beschützen*
Vor … ich weiß nicht … keiner weiß …
's käme wer gegangen! — —
Ihr habt recht, der Mond brennt heiß,
Mondlicht macht befangen!
(Sie geht und kommt nach einer kurzen Weile zum zweitenmal.)
Wiegefrau, mir kommt in Sinn,
Wachet wohl indessen!

Wiegefrau: *Ei, gewiß, Frau Königin!*

Königin: *Und, was ich vergessen –*
Wacht, und laßt den Mandelbrei
Ja nicht sauer werden!
Brennt der Mond nicht blau wie Blei!
Mondlicht macht Beschwerden!
(Frau Königin geht und kehrt gleich darauf zum drittenmal zurück.)
Wiegefrau, ich meint' vorhin:
Tut nur Schönes denken!

Wiegefrau: *Ei, gewiß, Frau Königin!*

Königin: *Haßgedanken kränken*
Solch ein Kind, es fühlt's im Traum.
Tut fürs Kindchen beten.
Grauer Mond im Holderbaum!

325

Mondlicht könnt' mich töten!
(Die Königin geht.)

Wiegefrau: *Der Mond ist es nicht, und die Hitz ist es nicht.*
Der Holderbaum nicht und die Pfauen.
Die Amme, die Amme, die hat solch Gesicht,
Das macht ihr solch heimliches Grauen.
Das kommt nicht vom Mond, und das tut nicht
die Nacht,
Das kommt nicht von draußen – von innen!
Die Amme, die Amme, die hat so gelacht,
Das bringt sie wohl halber von Sinnen.
Ich will es dir sagen, du Ding im Damast,
Du Menschending da in den Spitzen!
Die zwölfe dort drinnen, die lud man zu Gast,
Die dreizehnte aber blieb sitzen!
Nur zwölf sind gar gut, und nur zwölf sind gar
fein,
Nur sie sind, nur sie sind in Gnaden!
Die dreizehnte heißt man verrucht und gemein,
Da hat sie sich selbst eingeladen.
Was tat sie, du Ding unter Tüll und Batist?
Sie tat sich als Amme vermummen.
Und zeigt euch heut nacht, wer die Mächtigste
ist!
Heut nacht seid ihr andern die Dummen!
(zum Kind)
Dich hasse ich nicht, wenn ich dich vernicht',
So kümmert's mich, Ding du, gar wenig,
Zertret' ich dich, treff' ich ihn selbst ins Gesicht,
Ihn treff' ich, ihn selber, den König!
(horcht)
Die Königin kommt und die andern dabei.

326

Nur zwölf sagt ihr, goldene Tassen?!
Nur zwölf! Das ist mir jetzt einerlei!
Ich will euch nur hassen, nur hassen!
(wiegt das Kind)
Kleines Ding im gelben Haar,
Will derweil dich wiegen.
Da zu sein für fünfzehn Jahr
Mag für dich genügen.
Kleines Ding im gelben Haar,
Mußt dich mir ergeben.
Was nicht ist und niemals war,
Hört leicht auf zu leben.
Kleines Ding im gelben Haar,
Mußt den Tod erleiden.
War je Großes in Gefahr,
Bin ich's von uns beiden.
(Und die Wiegefrau erhebt sich, beugt sich
durchs Fenster in die Nacht. Unten am Teich
blüht eine Rose am Strauch.)
Von Frau Königin bei Nacht
Aus der Heide heimgebracht –
Von Frau Königin im Wahn
Heimlich in die Erd getan –
Von Frau Königin betreut,
Wohl getränket und geweiht –
Hat der Strauch zu guter Letzt
Eine Rose angesetzt.
Und zur Stunde, da sie sproß,
Klang Fanfarenstoß vom Schloß.
Da sie aus der Rinde sprang,
Wie das Volk im Lande sang!
Wie die Ros' sich wiegt im Wind,
Wiegt Frau Königin ihr Kind.

Ros' und Kind und Kind und Ros',
Gleiche Weis' und gleiches Los.
Rosenstäudelein, gibt acht!
Hüte deine Ros' heut nacht!
(Musik klingt auf, noch während den letzten
Worten der Wiegefrau. Die Königin tritt herein,
gefolgt von zwölf weisen Frauen.)

Erste Frau: (mit einem kleinen Brot)
Weißes Brot wird dir gegeben.
Weißes Brot gibt starkes Leben.

Zweite Frau :   (mit einem Krüglein Wein)
Roter Wein will niederrinnen.
Herrlichkeit in dir beginnen.

Dritte Frau :   (mit einer Schale voll Wohlgeruch)
Dufte wie der Wundersame.
Ausgegoßnes Oel sein Name.

Vierte Frau :   (mit einem Kraut)
Gnade taut und Gnade fließt,
Daß das Kräutlein gläubig sprießt.

Fünfte Frau :   (mit Wurzelstock)
Würzelchen läßt sich versenken.
Will nicht sein Geschick bedenken.

Sechste Frau : (mit einem silbernen Spiegel)
Schön ist der, in dessen Zügen
Spiegelgleich die Seinen liegen.

Siebte Frau :   (mit Salbentopf)
Schlägt Er dich, gib Ihm derweilen
Deine Salb, daß andre heilen.

Achte Frau :   (mit goldenem Schuh)
Tanze, tanz in goldnem Schuh!
Auch im Tanz läufst auf Ihn zu.

Neunte Frau :   (mit Beerendolde)
Blüten bricht Er schnell, indessen
Reife Beeren will Er pressen.

Zehnte Frau :   (mit einem jungen Falken)
Falk, noch sein Gefangner heute,
Einst bist Jäger – Er ist Beute.

Elfte Frau :   (mit einer Spindel voll Garn)
Spindel, läufst in Seinen Händen,
Wird dein Faden niemals enden!
(Da stürzt die Wiegefrau heran, reißt der elften
Frau die Spindel aus der Hand und schreit.)

Wiegefrau: *Fünfzehn Jährlein läuft sie – dann*
Stichst du dich zu Tod daran!
(Sie wirft die Spindel hin. Alle Lichter sind
verlöscht. Wie es wieder zu dämmern beginnt, erkennt man die Königin, starr im
Bogenfenster stehen, totenblassen Antlit-
zes, vom Mond grünlich beschienen, das
Kind an sich gepreßt. Da erscheint die
zwölfte Frau, neigt sich aus dem Fenster,
pflückt die kleine Rose vom Strauch und
reicht sie kniend der Königin. Und wieder
verdunkelt sich der Raum, die zwölfte ist
verschwunden, aber aus dem Dunkel
spricht die Stimme der Königin – und es
klingt, als spräche sie aus tiefem Schlaf.)

Königin:	*Die zwölfte war da, und sie sagt, 's ist nicht wahr.*
	Mein Kind wird nicht sterben im fünfzehnten Jahr.
	Mein Kind wird nur schlafen. 's liegt nur unterm Traum.
	Dann weckt es, was steigt aus dem Rosenbaum.
	Der treib' einst und sprieß' einst, was dich wird befrein.
	Was könnte das anders als Herzenslieb' sein.
	Der Rosenbaum weckt dich mit dem, was er trieb,
	Womit ich ihn tränkte. – Mit Liebe! Mit Lieb'!

Märchen ›malen‹

Bei den Märchenseminaren und -kursen, die ich seit vielen Jahren durchführe, lege ich in der Regel Wert darauf, daß auch Gelegenheit geboten wird, Märchen zu malen. Dabei geht es nicht darum, daß besonders naturalistische oder ›schöne‹ Bilder entstehen, sondern daß die Bilder ein echter Ausdruck dessen sind, was die Märchensymbole in unserer Seele auslösen. Dabei geschieht es manchmal, daß ›individuelle‹ Bilder auch für andere hilfreich sein können, so z. B. die nachfolgenden drei Bilder, die Brigitta Théler (in deren Wohnung wir regelmäßig Märchenabende durchführen) zum *Mädchen ohne Hände* gemalt hat.[397]

Bild 1: Mir sagt dieses Bild: Das Mädchen ohne Hände befindet sich in einem Ei. Dadurch ist die Entwicklungsmöglichkeit angedeutet. Die Hände sind außerhalb des Eis. Sie sind da, aber noch nicht integriert. Zwar besteht eine

Bild 1

Bild 2

Bild 3

potentielle Handlungsfähigkeit, aber sie ist noch nicht realisiert.

Das Doppelgesicht über dem Kopf des Mädchens zeigt, daß auch Gott und Teufel noch keine Einheit bilden, sondern daß Geld und Naturzerstörung (linke Seite) und blühende und fruchttragende Natur (rechte Seite) noch getrennt sind.

Bild 2: Auf dem Bild geleitet der Engel (dargestellt durch die Flügel) das Mädchen durch das Wasser (dargestellt durch die Fische). Der Engel ›handelt‹ anstelle des Mädchens. Die Hände sind deshalb in den Engelsflügeln. Das Mädchen in der Birne ist ein Symbol des Weiblichen und gewinnt für den jungen König eine riesengroße Bedeutung. Die große Birne mitsamt dem Mädchen füllt jetzt den König ganz aus. Der selbstherrliche König (Hauptfunktion) wird dadurch verwirrt und bedarf deshalb der Hilfe von Gärtner und Priester (Hilfsfunktionen), um die Verbindung zum Mädchen (›minderwertige‹ Funktion) herzustellen.

Bild 3: Frau und Mann sind je ihren eigenen Weg gegangen und haben so zueinandergefunden. Ihr Leben ist neu erblüht (dargestellt durch die Blüte über dem Kopf). In ihnen ist ein Neues gereift. Das Kind ist Symbol der Ganzheit und des inneren Christus. Die Dreiheit ›Vater, Mutter, Kind‹ hat ihren Ursprung in der geistigen Welt (dargestellt durch die Engelsflügel).

In seinen Händen hält das Kind Ähre und Traube, Symbole des heiligen Mahles. Das Irdische ist in das Himmlische hineingenommen.

Die Hände des Kindes sind sowohl die Hände von Mann und Frau als auch die Hände des Engels. Das Handeln geschieht jetzt aus der Mitte heraus – aus dem wahren Selbst.

Märchen ›tanzen‹

Märchenbilder sind Bilder aus dem Unbewußten. Sie wollen deshalb nicht nur mit dem Kopf ›verstanden‹, sondern auch mit der Seele meditiert und mit dem Körper erfahren werden. Zu einer solchen leiblichen Erfahrung der Märchen wollen die nachfolgenden Anleitungen durch Symboltänze hinführen.[398] Drei Märchenmotive werden aufgegriffen, die uns vor allem in den ›großen‹ Märchen begegnen: Das Wagnis des Aufbruchs, der Weg in die Tiefe und der Weg in die Höhe. Diese Erfahrungen machen nicht nur die Märchenheldinnen und -helden, sondern wir alle, wenn wir uns auf den Weg zur Ganzheit begeben.

Das Wagnis des Aufbruchs

Anleitung zum Tanz:
Wir bilden einen Kreis um eine schön gestaltete Mitte, z. B. aus Blumen, Kerzen und Steinen (Mandalagestalt).
Die rechte Hand halten wir mit der Innenfläche nach oben und stellen uns vor, daß wir himmlische Kräfte empfangen, die wir durch uns strömen lassen.
Diese Energie geben wir mit der linken Hand unserer Nachbarin / unserem Nachbarn zur Linken weiter – mit nach unten gekehrter Handfläche. Von den Schultern her entspannen wir uns, lassen alles Schwere los, indem wir im geschlossenen Kreis einander an den Händen halten.
Nun drehen wir uns leicht nach rechts und gehen in Tanzrichtung vier Schritte, rechts beginnend:

335

```
1 u.     2 u.     3 u.     4 u.
R L-tip L R-tip R L-tip L R-tip
```

Indem wir uns zur Mitte wenden, strecken wir unsere
Hände mit den Handflächen nach oben und gehen zurück
und wieder zur Mitte:

```
1          u.      2          u.
R-rück    L-ran   L-vor     R-ran
```

Nun wiegen wir nach rechts und nach links:

```
1          u.      2          u.
R-seit    L-ran   L-seit     R-ran
```

Der Tanz beginnt von vorne, indem wir uns in Tanzrichtung wenden. Wir fassen mit der rechten Hand die linke
des vor uns schreitenden Tanzpartners, während wir unsere linke Hand dem hinter uns schreitenden Partner hin-
halten, damit er sie ergreift. Dabei halten wir wieder die
rechte Handfläche nach oben, die linke nach unten.

Musikvorschlag: »Nada te turbe« (Text: Therese von Avi-
la, Musik: »Alleluja«, Taizé-Kassette TZ-453). Nach einer
Choreographie von Maria-Gabriele Wosien.

Symbolische Bedeutung:
Wir empfangen mit der ausgestreckten Rechten Kraft für
den Aufbruch und wagen die ersten Schritte.
Wir haben das Ziel vor Augen (die Mandalamitte als Symbol der Ganzheit) und werden davon angezogen.
Dann erschrecken wir vor unserem eigenen Mut und wollen lieber wieder zurück. (Gefahr der Regression: Das Bis-

herige, Altvertraute will uns zurückziehen. Wir machen einen Schritt zurück.)

Die gemeinsame Mitte zieht uns jedoch wieder an und motiviert uns zum Weiterschreiten.

Und so schreiten wir weiter im Vertrauen, daß der ›Helfer‹ unsere linke Hand (unsere ›schwache‹ Seite) ergreift.

Der Weg in die Tiefe

Anleitung zum Tanz:

Wir halten uns an den Händen: rechte Handfläche nach oben, linke nach unten.

Wir tanzen in einer Reihe im Uhrzeigersinn in eine immer enger werdende Spirale.

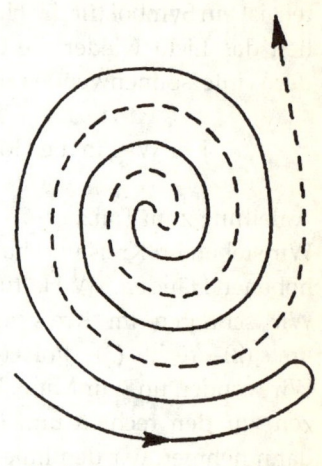

Wenn die Spirale so weit ›zugedreht‹ ist, daß es nicht mehr weitergeht, verweilt die Anführerin eine Weile in der Mitte, dann wendet sie sich um und schreitet gegen den Uhrzeigersinn (gestrichelte Linie), wobei sich die Spirale wieder auflöst.

Schritt-Rhythmus:

♩	♩	♪♪♪	♩	♩	♪♪♪
R	L	RLR	L	R	LRL

Musikvorschlag: »Dancing with the aramaic Jesus« (Tänze des universellen Friedens, Forellenweg 3, D-7988 Wangen)

337

Symbolische Bedeutung:
Der mutig begonnene Weg (freier Blick nach außen) wird allmählich immer enger, bis wir schließlich ›festgefahren‹ sind und nicht mehr weiterkönnen. Wir sind am Ende unserer Weisheit und Kraft angelangt. Das ist eine wichtige Erfahrung, der es standzuhalten gilt. Vielleicht steigen beim Verweilen in der ›Tiefe‹ Bilder oder Erinnerungen an ausweglose Situationen und Sackgassen in uns auf. (Wir können anschließend über solche Erfahrungen miteinander reden.) Daß wir wieder aus der ›Tiefe‹ herausschreiten, ist ein Symbol für die Hoffnung, daß nach der Dunkelheit das Licht wieder die Oberhand gewinnt (Symbolik der Wintersonnenwende und der Nachtmeerfahrt).

Der Weg in die Höhe (Die ›Lotosblüte‹)

Anleitung zum Tanz:
Wir stehen im Kreis und halten uns an den nach oben gehobenen Händen (›W-Haltung‹):
Wir schreiten im Kreis in Tanzrichtung: rechts (1) – links (2) – rechts (3) – links (4) – rechts (5).
Wir wenden uns zur Mitte. Mit dem linken Fuß überkreuzen wir den rechten und tippen mit der Fußspitze (6), dann nehmen wir den linken Fuß wieder zurück (7) und stellen den rechten Fuß neben den linken (8).
Wir bilden mit den Händen langsam eine Schale und halten sie in die Höhe (1 – 2 – 3 – 4) und bringen sie dann langsam – ebenfalls im Viertakt – wieder zurück in die Ausgangsstellung (5 – 6 – 7 – 8).

Wir nehmen wieder die W-Haltung ein und beginnen von vorn …

Musikvorschlag: Vivaldi, »Largo« aus dem Konzert für Violine und Orchester in D-Dur, Opus 8, Nr. 4. Nach einer Choreographie von Bernhard Wosien.

Symbolische Bedeutung:
Die W-Haltung symbolisiert sowohl den Abstieg (Oberarm) als auch den Aufstieg (Unterarm). Wir schreiten also vorwärts in dem aus der Erfahrung gewonnenen Bewußtsein, daß zum Leben beides gehört. Dabei sind wir mit unseren Mitmenschen verbunden (wir halten uns an den Händen). Das Überkreuzen des rechten Fußes durch den linken macht deutlich, daß die Erfahrungen der Tiefe (linker Fuß) immer wieder unsere ›bewußten‹ Erfahrungen (rechter Fuß) überkreuzen – jedoch nicht überschwemmen, sondern nur ›antippen‹.
Unser Bewußtsein (rechter Fuß) wird dadurch motiviert, sich mit den Erfahrungen der Tiefe zu verbinden (der rechte Fuß stellt sich neben den linken).
Diese ganzheitliche Erfahrung wird zu einem Weg in die ›Höhe‹, indem sich rechte und linke Hand zu einer Schale verbinden und dadurch Bereitschaft und Sehnsucht zum Ausdruck bringen, sich von ›oben‹ füllen zu lassen.
Daß die Hände wieder zurückgenommen werden und daß der Tanz von neuem beginnt, bedeutet, daß ganzheitliche Erfahrungen keine bleibenden Erlebnisse sind, sondern immer wieder neu erfahren (bzw. ›erschritten‹) werden wollen, wobei sowohl das *gemeinsame* Schreiten als auch das *einsame* Stehen vor Gott wesentlich sind.

Seelische Entwicklungen
im Spiegel der Märchen

Im folgenden möchte ich zeigen, wie sich die psychische Entwicklung des Menschen, also der Prozeß der Ganzwerdung, in den Märchen spiegelt. Dabei möchte ich sieben Entwicklungsphasen aufzeigen[399] und entsprechende Parallelen im Märchen aufleuchten lassen. Es gilt dabei jedoch zu beachten, daß die seelische Entwicklung keine geradlinige Entwicklung ist, sondern spiralförmig verläuft. Es kann deshalb im seelischen Entwicklungsprozeß schon auf einer ›tiefen‹ Bewußtseinsstufe eine ›höhere‹ Bewußtseinsstufe aufblitzen oder auf einer ›höheren‹ Stufe sich eine ›tiefere‹ wieder bemerkbar machen.

Entwicklungsmöglichkeiten

Ausgangssituation für jede Entwicklung ist die Situation des Paradieses, in der alles beieinander ist: Gott, Mensch, Tier und Pflanze. Alles ist beieinander, aber noch nicht entfaltet. In diese Welt kommt eine ›Unruhe‹ hinein, ein Störfaktor, der Bewegung ins Märchen bringt. So ist z. B. in manchen Märchen von ›verbotenen‹ Zimmern die Rede, in die man nicht hineingehen darf. In allen Märchen gehen jedoch die Märchenheldin oder der Märchenheld in dieses Zimmer hinein. Sie übertreten das Verbot. Und was befindet sich in diesen verbotenen Zimmern? Beispielsweise das Bild einer wunderschönen Prinzessin,[400] ein destruktives Männerbild[401] oder eine schwarze Frau, die weiß wird,[402] oder der dreieinige Gott[403] oder der Teufel[404]. Der Blick ins verbotene Zimmer bedeutet jeweils Leiden. Er bedeutet aber auch den Beginn einer Entwicklung, an deren Ende ein großer Gewinn steht.
Unser Unbewußtes hat viele Räume, die es zu betreten und in Besitz zu nehmen gilt.[405] Je mehr verschlossene

Räume wir aufschließen, desto besser lernen wir uns kennen. Dabei ist es besonders wichtig, daß wir mit den numinosen und angstmachenden Inhalten der ›verbotenen‹ Zimmer in Berührung kommen, weil sie sich mit unserer bisherigen Bewußtseinseinstellung nicht vertragen und damit in besonderer Weise Möglichkeiten zur Erweiterung unseres Bewußtseins bieten.

Gegenüber den ›verbotenen‹ Zimmern gibt es drei Verhaltensmöglichkeiten. Erstens: Wir öffnen diese Zimmer nicht. Das bedeutet, daß alles beim alten bleibt, wir bleiben vielleicht brav und angepaßt, aber unlebendig. Zweitens: Wir öffnen die Tür vorsichtig, schauen hinein, treten aber nicht ein. Das würde bedeuten, daß wir uns auf die Inhalte, die wir in diesen Zimmern sehen, nicht einlassen, zwar wissen, daß es so etwas in uns gibt, aber die Tür wieder verschließen und dann doppelbödig leben. In Beziehungen hieße dies, daß ich zwar mehr weiß, als ich sage, aber nicht daran rühre. Ein solches Verhalten ist der Tod einer echten Beziehung. Die dritte Möglichkeit, die in den Märchen immer wahrgenommen wird: Wir betreten dieses Zimmer und machen uns mit dem Inhalt der verbotenen Räume vertraut und lassen uns davon bewegen. Dadurch kommt Bewegung in unser Leben.

In uns allen gibt es verschlossene Räume. Es gibt eine Stimme in uns, die sagt, daß wir diese Räume ja nicht öffnen dürfen, sonst gibt es ein Unglück, sonst wird unser Leben durcheinandergeworfen. Es gibt jedoch eine andere Stimme in uns, die sagt, daß wir diese Räume öffnen müssen. Verbote sind ja eine recht wirksame Methode, um die Übertretung des Verbotes zu bewirken. Das erinnert uns an die Sündenfallgeschichte, in der der verbotene Baum deshalb attraktiv ist, weil es ein verbotener Baum ist. Oft ist die Übertretung des Verbots notwendig, um autonom zu werden. Die verbotenen Zimmer in den Märchen sind ungelebte Möglichkeiten, vor denen wir Angst haben und die wir deshalb verdrängen. Oft enthalten solche Zimmer auch Werte aus vorchristlicher Zeit (z. B. ein weibliches Gottesbild oder die dunkle Seite Gottes), die unser Leben bereichern könnten, wenn wir sie sinnvoll integrierten.

Begegnung mit dem Schatten

Aus dem Paradies heraustreten heißt dem Gegenpol begegnen. In vielen Märchen ist von ungleichen Schwestern, Brüdern oder Weggefährten die Rede. So z. B. von der Goldmarie und der Pechmarie,[406] von bescheidenen und hochmütigen Schwestern[407] oder von Besserwissern und vom Dummling[408] und von vielen anderen ›guten‹ und ›schlechten‹ Weggefährten[409]. In der Regel identifizieren wir uns mit der guten Gestalt und lehnen die böse ab. Die Symbolsprache der Märchen sagt uns jedoch, daß beide Gestalten in uns sind. Auch die ›dunkle‹ Gestalt gehört zu uns. Es tut unserer Seele wohl, wenn wir auch die dunkle Seite anerkennen und dadurch unsere *ganze* Psyche ernst nehmen. Wir können uns also beim Lesen der Märchen fragen: »Wo ist meine faule und freche Pechmarie-Seite, oder wo ist meine hochnäsige, sadistische, intrigante Stiefschwester, oder wo ist mein dunkler Bruder?« Unsere Seele lebt auf, wenn wir auch ihre dunkle Seite ernst nehmen, als zu uns gehörend akzeptieren und ihr dadurch die Möglichkeit geben, sich zu verändern.

Gegensätze vereinigen

Wenn wir die Welt der Gegensätze kennengelernt haben, besteht eine doppelte Versuchung, nämlich die Versuchung, in die ›Paradieseswelt‹ zurückzukehren, oder die Versuchung, in der Einseitigkeit zu verharren.[410] Die Versuchung, in die Welt eines als Schlaraffenland mißverstandenen ›Paradieses‹ zurückzukehren, begegnet uns z. B. in *Der goldene Vogel*,[411] wo die älteren Brüder in einem schönen Wirtshaus hängenbleiben, oder im *Erdmännchen*,[412] wo der stets gedeckte Tisch, oder im *Wasser des Lebens*,[413] wo das gemachte Bett zum Verweilen einlädt.[414]

Die Versuchung zur Einseitigkeit begegnet uns beispielsweise in *Von dem Fischer und seiner Frau*,[415] wo der Mann in der Armut verharren will und die Chance, die das Leben (›der Butt‹) bietet, nicht wahrnimmt, während die Frau vom Gegenpol fasziniert ist und immer mehr haben will, bis sie schließlich werden will wie der liebe Gott. Dabei wäre es doch darum gegangen, die rechte Mitte zu finden, nämlich eine angemessene Wohnung und eine sinnvolle, den einzelnen entsprechende Tätigkeit.

Einseitig ist auch der Prinz, der zum goldenen Vogel noch den goldenen Käfig und zum goldenen Pferd noch den goldenen Sattel haben möchte.[416] Bei diesem Märchen geht es ebenfalls darum, daß wir das rechte Maß und die rechte Mitte finden. Es geht um die Verbindung der Gegensätze und nicht darum, daß wir von einem Extrem ins andere fallen. Zum Reichtum gehört die Bescheidenheit, sonst wird der Reichtum zum Verhängnis. Das Kostbare und das Schlichte gehören zusammen. Zum goldenen Vogel gehört deshalb der hölzerne Käfig und zum goldenen Pferd der hölzerne Sattel. Das Geistige und das Erdhafte müssen zu einer dynamischen Einheit werden. So schreibt der Apostel Paulus im 2. Korintherbrief, daß wir den himmlischen Schatz in irdenen Gefäßen haben[417] und daß zu der himmlischen Offenbarung der Stachel für das Fleisch gehört, der den Offenbarungsträger am Boden festhält.[418]

Erlösung erfahren

In vielen Märchen geschieht in einer ausweglosen Lage plötzlich eine Wende zum Guten. Gefangene werden befreit, Versteinerte werden wieder lebendig, Verachtete kommen zu Ehren. Zwar geschieht diese Erlösung in der Regel durch das Eingreifen übernatürlicher Mächte, aber die rechte innere Einstellung der Märchenheldin oder des -helden tragen mit dazu bei, daß das Erlösungswunder geschehen kann. So trifft z. B. der Prinz mit dem letzten, entscheidenden Bogenschuß das Ziel, weil er beim Schießen die Augen schließt; d. h., er vertraut nicht mehr auf sein äußeres Können, sondern richtet seinen Blick nach innen auf die andere Wirklichkeit.[419] In der russischen Version von *Das Mädchen ohne Hände*[420] erhält das Mädchen in dem Augenblick neue Hände, als es wagt, auf Anweisung eines Helfers seine nicht vorhandenen Hände so zu gebrauchen, wie wenn es welche hätte.

Manchmal geschieht die Erlösung im allerletzten Augenblick – ganz ähnlich wie beim Schächer am Kreuz, von dem uns das Neue Testament berichtet.[421]

Für die Art und Weise, wie die Erlösung geschieht, gibt es keine Normen, sondern sie geschieht so, wie sie der jeweiligen Märchenheldin oder dem jeweiligen Märchenhelden entspricht und so, daß in der jeweiligen Situation entscheidend geholfen wird. Es wird deutlich, daß jeder seinen eigenen Weg gehen muß, der ihn zu dem Ziel führt, das für ihn bestimmt ist.

Begegnung mit dem Symbol

Ein Symbol offenbart einen ewigen Sinn in einer irdischen Erscheinung. Die vielfältigen Erscheinungen dieser Welt werden durchsichtig für die ewige Welt. Um das Zusammenspiel von diesseitiger und jenseitiger Wirklichkeit geht es z. B. in den Märchen, in denen vom Geheimnis der Nahrung die Rede ist. So bringen z. B. das *Tischlein deck dich* [422] und der Wundertopf in *Der süße Brei* [423] jederzeit reichlich Speise hervor. Im Märchen *Die weiße Schlange* [424] verleiht das Kosten der Schlange die Fähigkeit, die Sprache der Tiere zu verstehen. In *Hänsel und Gretel* [425] dagegen bedeutet das eßbare Hexenhaus eine gefährliche Falle, ebenso wie der vergiftete Apfel in *Schneewittchen* [426] und das Trinken des verzauberten Wassers in *Brüderchen und Schwesterchen*. [427]

Märchen machen deutlich, daß Nahrung nicht einfach tote Materie ist, sondern in Verbindung steht mit der geistigen Welt. Irdische Nahrung wird durchscheinend für geistige Nahrung – so wie in der Bibel das Manna in der Wüste, das von Jesus vermehrte Brot und das Brot des Abendmahls Symbole sind für das himmlische Brot.

Die Mißachtung des Zusammenhangs zwischen materieller und spiritueller Wirklichkeit bringt Schaden, nicht nur beim Abendmahl, [428] sondern auch in den Märchen. [429]

Der inneren Stimme folgen

Was für den materiellen Bereich gilt, gilt auch für den geistigen. Wir müssen unterscheiden zwischen unserem eigenen vordergründigen Willen und dem hintergründigen Willen Gottes, der unser *eigentlicher* Wille ist!

Die innere Stimme, d. h. die Stimme unseres wahren Selbst, wird in den Märchen oft durch die Weisungen jenseitiger Helfer zum Ausdruck gebracht. Die Helfer kennen Auswege und Lösungen, wo Märchenheld und -heldin mit ihrer Weisheit am Ende sind. So weiß z. B. der Fuchs in *Der goldene Vogel* [430] immer wieder Rat. Ameise, Ente und Biene in *Die Bienenkönigin* [431] und die Kröte in *Die drei Federn* [432] helfen bei der Lösung schwieriger oder unlösbarer Aufgaben. Wichtig ist es, daß Märchenheldin und -held eine gute Beziehung zu Tieren haben. Alle Märchen, in denen eine gute Beziehung zu Tieren besteht, führen zu einer befriedigenden Lösung.[433] Immer wieder geht es darum, das Nächstliegende und das Unscheinbare und das Verachtete zu beachten. Gerade dort liegt das eigentliche Gold. Wie alle Kräfte der Tiefe haben die Helfer manchmal auch eine dunkle Seite, die es zu erkennen und zu bannen gilt.[434] Wir müssen deshalb sowohl auf die Stimme der Tiefe als auch auf die Stimme des Verstandes lauschen.

Das Ziel erreichen

Manche Märchen – vor allem die kurzen – haben nur einen einzigen Schwerpunkt, der jedoch in bestimmten Situationen wichtig und wegweisend sein kann.[435] In anderen Märchen erreichen Märchenheld oder -heldin Teilziele.[436]

Wieder andere – vor allem die langen – beschreiben den gesamten seelischen Entwicklungsprozeß.[437] Märchenheldin und -held erreichen eine Ganzheit, in der alles enthalten und entfaltet ist, was das Leben zu bieten hat. In der Ganzheit sind Gegensätze vereinigt – Mann und Frau, Alte und Junge, Dienende und Herrschende.[438] Diese Ganzheit ist ein Symbol unseres wahren Selbst, das im Neuen Testament als der ›Christus in uns‹ bezeichnet wird und das der Apostel Paulus im Galaterbrief folgendermaßen beschreibt: »Da ist nicht Jude noch Grieche, nicht Sklave noch Freier, nicht Mann noch Frau; sondern ihr alle seid eine Einheit in Christus.«[439] Das gilt auch für die archetypischen Gestalten in uns. Ganzheit bedeutet das Annehmen aller Gestalten, die in uns sind, das Einswerden unseres bewußten ›Ich‹ mit unserem wahren Selbst. Märchen können eine Hilfe sein auf dem Weg zu einer solchen Ganzheit, auf dem Weg zu Gott.

Anmerkungen

Abkürzungen

GW: Gesammelte Werke von C. G. Jung
KHM: Kinder- und Hausmärchen, gesammelt durch die Brüder Grimm
Pauly: Der kleine Pauly – Lexikon der Antike in 5 Bänden
vR-Gr: von Ranke-Graves, Griechische Mythologie (Hamburg 1984)

1 Psalm 37, 39 u. a.
2 Psalm 1, 4 f.; 37, 38 u. a.
3 KHM 89.
4 Röm. 2, 1; vgl. auch 2. Sam. 12, 5 ff.
5 KHM 62.
6 Daß die Hilfe mit der Aufgabe gekoppelt ist, entspricht dem neutestamentlichen Verständnis von Charisma (vgl. A. Bittlinger, *Charisma und Amt*, Calwer Hefte 85, S. 14 ff.)
7 Vgl. KHM 57, 91, 97 u. a.
8 KHM 31.
9 Vgl. hierzu Max Lüthi, *Das europäische Volksmärchen*, Bern 1981. Den Veröffentlichungen von Max Lüthi verdanke ich wesentliche Einsichten in das Geheimnis der Märchen.
10 KHM 11; vgl. auch *Hänsel und Gretel* (KHM 15): »Gott wird uns nicht verlassen.«
11 Vgl. hierzu 2. Kor. 1, 3 ff.
12 Psalm 50, 15.
13 Z. B. KHM 97.
14 Z. B. KHM 16.
15 2. Mose 15, 26.
16 Psalm 36, 10.
17 Psalm 23, 3.
18 Z. B. KHM 63, 57, 97 u. a.

19 1. Petr. 5, 5.

20 KHM 25.

21 Jes. 53, 4; 1. Petr. 2, 24.

22 Offb. 22, 2,9.

23 1. Mose 3, 23 f.; vgl. auch die Vertreibung der ersten Christen aus dem ›Nest‹ der Urgemeinde in Jerusalem (Apg. 8, 1).

24 Der Vater spielt keine Rolle; vgl. hierzu B. Bettelheim, *Kinder brauchen Märchen*, Stuttgart 1977, S. 183 ff.

25 1. Mose 16, 9; 21, 10 ff.

26 Lk. 2, 41 ff.; vgl. hierzu A. Bittlinger *Heimweh nach der Ewigkeit*, München 1993, S. 69 ff.

27 Vgl. hierzu O. Betz, *Das Geheimnis der Zahlen*, Stuttgart 1989, 61 ff.

28 Jes. 66, 13.

29 1. Mose 16, 6 ff.; 21, 10 ff.

30 Vgl. die Taube als Symbol des Geistes: Mt. 3, 16 u. a.

31 Mt. 4, 1 u. a.

32 Das ›Baumsein‹ wird auch in der Chakrenmeditation erfahren, bei der das *Wurzel*-Chakra mit dem *Kronen*-Chakra verbunden wird. Vgl. hierzu: A. Bittlinger, *Das Vaterunser erlebt im Licht von Tiefenpsychologie und Chakrenmeditation*, München 1990.

33 Vgl. hierzu die Deutung des Märchens *Das Mädchen ohne Hände*.

34 Vgl. hierzu B. Bettelheim, a.a.O., S. 7. Die Erfahrung der fressenden Mutter ist bei der Chakrenmeditation dem *Polaritäts*-Chakra zugeordnet (vgl. hierzu A. Bittlinger, *Das Vaterunser*, S. 44 f.).

35 Daß Gänse keineswegs dumm sind, bezeugt u. a. das bekannte Ereignis aus der römischen Geschichte, als Gänse das Kapitol gerettet haben (Livius, *Ab urbe condita*, 5, 47).

36 B. Bettelheim, a.a.O., S. 9.

37 Vgl. hierzu A. Bittlinger, *Das Vaterunser*, a.a.O., S. 73 ff.

38 Vgl. hierzu auch KHM 13, 135 u. a.

39 Vgl. hierzu B. Bettelheim, a.a.O., S. 188 f.

40 Vater/Hänsel/Gretel.

41 Jetzt geht es offensichtlich um die Vaterproblematik, die bearbeitet werden muß; solange die Mutterproblematik bearbeitet wurde, herrschte ein weibliches Übergewicht: Hexe/Gretel/Hänsel.

42 Davon redet z. B. das Märchen *Das Mädchen ohne Hände.*

43 Zur Bedeutung der Abgangsverse siehe den Schluß des Kapitels »Wie können wir Märchen verstehen und deuten?«

44 Vgl. W. v. Bülow, »Rotkäppchen«, in *Märchenanalysen,* Stuttgart 1977, S. 80 ff.

45 H. v. Kleist, »Hermannsschlacht« v, 202. Zit. H. W. Jäger, in *Märchenanalysen,* a.a.O., S. 91.

46 Ebenda, S. 93

47 Ebenda.

48 Ebenda, S. 107

49 O. Graf Wittgenstein, *Märchen, Träume, Schicksale,* München 1981, S. 222 f.

50 Ebenda, S. 227.

51 Ebenda, S. 223.

52 Ebenda, S. 224.

53 Eric Berne, *Was sagen Sie, nachdem Sie guten Tag gesagt haben?,* München 1975, S. 50 ff. Zit. O. Ruf, *Die esoterische Bedeutung der Märchen,* München 1992, S. 276 ff.

54 Ebenda, S. 280.

55 B. Bettelheim, a.a.O., S. 199.

56 Ebenda, S. 202 f.

57 Eine ›männliche‹ Version der drei Lebensalter finden wir auf zahlreichen Ikonen der Ostkirche, in denen die drei Lebensalter in Gestalt der drei Weisen aus dem Morgenlande dargestellt werden. Vgl. auch A. Bittlinger, *Zuneigung.* (Meditation über ein Bild von Paolo Veronese), Craheim 1974.

58 vR-Gr 13.

59 Vgl. A. Schult, *Mysterienweisheit im Deutschen Volksmärchen*, Bietigheim 1980, S. 188.

60 Der Fenriswolf wird auch Fenrirwolf genannt.

61 Odin wird auch Wotan genannt.

62 *Edda*, 219 und 280 ff.

63 A. Schult, a.a.O., S. 189.

64 Offb. 12, 7 ff. Daß Satan als Schlange bezeichnet wird, deutet ebenfalls auf das Sternzeichen Skorpion hin, das einerseits mit dem Adler, andererseits mit der Schlange verbunden ist. Vgl. hierzu A. Bittlinger, *Vier Sonntage im Advent*, Kindhausen 1992.

65 vR-Gr 83.

66 Der Opfer-›Kuchen‹ – lat. *librum* – bestand damals aus flachem Fladenbrot, das an die Abendmahl-Oblaten (= dünne Brotfladen, Hostie) erinnert. Oblate bedeutet im Mittelhochdeutschen auch feines Backwerk.

67 A. Schult, a.a.O., S. 189.

68 Die Wiederbelebung der Großen Mutter begegnet uns z. B. im Grimmschen Märchen *Die drei Federn* (KHM 63).

69 Das Märchen *Rotkäppchen* hat in der Sammlung der Gebrüder Grimm folgende Fortsetzung:

Es wird auch erzählt, daß einmal, als Rotkäppchen der alten Großmutter wieder Gebackenes brachte, ein anderer Wolf ihm zugesprochen und es vom Wege habe ableiten wollen. Rotkäppchen aber hütete sich und ging gerade fort seines Wegs und sagte der Großmutter, daß es dem Wolf begegnet wäre, der ihm guten Tag gewünscht, aber so bös aus den Augen geguckt hätte: »Wenn's nicht auf offner Straße gewesen wäre, er hätte mich gefressen.« – »Komm«, sagte die Großmutter, »wir wollen die Türe verschließen, daß er nicht hereinkann.« Bald darnach klopfte der Wolf an und rief: »Mach auf, Großmutter, ich bin das Rotkäppchen, ich bring' dir Gebackenes.« Sie

schwiegen aber still und machten die Türe nicht auf; da schlich der
Graukopf etlichemal um das Haus, sprang endlich aufs Dach und
wollte warten, bis Rotkäppchen abends nach Haus ginge, dann woll-
te er ihm nachschleichen und wollt's in der Dunkelheit fressen. Aber
die Großmutter merkte, was er im Sinn hatte. Nun stand vor dem
Haus ein großer Steintrog, da sprach sie zu dem Kind: »Nimm den
Eimer, Rotkäppchen, gestern hab' ich Würste gekocht, da trag das
Wasser, worin sie gekocht sind, in den Trog.« Rotkäppchen trug so
lange, bis der große, große Trog ganz voll war. Da stieg der Geruch
von den Würsten dem Wolf in die Nase, er schnupperte und guckte
hinab, endlich machte er den Hals so lang, daß er sich nicht mehr
halten konnte und anfing zu rutschen; so rutschte er vom Dach her-
ab, gerade in den großen Trog hinein, und ertrank. Rotkäppchen
aber ging fröhlich nach Haus, und tat ihm niemand etwas zuleid.

Diese Fortsetzung macht deutlich, daß eine überwundene Gefahr nicht ein für allemal überwunden ist, sondern daß sie in
neuer Gestalt auf uns zukommt – so lange, bis wir die Lektion
gelernt haben, die wir lernen müssen.
So heißt es z. B. im Evangelium, daß der von Jesus besiegte
Teufel ihn eine Zeitlang verließ (Lk. 4, 13) – nicht für immer.
Der Teufel wartet auf eine neue Gelegenheit und kommt dann
in ganz anderer Gestalt (z. B. in der Gestalt des Petrus: Mt. 16,
23). Jesus warnt deshalb die von Dämonen Befreiten vor einer
erneuten dämonischen Attacke (Mt. 12, 43 ff.). Für den Apostel Paulus dauerten die Attacken lebenslang (2. Kor. 12, 7 ff.).

70 Bei einer Deutung auf der sexuellen Ebene wäre die Nadel
   ein Phallussymbol, und die drei Blutstropfen wären ein Hinweis auf die Defloration.
71 Vgl. 1. Mose 1, 2.
72 Mt. 12, 43 ff.
73 Ovid, *Metamorphosen* III, 415 ff. Vgl. auch vR-Gr 259 f.

74 Vgl. H. Kohut, *Narzißmus,* Frankfurt/Main 1976, S. 142.

75 Zu ›Gelb und Grün‹ siehe auch *Das Erdmännchen* und *Von dem Fischer und seiner Frau.*

76 Vgl. Theo Seiffert, *Schneewittchen,* Stuttgart 1983, S. 191.

77 Zur Lunge gehört die Luft. Das Wort für Wind/Luft ist in den Sprachen der Bibel (hebräisch *ruach* und griechisch *pneuma*) identisch mit dem Wort für Geist.

78 Bettelheim deutet die Spiegelszene folgendermaßen: »Der Zauberspiegel scheint eher mit der Stimme einer Tochter als mit der einer Mutter zu sprechen. Da das Kind meint, seine Mutter sei die Allerschönste auf der Welt, sagt der Spiegel das zu Anfang zur Königin. Aber da das heranwachsende Mädchen sich nun viel schöner findet als seine Mutter, sagt der Spiegel jetzt dies. Eine Mutter kann bestürzt sein, wenn sie in den Spiegel blickt, sich mit ihrer Tochter vergleicht und sich sagen muß: ›Meine Tochter ist schöner als ich.‹ Aber der Spiegel sagt: ›Sie ist tausendmal schöner‹, eine Behauptung, die weit mehr nach der Übertreibung eines Adoleszenten klingt, welche ihm dazu dient, seine eigenen Vorzüge zu vergrößern und die innere Stimme zum Verstummen zu bringen, die es anzweifeln möchte.« (Bettelheim, a.a.O., S. 239.)

79 Die ›Mutter selig‹ ist die verstorbene Mutter!

80 Vgl. die guten Feen und die ›böse‹ Fee in *Dornröschen;* ein ›böser‹ Zwerg begegnet z. B. in KHM 161; daß hinter einem ›bösen‹ Zwerg auch ein ›Helfer‹ verborgen ist, wird deutlich in *Das Erdmännchen;* vgl. hierzu auch KHM 99.

81 B. Bettelheim, a.a.O., S. 244.

82 Zum folgenden vgl. A. Schult, a.a.O.; S. 34 f.

83 Einige der Planetensymbole muten fast wie eine Bilderschrift zu diesen Gegenständen an!

84 Sonne = Gold; Mond = Silber; Mars = Eisen; Merkur = Quecksilber; Jupiter = Zinn; Venus = Kupfer; Saturn = Blei.

85 Vgl. hierzu A. Bittlinger. *Die Karwoche im Licht der Planeten und der Tiefenpsychologie,* Kindhausen 1992.

86 Vgl. hierzu *Die Nixe im Teich.* In diesem Märchen wird die Auseinandersetzung mit der übermächtigen Nixe zunächst vermieden. Der Märchenheld widmet sich Teilaspekten des Unbewußten, bevor er sich mit der Nixe einläßt.

87 Vgl. B. Bettelheim, a.a.O., S. 245.

88 Vgl. A. Bittlinger, *Heimweh nach der Ewigkeit,* München 1993, S. 159.

89 Homer, *Ilias,* 24, 25 ff; Euripides, *Iphigenie in Aulis,* 574 ff. u. a.

90 In 1. Mose 3, 6 ist nur von einer »Frucht« die Rede, nicht von einem Apfel.

91 In Goethes *Faust* bezeichnet sich Mephisto als »ein Teil von jener Kraft, die stets das Böse will und stets das Gute schafft«; vgl. auch 1. Mose 50, 20: »Ihr gedachtet es böse mit mir zu machen, aber Gott gedachte es gut zu machen.« In der frühen Christenheit wurde selbst der ›Sündenfall‹ als *felix culpa* (glückselige Schuld) gepriesen, weil die Folge davon eine so wunderbare Erlösung war!

92 B. Bettelheim meint dazu: »Damit, daß es den roten, erotischen Teil des Apfels verzehrt, ist es mit seiner Unschuld vorbei. Die Zwerge, die Gefährten seiner Latenzexistenz, können es nicht mehr zum Leben erwecken. Schneewittchen hat seine Wahl getroffen, die ebenso notwendig wie verhängnisvoll ist. Als Schneewittchen den roten Teil des Apfels ißt, stirbt das Kind in ihm und wird in einen durchsichtigen gläsernen Sarg gelegt.« (Bettelheim, a.a.O., S. 246 f.)

93 Ulf Diederichs, *Germanische Götterlehre,* München 1991, S. 241.

94 Vgl. Jes. 11, 2; 1. Kor. 12, 8.

95 Joh. 14, 26; 16, 13.

96 Römer 8, 20 ff.

97 1. Mose 1, 2 ff.; 2, 7 u. a.

98 Vgl. hierzu auch Offb. 20, 1 f.

99 Vgl. A. Bittlinger, *Das Vaterunser*, a.a.O., S. 27 f.

100 Vgl. die Deutung von *Der Froschkönig* in diesem Buch; außerdem A. Bittlinger, *Das Vaterunser*, a.a.O., S. 87 ff.

101 Der Laubfrosch ist besonders als Wetterprophet bekannt.

102 Vgl. Aischylos, *Die Eumeniden*, 779 ff.

103 Z. B. Apg. 19, 27 ff.

104 Euripides, *Iphigenie in Aulis*, 90 f.

105 Vgl. A. Bittlinger, *Die Karwoche*, a.a.O.; vgl. außerdem die *Schneewittchen*-Deutung in diesem Buch.

106 M. L. v. Franz schreibt hierzu: »Die Muttergöttin, die übersehen worden ist, erscheint als Personifikation von Beleidigt-Sein, Eitelkeit und Groll [...] Das Beleidigt-Sein öffnet den Angriffen des sog. Animus Tür und Tor. Sie bewirken eine negative Vermännlichung, eine Verhärtung und Brutalisierung der Frau.« *(Das Weibliche im Märchen,* Stuttgart 1977, S. 32). M. L. v. Franz verdanke ich wesentliche Einsichten in das Verständnis des Märchens *Dornröschen.*

107 Vgl. hierzu auch 1. Mose 27, 33 – 40 und 2. Kön. 8, 20 und 22.

108 Sophokles, *König Oedipus*, 224 ff.

109 KHM 29.

110 1. Mose 3, 17 f.

111 Jes. 5, 6.

112 Hosea 2, 8.

113 So vollzieht sich auch in der Alchemie der seelische Reifungsprozeß in einem ›hermetisch‹ abgeschlossenen Gefäß.

114 *Edda,* I, 134; vgl. auch A. Schult, a.a.O., S. 173.

115 Gal. 4, 4; vgl. auch Mk. 1, 15.

116 Vgl. hierzu KHM 57 *(Der goldene Vogel)* und KHM 97 *(Das Wasser des Lebens)* und die Deutungen in diesem Buch.

117 Vgl. hierzu Elisabeth Haich, *Einweihung*, München 1983.

118 Ps. 90, 4; 2. Petr. 3, 8.

119 Vgl. A. Bittlinger, *Heimweh*, a.a.O., S. 139 f.

120 Vgl. hierzu W. v. Beit, *Symbolik der Märchen*, Bern 1981, Bd. I, 699.

121 Vgl. Bolte-Polivka, *Anmerkungen zu den KHM*, Hildesheim 1963, I 436.

122 Homer, *Ilias*, 21, 497 ff. 24, 606 f.

123 M. J. Bin Gorion, *Die Sagen der Juden*, Frankfurt/Main 1962, S. 25 f.

124 Ps. 37, 4.

125 Joh. 14, 14.

126 Vgl. hierzu Hans Jellouschek, *Der Froschkönig – Ich liebe dich, weil ich dich brauche*, Stuttgart 1985, S. 20 f. H. Jellouschek verdanke ich wesentliche Einsichten in das Märchen *Der Froschkönig.*

127 Mt. 5, 21 f.; 27 f.; 31 ff.; 38 ff., 43 f.

128 E. Moser-Rath (Hrsg.), *Deutsche Volksmärchen*, Düsseldorf 1966, S. 54 f.

129 Vgl. hierzu *Das Mädchen ohne Hände* (s. Deutung in diesem Buch).

130 Lk. 2, 35.

131 Joh. 6, 60 und 66.

132 Vgl. hierzu A. Bittlinger, *Das Vaterunser*, a.a.O., S. 87 ff.

133 Vgl. hierzu A. Bittlinger, *Die Karwoche*, a.a.O.

134 Lk. 12, 16–21.

135 Mt. 19, 21 f.

136 E. H. Erikson, *Kindheit und Gesellschaft*, Stuttgart 1965, S. 246.

137 Mt. 19, 24.

138 Es handelt sich hier um ein Inzestmotiv; vgl. hierzu auch Deutung des *Dornröschen.*

139 Ähnliche Motive begegnen uns auch in Märchen, in denen der König die Hochzeit seiner Tochter so erschwert, daß er sie fast unmöglich macht. So z. B. KHM 29: »Wer meine Tochter haben will, der muß mir aus der Hölle drei goldene Haare vom Haupte des Teufels holen.«

140 1. Mose 2 und 3.

141 1. Mose 3, 6: »Die Frau sah, daß von dem Baum gut zu essen wäre und daß er lieblich anzusehen sei und begehrenswert ...«

142 Vgl. *Das Mädchen ohne Hände* (Deutung in diesem Buch).

143 Vgl. hierzu: E. Neumann, *Tiefenpsychologie und neue Ethik*, München 1973, S. 103; außerdem: A. Bittlinger, *Das Vaterunser*, a.a.O., S. 41.

144 1. Mose 3, 6: »... sie nahm von der Frucht und aß und gab auch ihrem Manne neben ihr davon, und er aß« – und schiebt nachher die Schuld auf Eva!

145 Vgl. hierzu Jesus, der den ihm vorgezeichneten Weg unbeirrt geht, obwohl er weiß, daß dieser Weg in einem schrecklichen Tod enden wird (Mt. 16, 21–23 u. a.); ähnlich der Apostel Paulus (Apg. 21, 12 f.).

146 Vgl. Röm. 14, 23: »Was aber nicht aus dem Glauben geht, das ist Sünde.« Psychologisch könnte man diesen Vers so übersetzen: »Wenn ich etwas tue, ohne daß mein ICH mit meinem wahren SELBST (= mit dem ›Christus‹ in mir) übereinstimmt, verfehle ich das Ziel.« Vgl. hierzu auch: A. Bittlinger, *Das Vaterunser*, a.a.O., S. 87 ff.

147 Mt. 26, 74 f.; vgl. hierzu A. Bittlinger, *Heimweh*, a.a.O., S. 79 ff.

148 So heißt es z. B. auch von Esau: »Er fand keine Möglichkeit zur Änderung der Situation, obwohl er sie mit Tränen suchte« (Hebr. 12, 17).

149 S. Anm. 133.

150 A. Bittlinger, *Das Vaterunser*, a.a.O., S. 47.

151 Hübner/Früh (Hrsg.), *Von Gletscherjungfrauen und Erdmännlein*, Fischer-Taschenbuch, S. 27 f.

152 In der Grimmschen Märchensammlung ist *Dat Erdmänneken* im plattdeutschen Originaltext abgedruckt (KHM 91).

153 Erdmännchen gehören wie Kobolde, Zwerge und Kabiren

zum Gefolge der Großen Mutter; vgl. Pauly, Bd. 3, Spalte 34 ff. Vgl. die Zwerge in *Schneewittchen* (Deutung in diesem Buch).

154 So lag z. B. die Kraft des Simson in seinen Haaren: Richter 16, 17.

155 Vgl. hierzu auch den Sohn des Waldarbeiters in *Der Geist im Glas* (KHM 99), dem selbst der ›Mercurius‹ dienen muß.

156 Zur Farbsymbolik von Gelb und Grün vgl. J. Jacobi, *Vom Bilderreich der Seele,* Olten 1969, S. 90. Nach Jacobi kann Gelb u. a. Falschheit und Verrat ausdrücken und Grün u. a. Neid und Wut. Vgl. auch *Schneewittchen* und *Von dem Fischer und seiner Frau* (Deutung in diesem Buch).

157 1. Mose 37, 24.

158 Z. B. in *Der Froschkönig* (KHM 1), *Frau Holle* (KHM 24), *Der goldene Vogel* (KHM 57) u. a.

159 Dieser Aspekt wird besonders in der christlichen Taufe betont; vgl. hierzu: H. Barz, *Selbst-Erfahrung,* Stuttgart 1975, S. 55 ff.

160 Vgl H. v. Beit, *Symbolik des Märchens,* a.a.O., S. 36 f.

161 Vgl. hierzu: *Das Mädchen ohne Hände* (Deutung in diesem Buch).

162 In der Chakrenmeditation ist dieser Prozeß mit dem Sonnengeflecht-Chakra verbunden; vgl. hierzu: A. Bittlinger, *Das Vaterunser,* a.a.O., S. 52 ff.

163 Vgl. hierzu: E. F. Edinger, *Der Weg der Seele,* München 1990.

164 Die Anhänger der Mysterienkulte und die ersten Christen übten deshalb Arkan-Disziplin, d. h. absolute Verschwiegenheit.

165 Es geht dabei um innerpsychische Aspekte, nicht um biologische oder sexistische.

166 Lk. 7, 47 ff.

167 S. Anmerkung 165.

168 Das erinnert an den jüngsten Bruder in *Der goldene Vogel*

(KHM 57), den seine beiden älteren Brüder ebenfalls in einen Brunnen gestoßen und zurückgelassen haben.

169 1. Kön. 19, 4.

170 Das Konzept des ›leeren‹ Unbewußten wurde von Peter Schellenbaum entwickelt. Er spricht von ›heiligen Zonen schöpferischer Leere‹ (*Die Wunde der Ungeliebten*, München 1988).

171 Vgl. hierzu Verena Kast, *Die Dynamik der Symbole*, Olten 1990, S. 41: »Ein wesentliches Therapieziel könnte es sein, mit ›Tockenzeiten‹ umgehen zu lernen, Stagnationen auszuhalten bis zu dem Punkt, an dem wirklich etwas Neues wird ...«

172 E. Schikaneder, *Die Zauberflöte*, 2. Aufzug, 29. Auftritt.

173 W. Eberhard, *Lexikon chinesischer Symbole*, Zürich 1985, S. 15.

174 Märchenfiguren sind Archetypen, die sich nicht verändern; vgl. hierzu das Einleitungskapitel in diesem Buch.

175 Z. B. *Die Gänsemagd* (KHM 89).

176 Ich bin in einem alten Haus aufgewachsen, in dem es einen ähnlichen Ofen gab. Wir haben ihn regelmäßig als Haustelefon benutzt.

177 Joh. 10, 10.

178 Vgl. Psalm 1.

179 Vgl. hierzu Karl Koch, *Der Baumtest*, Bonn 1986; außerdem E. F. Hammer, *The House-Tree-Person (HTP) Clinical Research Manual*, Beverly Hills 1964.

180 Pauly II, 1117.

181 Vgl. hierzu A. Bittlinger, *Heimweh*, a.a.O., S. 137 ff.

182 Vgl. *Das Mädchen ohne Hände* (Deutung in diesem Buch).

183 Als ›Dummling‹ ist der jüngste Sohn Symbol für die ›minderwertige‹ Bewußtseinsfunktion. (Zu den Bewußtseinsfunktionen s. C. G. Jung, GW 6.) Daraus ergibt sich folgendes Schema:

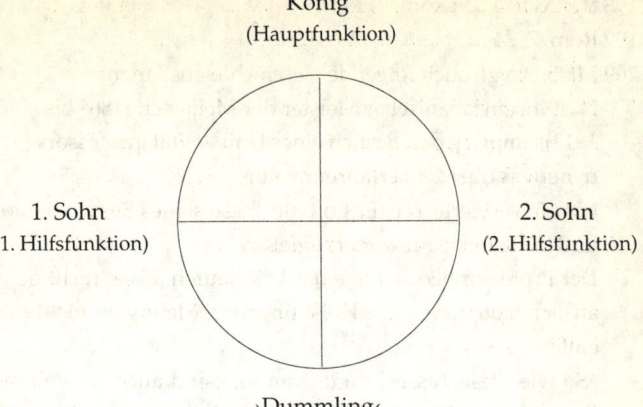

König
(Hauptfunktion)

1. Sohn   2. Sohn
(1. Hilfsfunktion)   (2. Hilfsfunktion)

›Dummling‹
(minderwertige Funktion)

184 z. B. in *Hänsel und Gretel.*

185 Mt. 11, 11.

186 Vgl. A. Bittlinger, *Heimweh,* a.a.O., S. 179 ff.

187 Vgl. A. Bittlinger, *Die Karwoche,* a. a.O., S. 42 ff.

188 Mt. 17, 4.

189 1. Sam. 8, 4 ff.

190 4. Mose 22, 22 ff.

191 2. Kor. 4, 7.

192 2. Kor. 12, 10. Die Vereinigung der Gegensätze wird auch im Taoismus betont, z. B. im Yin-Yang-Symbol oder in der Symbolsprache des *I Ging.*

193 Vgl. hierzu die Verklärung Jesu (Lk. 9, 29).

194 Lk. 9, 62.

195 Lk. 9, 61.

196 Vgl. hierzu *Das Erdmännchen* (Deutung in diesem Buch).

197 Wir haben hier dasselbe Motiv wie im *Dornröschen* und im *Erdmännchen.*

198 Vgl. Gal. 4, 25; Röm. 7, 19 ff.

199 Röm. 7, 24.

200 Mt. 5, 3; vgl. auch folgende Geschichte aus Japan:
Nan-in, ein japanischer Meister der Meiji-Zeit (1868 bis 1912), empfing den Besuch eines Universitätsprofessors, der etwas über Zen erfahren wollte.
Nan-in servierte Tee. Er goß die Tasse seines Besuchers voll und hörte nicht auf weiterzugießen.
Der Professor beobachtete das Überlaufen, bis er nicht mehr an sich halten konnte. »Es ist übervoll. Mehr geht nicht hinein!«
»So wie diese Tasse«, sagte Nan-in, »sind auch Sie voll mit Ihren eigenen Meinungen und Spekulationen. Wie kann ich Ihnen Zen zeigen, bevor Sie Ihre Tasse geleert haben?«

201 Mt. 8, 8.

202 Vgl. Ps. 127, 2.

203 Jes. 53, 4.

204 Ps. 46, 2.

205 1. Kor. 10, 12.

206 1. Mose 37, 24.

207 1. Petr. 5, 5; Jak. 4, 6. Es ist jedoch auch ›Hochmut‹, wenn jemand auf seine ›Demut‹ stolz ist!

208 Mt. 23, 12.

209 Lk. 6, 20.

210 Kol. 3, 8 und 12.

211 Vgl. hierzu auch Röm. 8, 19.

212 Vgl. hierzu A. Bittlinger, *So heilen Schamanen,* Kindhausen 1991, S. 15 ff.

213 Im Urtext heißt es in 1. Mose 1, 27, daß Gott den Menschen »männlich und weiblich« erschaffen hat.

214 Vgl. hierzu: M. L. v. Franz, *Psychologische Märcheninterpretation,* München 1986, S. 43 ff.

215 Bei der Behandlung von Krankheiten, besonders auch von

Psychosen, ist es wichtig, sich nicht auf die kranken, sondern auf die gesunden Persönlichkeitsanteile zu konzentrie-
ren, weil nur von dort her Heilung möglich ist. Vgl. hierzu
auch: A. Bittlinger, *Seelsorge in der Psychiatrie,* Kindhausen
1991.

216 Vgl. C. G. Jung, GW 9/I, 401 ff. In manchen Märchen begegnet uns auch *die* alte Weise, z. B. KHM 133, KHM 181 u. a.

217 Joh. 5, 6.

218 So ist in vielen Märchen der *Dummling* der eigentlich Kluge
(z. B. KHM 63), während *der gescheite Hans* (KHM 32) der
Dumme ist. (Vgl. auch *Die kluge Else,* die sehr dumm ist!
KHM 34).

219 Vgl. hierzu das Märchen *Der Nagel* (KHM 184).

220 Vgl. hierzu Röm. 8, 28: »Wir wissen aber, daß denen, die
Gott lieben, *alle* Dinge zum Besten dienen.«

221 Vgl. hierzu Gal. 4, 4.

222 Auch wir können unserem inneren Helfer begegnen, wenn
wir z. B. auf unsere Träume achten oder das *I Ging* befra-
gen.

223 2. Kor. 4, 7; vgl. auch 2. Kor. 12.

224 So ist es z. B. bei der Chakrenmeditation wichtig, daß die
›oberen‹ Chakren mit dem untersten Chakra (dem Wurzel-
Chakra) in Verbindung und somit geerdet bleiben; vgl. hierzu: A. Bittlinger, *Das Vaterunser,* a.a.O., S. 104 ff.

225 Mt. 5, 5.

226 Vgl. hierzu A. Bittlinger, *Das Vaterunser,* a.a.O., S. 57 ff.

227 Vgl. C. G. Jung, GW 9/I 419 ff.

228 Z. B. KHM 197 u. a.

229 Lk. 19, 24 ff.; vgl. auch Mt. 13, 12.

230 Vgl. hierzu: J. Riedel, *Formen,* Stuttgart 1985, S. 107: »Der
Kreis … symbolisiert Wesen und Wirkweisen der Großen
Mutter, die alles verbindet.«

231 Mt. 6, 33; vgl. auch 1. Kön. 3, 13; Ps. 37, 4.

232 Wolfram v. Eschenbach, *Parzival*, München 1979, S. 128 ff.; vgl. auch A. Bittlinger, *Einübung in die Ganzheit*, Kindhausen 1992, S. 5 f.

233 Dieser Ausdruck stammt von Dorothee Sölle, *Suchen und gefunden werden*, Evangelische Kommentare 1980, S. 701.

234 Vgl. hierzu A: Bittlinger, *So heilen Schamanen*, a.a.O. S. 36 f.

235 Mt. 10, 16.

236 1. Mose 37.

237 Zum ›hermetischen‹ Gefäß vgl. C. G. Jung, GW 13, 245.

238 Vgl. hierzu auch Richter 16, 13 ff.

239 Die Spaltung *ist* das Böse! Vgl. hierzu A. Bittlinger, *Das Vaterunser*, a.a.O., S. 37 ff.

240 Vgl. hierzu 2. Tim. 3,5: »Sie haben den Schein eines gottgefälligen Lebens, ihnen fehlt jedoch die Kraft.«

241 Im Griechischen heißt ›Wahrheit‹ wörtlich ›Un-Verborgenheit‹.

242 Vgl. hierzu Psalm 118, 22: »Der Stein, den die Bauleute verworfen haben, ist zum Eckstein geworden«; d. h., das Verworfene und Verachtete ist das eigentlich Wertvolle. Psychologisch bedeutet das, daß in verachteten Schattenaspekten oft ›Gold und Edelsteine‹ verborgen sind.

243 Lk. 23, 34 bedeutet wörtlich: »... *obwohl* sie nicht wissen, was sie tun«.

244 Vgl. Lk. 15, 22 ff. Vgl. hierzu A. Bittlinger, *Heimweh*, a.a.O., S. 42 ff.

245 Vgl. hierzu A. Bittlinger, *Das Vaterunser*, a.a.O., S. 49 ff.

246 Erinnerungen von Hermann Grimm (in KHM, S. 19).

247 *Das Mädchen ohne Hände* ist ein sehr altes Märchen. Es ist bereits im 12. Jahrhundert bezeugt, vermutlich ist es jedoch noch wesentlich älter. Es begegnet uns in verschiedenen Varianten. In neuerer Zeit wurde es aus seinem Dornröschenschlaf erweckt – vor allem durch die Interpretationen von Marie-Louise von Franz (*Das Weibliche im Märchen*, Stutt-

gart 1977, S. 71 ff.) und Eugen Drewermann/Ingritt Neu-
haus (*Das Mädchen ohne Hände,* Olten 1983). Diesen beiden
Deutungen verdanke ich wesentliche Einsichten.

248 ›Anima‹ und ›Animus‹ sind der jeweils gegengeschlechtli-
che Pol in der Psyche eines Mannes (Anima) und einer Frau
(Animus).

249 Zu ›Aktive Imagination‹ vgl. A. Amann, *Aktive Imagination,*
Olten 1986.

250 Beim Vorlesen des Märchens erlebe ich regelmäßig, daß einige Hörer und Hörerinnen, die dieses Märchen zum erstenmal hören, zusammenzucken, wenn es heißt: »Darauf
legte sie ihre beiden Hände hin und ließ sie sich abhacken.«
Wie ist es uns ergangen, als wir diese Stelle zum erstenmal
gehört oder gelesen haben, und warum ist es uns so ergangen?

251 Euripides, *Iphigenie in Aulis,* 398.

252 Ebenda, 97 f. und 511 f.

253 C. S. Lewis, *Till We Have Faces,* Grand Rapids 1974, deutsch:
Du selbst bist die Antwort (Übersetzung E. K. Pohl), Lüden-
scheid 1981, S. 58 und 61.

254 Richter 11, 29.

255 Richter 11, 30 f.

256 Das Zerreißen des Kleides (im späteren Judentum machte
man einen Riß in den Saum des Kleides) ist im alten Israel
Zeichen des Entsetzens und der Trauer.

257 Richter 11, 39.

258 1. Mose 2, 16 f.

259 1. Mose 3, 16–24.

260 4. Mose 22, 20.

261 4. Mose 22, 22.

262 2. Sam. 24, 1.

263 2. Sam. 24, 15.

264 1. Chron. 21, 1 ff.

265 Hiob 1, 6 und 12; 2, 6.

266 Jes. 45, 6 f.

267 Amos 3, 6.

268 Mk. 1, 12.

269 Manchmal tauchen abgehackte oder abgeschnittene Hände auch in Träumen auf. Ich bin solchen Träumen mehrfach begegnet; vgl. hierzu A. Bittlinger, *Das Vaterunser*, a.a.O., S. 38.

270 Z. B. 1. Sam. 5, 6.

271 Z. B. Lk. 1, 66.

272 Vgl. z. B. Hiob 12, 9 f.

273 Z. B. Hes. 3, 18.

274 Ein bekanntes Beispiel aus der Frühzeit der Psychotherapie ist die blinde Musikerin Marie-Theresia Paradies, die infolge der Behandlung durch F. A. Mesmer (1734 bis 1815) ihre Sehkraft wiedererlangte, sie jedoch wieder verlor, um ›ihrem Vater zuliebe‹ weiterhin die berühmte ›blinde‹ Musikerin zu bleiben.

275 Neuerdings bei Otfried Preussler, *Krabat*, dtv-Taschenbuch 2540, 1982.

276 H. Gruhl, *Häuptling Seattle hat gesprochen*, Düsseldorf 1984. Indianer empfinden die Umweltzerstörung viel persönlicher als wir. Für sie ist sie eine ›Krankheit‹ der Erde und nicht nur ein technisches Problem. Vgl. hierzu Doug Boyd, *Rolling Thunder*, München 1981, z. B. S. 64 f. Zum Ganzen: Marie-Louise von Franz, *Das Weibliche im Märchen*, a.a.O., S. 77; E. Drewermann, a.a.O., S. 32.

277 Ein Indianerhäuptling sagte mir einmal: »Ihr behauptet immer, Columbus hätte *uns* ›entdeckt‹. Von unserer Seite sieht das ganz anders aus: *Wir* haben Columbus entdeckt, als er mit seinen Leuten hilflos an unserem Strand stand!«

278 1. Tim. 6, 10.

279 Mk. 8, 36.

280 Daß der Heilige Geist das ›Mütterliche‹ in Gott ist, hat
schon N. L. von Zinzendorf erkannt. Es wird neuerdings
wieder von der sogenannten ›feministischen Theologie‹ betont; vgl. auch A. Bittlinger, *Das Vaterunser*, a.a.O., S. 104 ff.
281 2. Mose 14, 19 ff.
282 Der Gott, der hinter dem Engel steht, ist ein anderer als der
Gott/Teufel. Es ist der Gott der Liebe, den uns Jesus vor
Augen gemalt hat; vgl. 1. Joh. 4, 16.
283 Für C. G. Jung bedeutet ›Regression‹ u. a. eine notwendige
Anpassung an die Innenwelt. Ich bezeichne sie als ›*progressive* Regression‹, weil sie dem Fortschritt dient. Auch bei
Neo-Freudianern wird ihr Wert erkannt; vgl. hierzu D. H.
Salman, *La Regression au Service du Moi dans l'Expérience reli-
gieuse*, Archiv für Religionspsychologie, Bd. 9, S. 49 ff.
284 Vgl. Mk. 2, 27; vgl. hierzu A. Bittlinger, *Heimweh*, a.a.O.
S. 74.
285 Der ›zweite Traum‹ in derselben Nacht ist in der Regel ein
interpretierender zweiter Teil des ersten Traums.
286 Im Märchen *Der Eisenhans* (KHM 136) zieht der Eisenhans
die Menschen, die ihm zu nahe kommen, zu sich hinab in
den Wasserpfuhl. Ein treffendes Bild für einen Komplex!
287 Diesen Tatbestand amplifiziert Marie-Louise von Franz,
a.a.O., S. 81, durch folgenden – von C. G. Jung überlieferten
– Mythos der Hopi-Indianer: »Die Hopi behaupten, daß sie
am Anfang tief unter der Erde, die viele Schichten aufwies,
gelebt hätten. Jedesmal, wenn eine solche Schicht übervöl-
kert war, machten die Frauen die Lage durch ihr Benehmen
so unerträglich, daß die Männer gezwungen waren, einen
Weg in die nächste Schicht hinaufzufinden; die Frauen taten also selbst nichts, aber durch ihr widriges Verhalten
zwangen sie die Hopi, in die Welt des Bewußtseins hinauf-
zusteigen.«
288 Zu ›Wechselbalg‹ vgl. KHM 39, Teil 3.

289 Daß dies schon bei kleinen Kindern so sein kann, wurde mir deutlich an einem fünfjährigen Jungen, der auf der Straße Wörter aufgelesen hatte, die er in seinem Elternhaus nicht sagen durfte, z. B. »Scheiße!«. Die Mutter hatte ihm unter Strafe verboten, ein solch ›häßliches‹ Wort jemals zu sagen. Durch das Verbot war dieses Wort natürlich besonders attraktiv geworden. Das Kind hätte so gerne ›das Wort‹ ausgesprochen – traute sich aber nicht. Schließlich kam es mit seinem Teddybär, verprügelte ihn im Beisein der Mutter und erklärte: »Das Bärli is bös – es sagt immer ›Scheiße‹!« Tief erleichtert atmete der Junge auf, als ›das Wort‹ endlich heraus war!

290 Vgl. Josephs Brüder, die ebenfalls eine Mordabsicht in ›Vertreibung‹ verwandeln (und dadurch dem Joseph zu seiner ›Individuation‹ verhelfen!): 1. Mose 37, 18 ff.

291 Das hebräische Wort ›Bethesda‹ heißt Haus der Gnàde. (Nach Joh. 5, 1–9 heilte Jesus dort einen Kranken.) ›Gnade‹ ist immer ein freies Geschenk.

292 *Russische Volksmärchen,* Köln 1959, S. 137.

293 1. Petr. 4, 11; vgl. hierzu A. Bittlinger, *Im Kraftfeld des Heiligen Geistes,* Marburg 1975, S. 7 ff.

294 2. Mose 23, 20 u. a.

295 Sein ›äußerer‹ Vater war längst gestorben.

296 Vgl. hierzu E. Neumann, *Tiefenpsychologie und neue Ethik,* München 1973, besonders S. 99 ff.

297 Vgl. hierzu A. Bittlinger, *Das Vaterunser,* a.a.O., S. 63.

298 KHM 19; die Übersetzung des plattdeutschen Urtextes von Uwe Johnson wurde vom Verfasser leicht bearbeitet.

299 Vgl. hierzu Khalil Gibran, *Der Prophet,* Olten 1972, S. 16: »Stehet beieinander, doch nicht zu nahe beieinander, denn die Säulen des Tempels stehen einzeln.«

300 Vgl. 1. Mose 3, 17 f.

301 Joh. 1, 11.

302 Vgl. A. Bittlinger, *Das Vaterunser*, a.a.O., S. 32 und 113 (Anmerkung 39).

303 W. v. Eschenbach, *Parzival*, München 1977, vgl. auch A. Bittlinger, *Einübung in die Ganzheit*, Kindhausen 1992, S. 5 f.

304 Vgl. Offb. 3, 20: Die griechische Verbform bezeichnet die
Dauer!

305 Vgl. 1. Mose 1, 27; Plato, Symp. 189 b ff.

306 Vgl. die beiden älteren Brüder im *Erdmännchen* und die Königin im *Schneewittchen*, die ›gelb und grün‹ vor Ärger wurden.

307 Z. B. Mt. 24, 29; 2. Petr. 3, 10; Offb. 6, 12 ff.

308 1. Mose 3, 6 und 12.

309 Die ursprüngliche Bedeutung des Wortes ›vergnügt‹ hat etwas mit ›genügsam‹ zu tun, aber zu der Zeit, als das Märchen aufgezeichnet wurde, hatte es diese Bedeutung nicht
mehr.

310 Vgl. hierzu Verena Kast, *Wege aus Angst und Symbiose*, Olten 1982, S. 83 ff. Der Auslegung von Verena Kast verdanke
ich wesentliche Einsichten in die Bedeutung dieses Märchens. Die europäischen Wälder waren damals zum großen
Teil noch riesige Urwälder, die ebenso wie die Gewässer
von sehr verschiedenartigen Lebewesen belebt waren und
somit ein reiches Symbolmaterial für die Gestalten des Unbewußten boten.

311 Vgl. Anmerkung 248.

312 In der Chakren-Meditation entspricht diesem Zustand das
Verweilen im Wurzel-Chakra. Vgl. hierzu A. Bittlinger, *Das
Vaterunser*, a.a.O., S. 33 f.

313 Heinrich Mann, *Professor Unrat*, Hamburg 1951; vgl. hierzu
auch den Film *Der blaue Engel* mit Marlene Dietrich.

314 In der Chakrenmeditation erfolgt die Begegnung mit den
Kräften des Unbewußten im zweiten Chakra. Diesem Chakra ist der Leviathan zugeordnet, der in einem indischen

Symbolbild sein Maul aufreißt, so daß eine Rückkehr in den früheren Zustand unmöglich gemacht wird.

315 Vgl. hierzu Apg. 19, 23 ff.

316 Vgl. hierzu V. Kast, a.a.O.

317 Bei der Chakrenmeditation sind die *oberen* Chakren dem *Himmel* zugeordnet, während die *unteren* Chakren der Erde zugeordnet sind. Das Herz-Chakra steht in der Mitte. Es hat eine verbindende Funktion zwischen Himmel und Erde. Vgl. hierzu A. Bittlinger, *Das Vaterunser,* a.a.O., S. 61 ff.

318 Wenn der Märchenheld oder die Märchenheldin, die Hauptfigur, versagt, dann ist er/sie ein ›Unheld(in)‹. In diesem Märchen ist der Müller ein solcher.

319 Dritte Strophe des Liedes *Der Mond ist aufgegangen.*

320 So z. B. im Märchen *Jorinde und Joringel* (KHM 69): Joringel träumt von einer roten Blume. Er sucht dann diese Blume so lange, bis er sie findet.

321 Dieser schwierige Weg erinnert an die Situation nach dem Sündenfall, als auch Dornen und Disteln dem Menschen zu schaffen machen: 1. Mose 3, 17 ff.

322 Als Tagesrest bezeichnet man innere oder äußere Erlebnisse des Vortages oder der jüngsten Vergangenheit, die der Traum als Baustein verwendet.

323 Zum ›Gegenpol‹ vgl. auch A. Bittlinger, *Heimweh,* a.a.O., S. 74 ff.

324 Vielleicht könnte die Wiese auch schon auf die Zeit des Schafehütens hinweisen.

325 Vgl. hierzu die Bedeutung des ›Stühlchens‹ im Märchen *Schneewittchen.* In unserem Märchen könnte der dem Saturn zugeordnete Stuhl bedeuten, daß die Jägersfrau z. B. in einer saturnischen Einengung lebt.

326 Vgl. hierzu Jorgos Canacakis, *Ich sehe deine Tränen*, Stuttgart 1989.

327 Im ähnlichen Sinne wird dieses Wort in der Bibel ge-

braucht, z. B. Apg. 2, 42. Vgl. hierzu A. Bittlinger, *Leben in der Gemeinschaft*, Gnadenthal 1971, S. 9. Vgl. auch A. Bittlinger, *Heimweh*, a.a.O., S. 123.

328 Vgl. hierzu F. de la Motte Fouqué, *Undine*, Stuttgart 1991, Reclam Universal-Bibliothek 491.

329 Vgl. Röm. 8, 19 ff.

330 Vgl. 1. Mose 7, 10 ff.

331 Heinrich Heine, *Die Lorelei*.

332 Vgl. hierzu auch Jellouscheck, *Zeus, Hera und Semele*, Stuttgart 1985.

333 Vgl. A. Bittlinger, *Heimweh*, a.a.O., S. 72 f.

334 Verena Kast, a.a.O.

335 Ich verstehe ›Trauer und Sehnsucht‹ als ›progressive Regression‹, d. h. eine Regression im Dienste des wahren Selbst; s. Anmerkung 283.

336 Vgl. hierzu M. L. v. Franz, *Alchemy*, Toronto 1980; E. F. Edinger, *Der Weg der Seele*, München 1990.

337 Vgl. A. Bittlinger, *Das Vaterunser*, a.a.O., S. 52 ff. Auch im Tai Chi wird das vom ›Himmel‹ geholte Yang und das von der ›Erde‹ aufgenommene Yin im Sonnengeflecht vermischt.

338 Vgl. hierzu das einsame Beten Jesu auf einem Berg (Mk. 14, 23; Mk. 6, 46 u. a.); vgl. auch Mose auf dem Berg Sinai und auf dem Berg Nebo (5. Mose 32, 49 f.).

339 Vgl. 1. Mose 14, 17 ff.; Hosea 2, 17 u. a.

340 Vgl. hierzu A. Bittlinger, *Das Vaterunser*, a.a.O.

341 Vgl. hierzu: A. Bittlinger, *Heimweh*, a.a.O., S. 111 f.

342 Vgl. hierzu Iring Fetscher, *Wer hat Dornröschen wachgeküßt?*, Frankfurt a. M. 1974, S. 105 ff.

343 M. L. v. Franz, »Die Bremer Stadtmusikanten in tiefenpsychologischer Sicht«, in: *Zeitschrift für Analytische Psychologie und ihre Grenzgebiete*, S. 5. Dieser Märchendeutung verdanke ich wesentliche Einsichten.

344 Ebenda, S. 10.

345 Ebenda, S. 11 ff.

346 Vgl. Apuleius, *Der goldene Esel.*

347 Vgl. W. F. Otto, *Dionysos,* Darmstadt 1960, S. 154.

348 Der Saturn wurde sogar zeitweilig unter dem Namen Kewan im jüdischen Tempel verehrt.

349 Das griechische Gekritzel auf diesem Spottkruzifixus lautet: »Alexamenos verehrt seinen Gott.«

350 Mt. 21, 1 ff. Vgl. auch A. Bittlinger, *Vier Sonntage im Advent – vier Gesichter Gottes,* Kindhausen 1992, S. 5 f.

351 Homer, *Ilias,* 8, 368; Od. 11, 622 u. a.; vgl. auch den Hund in Goethes *Faust.*

352 M. L. v. Franz, a.a.O., S. 15. Vgl. auch das heilende Lecken der Geschwüre durch Hunde: Lk. 16, 21. Auch im Buch Tobit kommt ein Hund in einer Heilungsgeschichte (neben dem Heilungsengel Raphael) vor.

353 M. L. v. Franz, a.a.O.

354 Ebenda.

355 Ebenda, S. 15 f. Zur Bedeutung der Katze vgl. auch V. Kast, *Wege zur Autonomie,* Olten 1985, S. 104 ff.

356 Mt. 26, 74 f.

357 In der Antike ist der Hahn u. a. der Sonne zugeordnet. Er wird deshalb von den Christen als Attribut Christi (der ›wahren Sonne‹) übernommen; vgl. Pauly II, 1240.

358 Vgl. hierzu KHM 144.

359 1. Sam. 16, 14 ff.

360 *I Ging* 16 (Ausgabe von R. Wilhelm), Zürich 1976, S. 79. Zur heilenden Wirkung der Musik vgl. auch Reznikov-Braun, »Musik als Therapie«, in: *neuform-Kurier,* 4/93, S. 20.

361 Vgl. auch Oliver Sacks, *Awakenings,* Hamburg 1991, S. 103 f.

362 Vgl. hierzu das Gleichnis Jesu von dem ausgetriebenen Geist, der auch wieder zurückkehren will (Mt. 12, 45).

363 Vgl. hierzu R. Geiger, *Märchenkunde,* Stuttgart 1987,

S. 310 ff.; außerdem P. Schellenbaum, *Wir sehen uns im andern*, Kindhausen 1992.

364 M. L. v. Franz, a.a.O., S. 19.

365 Ebenda.

366 Eine solche verborgene Bedeutung liegt z. B. auch in der Stadt ›Susa‹ im biblischen Buch Esther. Vgl. hierzu Dan Rubinstein, »Megillat Esther«, in: D. Rubinstein, *Graphik*, Zürich 1985, S. 116 ff.

367 Z. B. im hebräischen und griechischen Alphabet.

368 Nämlich C = 100, D = 500, I = 1, L = 50, M = 1000, V = 5, X = 10.

369 Der ›Stellenwert‹ entspricht der Reihenfolge der Buchstaben: A = 1, B = 2, C = 3 usw.

370 B = 2, R = 18, E = 5, M = 13, E = 5, N = 14, Summe = 57; Quersumme = 12.

371 Vgl. hierzu O. Betz, a.a.O., S. 114 ff.; u. A. Heller, *Biblische Zahlensymbolik*, Stuttgart 1951, S. 56 ff.

372 Offb. 21, 12 ff.

373 Offb. 21, 4, 8 und 27.

374 Offb. 22, 2.

375 Vgl. hierzu die Vision von Ernesto Cardenal (in: *Gebete für M. Monroe*):
»Die Erde war fröhlich …
und da war ein neuer Gesang
und all die anderen bewohnten Planeten
hörten die Erde singen
und es war ein Lied der Liebe.«

376 Vgl. Schult, a.a.O.

377 KHM 27; vgl. Fetscher, a.a.O., S. 105.

378 Ebenda, S. 117.

379 Die tiefenpsychologische Märchendeutung wurde im Anschluß an C. G. Jung (vgl. GW 13, 239 ff.) besonders von Marie-Louise v. Franz entwickelt. Vgl. *Interpretation of Fairy-*

tales, New York 1970, deutsche Übersetzung: *Psychologische Märcheninterpretation,* München 1986. Vgl. auch H. Dieckmann: *Märchen und Symbole,* Stuttgart 1977.

380 Beispiele für Schwankmärchen: KHM 184 *(Der Nagel),* KHM 155 *(Die Brautschau),* KHM 32 *(Der gescheite Hans),* KHM 83 *(Hans im Glück)* u. a.

381 KHM 156 *(Die Schlickerlinge).*

382 Vgl. auch Ps. 118, 22: »Der *Stein,* den die Bauleute verworfen haben …«

383 Kierkegaard, 1844.

384 KHM 15 *(Hänsel und Gretel)* u. a.

385 KHM 21 *(Aschenputtel)* u. a.

386 KHM 3 *(Marienkind)* u. a.

387 KHM 55 *(Rumpelstilzchen)* u. a.

388 KHM 97 *(Das Wasser des Lebens)* u. a.

389 KHM 11 *(Brüderchen und Schwesterchen)* u. a.

390 KHM 116 *(Das blaue Licht)* u.a .

391 KHM 57 *(Der goldene Vogel)* u. a.

392 KHM 91 *(Dat Erdmänneken)* u. a.

393 KHM 15 *(Hänsel und Gretel).*

394 KHM 91 *(Dat Erdmänneken).*

395 Zum Märchenspielen vgl. Verena Kast, *Märchen als Therapie,* Olten 1986, S. 103 ff.

396 Es handelt sich um das Vorspiel zum Märchen *Dornröschen,* abgedruckt in: *Vom Kranz zur Krone* (Referate der 3. Schweizerischen Blauring-Führerinnen-Tagung 30./31. März 1946 in Einsiedeln).

397 Diese Bilder sind veröffentlicht in A. Bittlinger, *Auf dem Weg zur Ganzheit,* Kindhausen 1991.

398 Die Symboltänze wurden von Gertrud Erni zusammengestellt und bearbeitet. Sie sind veröffentlicht in A. Bittlinger, *Nicht nur Kinder brauchen Märchen,* Kindhausen 1991.

399 Diese sieben Entwicklungsphasen entsprechen dem Weg

der Chakren (vgl. hierzu A. Bittlinger, *Das Vaterunser*, a.a.O.).

400 KHM 6 *(Der treue Johannes)*.

401 Z. B. *Der Blaubart* (in *Französische Märchen*, Düsseldorf 1963).

402 *Bei der schwarzen Frau* (Märchen aus dem Donaulande, Jena 1926), vgl. auch M. L. v. Franz: »Bei der schwarzen Frau«, in: W. Laiblin: *Märchenforschung und Tiefenpsychologie*, Darmstadt 1972.

403 KHM 3 *(Marienkind)*.

404 *Die Prinzessin auf dem Baum*.

405 In *Der treue Johannes* (KHM 6) sind es hundert Räume! Das Motiv der unbekannten Räume begegnet auch in vielen Träumen.

406 KHM 24 *(Frau Holle)*.

407 KHM 21 *(Aschenputtel)* u. a.

408 KHM 63 *(Die drei Federn)* u. a.

409 KHM 107 *(Die beiden Wanderer)*, KHM 60 *(Die zwei Brüder)*, KHM 89 *(Die Gänsemagd)* u. a.

410 Vgl. hierzu A. Bittlinger, *Das Vaterunser*, a.a.O., S. 47.

411 KHM 57.

412 KHM 91.

413 KHM 97.

414 Vgl. hierzu A. Bittlinger, *Das Vaterunser*, a.a.O., S. 47 ff.

415 KHM 19.

416 KHM 57 *(Der goldene Vogel)*.

417 2. Kor. 4, 7.

418 2. Kor. 12, 7.

419 *Das Bad Badgerd* (persisches Märchen). Vgl. hierzu M. L. v. Franz: *Die Suche nach dem Selbst*, München 1985, S. 70 ff.

420 *Russische Volksmärchen*, Köln 1959, S. 137.

421 Lk. 23, 42 f.; vgl. auch KHM 3 *(Marienkind)*.

422 KHM 36.

423 KHM 103.

424 KHM 17.

425 KHM 15.

426 KHM 53.

427 KHM 11.

428 1. Kor. 11, 28 ff.

429 Z. B: KHM 145 *(Der undankbare Sohn)*, KHM 103 *(Der süße Brei)* u. a.

430 KHM 57.

431 KHM 62.

432 KHM 63.

433 Vgl. hierzu auch C. G. Jung: »Das Prinzip der christlichen Nächstenliebe kann sich auch auf das Tier, nämlich das Tier in uns, erstrecken … Wenn aber jeder Einzelne ein besseres Verhältnis zu seinem ›Tiere‹ hätte, so hätte er eine andere Wertschätzung des Lebens« (GW 10, 32).

434 KHM 99 *(Der Geist im Glas)*, KHM 55 *(Rumpelstilzchen)* u. a.

435 KHM 156 *(Die Schlickerlinge)*, KHM 184 *(Der Nagel)* u. a.

436 KHM 15 *(Hänsel und Gretel)*, KHM 26 *(Rotkäppchen)* u. a.

437 KHM 179 *(Die Gänsehirtin am Brunnen)*, KHM 57 *(Der goldene Vogel)*, KHM 6 *(Der treue Johannes)* u. a.

438 Dies wird besonders deutlich in *Der treue Johannes* (KHM 6).

439 Gal. 3, 28.

Bildnachweis

Von Theodor Hosemann (1807 bis 1875) stammen die Bilder auf S. 26, 28, 33, 37, 43 (aus: *Deutsche Bilderbogen* Nr. 53).
Von Rudi Geißler (1834 bis 1906) stammt das Bild auf S. 48 (aus: *Deutsche Bilderbogen* Nr. 244).
Von Otto Ubbelohde stammen die Bilder auf S. 60, 66, 79, 96, 111, 125, 133, 153, 159, 175, 189, 193, 209, 213, 230, 236, 245, 257, 267, 270, 303.

Von Paul Hey stammen die Bilder auf S. 70, 261 (aus: *Die Maerchen*, Westermann-Verlag, Braunschweig 1921).

Die Zeichnung auf S. 35 stammt aus: Alphons Rosenberg, *Christliche Bildmeditation*, München 1975, S. 204.

Einige der in diesem Buch veröffentlichten Märchendeutungen sind als bibliophile Sonderdrucke (mit farbigen Original-Meditationsbildern von Brigitta Théler) erschienen. Auskunft erteilt:

Metanoia-Verlag
Postfach
CH-8963 Kindhausen AG
Tel. 01/741 41 89
Fax 01/742 00 88

Auskunft über Märchenseminare (und sonstige Veranstaltungen) mit Arnold Bittlinger erteilt:

Studiengemeinschaft e. V.
Postfach 12 69
D-79767 Klettgau

oder:

Oekumenische Akademie
Tellstr. 2
CH-8004 Zürich